# 2017年度
# 中国对外直接投资
# 统计公报

# 2017 Statistical Bulletin of
# China's Outward Foreign Direct Investment

中 华 人 民 共 和 国 商 务 部
Ministry of Commerce of the People's Republic of China
国 家 统 计 局
National Bureau of Statistics
国 家 外 汇 管 理 局
State Administration of Foreign Exchange

中国统计出版社
China Statistics Press

图书在版编目（CIP）数据

2017年度中国对外直接投资统计公报 ：汉英对照 / 中华人民共和国商务部，国家统计局，国家外汇管理局编. -- 北京 ：中国统计出版社，2018.9
ISBN 978-7-5037-8682-2

Ⅰ. ①2… Ⅱ. ①中… ②国… ③国… Ⅲ. ①对外投资－直接投资－公报－中国－2017－汉、英 Ⅳ. ①F832.6

中国版本图书馆CIP数据核字(2018)第215248号

**2017年度中国对外直接投资统计公报**

作　　者 / 中华人民共和国商务部　国家统计局　国家外汇管理局
责任编辑 / 许立舫　杜珞维　丁小珊
装帧设计 / 黄　晨　李雪燕
出版发行 / 中国统计出版社
地　　址 / 北京市丰台区西三环南路甲6号　邮政编码 /100073
电　　话 / 邮购（010）63376909　书店（010）68783171
网　　址 / http://www.zgtjcbs.com
印　　刷 / 北京画中画印刷有限公司
经　　销 / 新华书店
开　　本 / 880mm×1230mm　1/16
字　　数 / 千字
印　　张 / 10.25
版　　别 / 2018年9月第1版
版　　次 / 2018年9月第1次印刷
定　　价 / 158.00元

如有印装差错，由本社发行部调换。

# 目录

## 2017年度中国对外直接投资统计公报



## 附录　对外直接投资统计制度

# Contents

## 2017 Statistical Bulletin of China's Outward Foreign Direct Investment

# 2017 年度中国
# 对外直接投资统计公报

中华人民共和国商务部
国家统计局
国家外汇管理局

2017 年，全球经济和货物贸易均创 2011 年以来最快增速，而全球外国直接投资流出流量 1.43 万亿美元，呈现两年连降的逆势。为进一步引导和规范对外投资方向，推动对外投资持续合理有序健康发展，有效防范各类风险，2017 年中国政府加强对企业对外投资的真实性、合规性审查，市场主体对外投资更趋成熟和回归理性。当年中国对外直接投资首呈负增长，但仍以 1582.9 亿美元位列全球第三。

## 一、中国对外直接投资综述

（一）2017 年，中国对外直接投资净额（以下简称流量）为 1582.9 亿美元 ，同比下降 19.3%。其中：新增股权投资 679.9 亿美元，占 42.9%；当期收益再投资 696.4 亿美元，占 44%；债务工具投资 206.6 亿美元，占 13.1%。

截至 2017 年底，中国 2.55 万家境内投资者在国（境）外共设立对外直接投资企业[①]（以下简称境外企业）3.92 万家，分布在全球 189 个国家（地区）[②]，年末境外企业资产总额 6 万亿美元。

①对外直接投资企业：指境内投资者直接拥有或控股 10% 或以上股权、投票权或其他等价利益的境外企业。
②对外直接投资的国家（地区）按境内投资者投资的首个目的地国家（地区）进行统计。

对外直接投资累计净额（以下简称存量）达18090.4亿美元，其中：股权投资8730.9亿美元，占48.3%；收益再投资6858.6亿美元，占37.9%；债务工具投资2500.9亿美元，占13.8%。

**表1　2017年中国对外直接投资流量、存量分类构成情况**

单位：亿美元

| 分类＼指标 | 流量 | | | 存量 | |
|---|---|---|---|---|---|
| | 金额 | 同比（%） | 比重（%） | 金额 | 比重（%） |
| **合计** | **1582.9** | **-19.3** | **100.0** | **18090.4** | **100.0** |
| 金融类 | 187.9 | 25.9 | 11.9 | 2027.9 | 11.2 |
| 非金融类 | 1395.0 | -23.0 | 88.1 | 16062.5 | 88.8 |

注：1. 金融类指境内投资者直接投向境外金融企业的投资；非金融类指境内投资者直接投向境外非金融企业的投资。
2. 2017年非金融流量数据与商务部2017年快报数据（1200.8亿美元）差异主要为收益再投资部分。

联合国贸发会议（UNCTAD）《2018世界投资报告》显示，2017年全球外国直接投资流出流量1.43万亿美元，年末存量30.84万亿美元。以此为基数计算，2017年中国对外直接投资分别占全球当年流量、存量的11.1%和5.9%，流量位列按全球国家（地区）排名的第3位，占比较上年下降2.4个百分点，存量由2016年的第6位跃升至第2位，占比提升0.7个百分点。

**图1　2017年中国与全球主要国家（地区）流量对比**

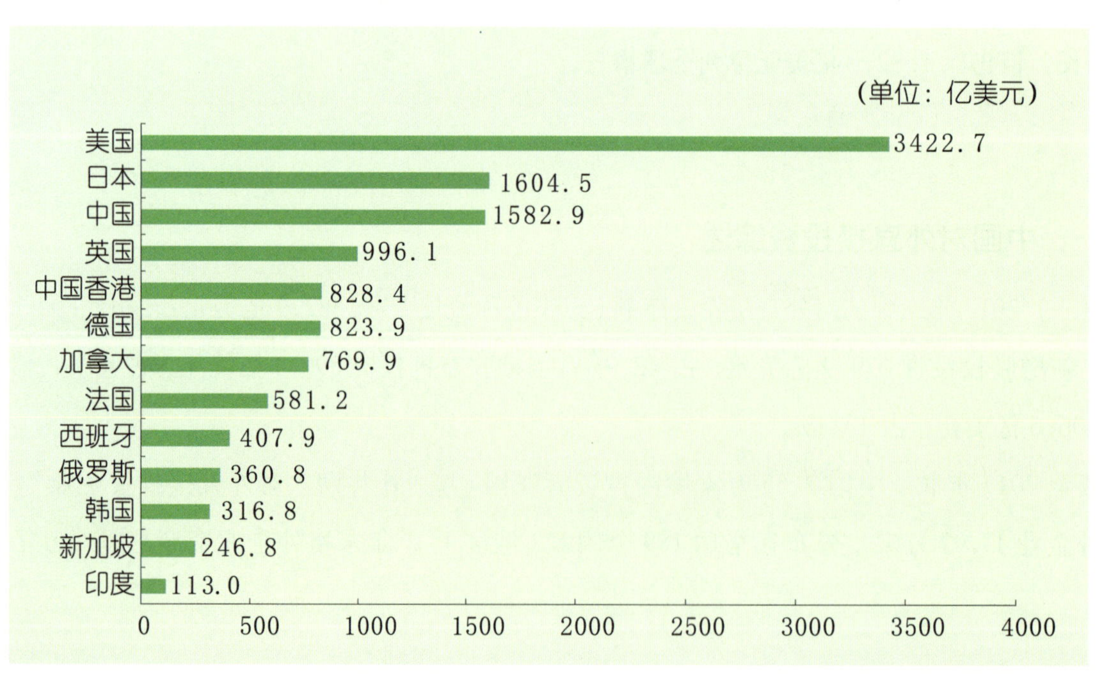

**图 2 2017 年中国与全球主要国家（地区）存量对比**

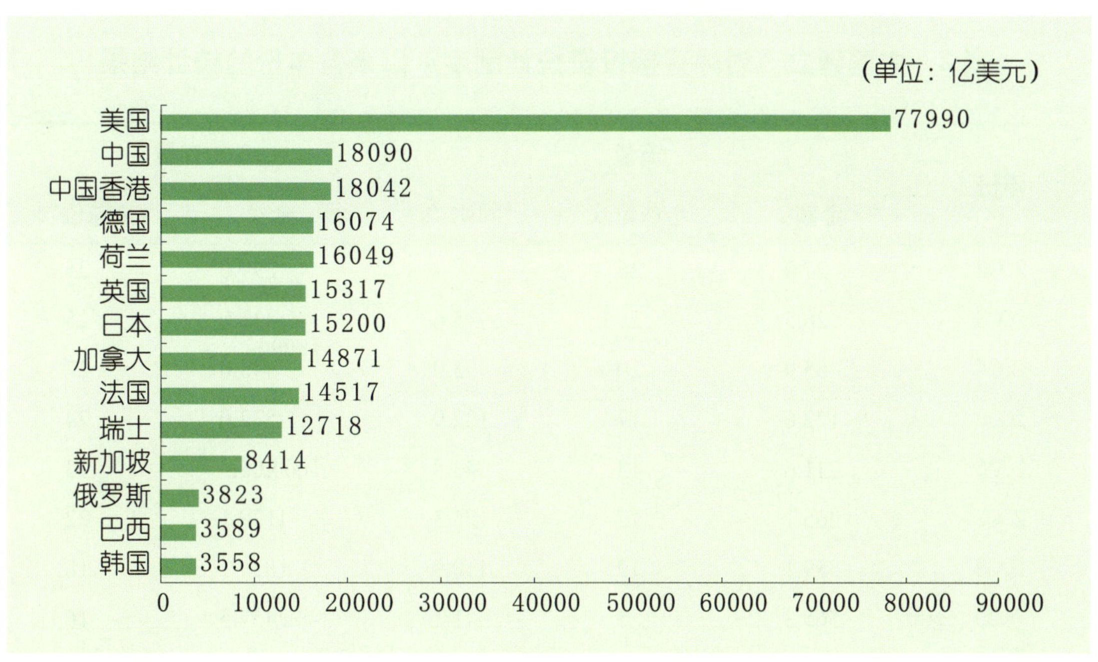


注：2017 年中国对外直接投资来源于《中国对外直接投资统计公报》，其他国家（地区）统计数据来源于联合国贸发会议《2018 世界投资报告》。

（二）2017 年，对外金融类直接投资流量 187.9 亿美元，同比增长 25.9%，其中对外货币金融服务类（原银行业）直接投资 135 亿美元，占 71.8%。

2017 年末，对外金融类直接投资存量 2027.9 亿美元，其中对外货币金融服务类直接投资 1182.5 亿美元，占 58.3%；保险业 59.2 亿美元，占 2.9%；资本市场服务（原证券业）87.2 亿美元，占 4.3%；其他金融业 699 亿美元，占 34.5%。

2017 年末，中国国有商业银行③共在美国、日本、英国等 46 个国家（地区）开设 88 家分行、57 家附属机构，员工总人数达 5.1 万人，其中雇用外方员工 4.7 万人，占 92.2%。2017 年末，中国共在境外设立保险机构 9 家。

（三）2017 年，对外非金融类直接投资 1395 亿美元，同比下降 23%；境外企业实现销售收入 20185 亿美元，同比增长 30.7%。2017 年末，对外非金融类直接投资存量 16062.5 亿美元，境外企业资产总额 3.54 万亿美元。

（四）2017 年，境外企业向投资所在国家（地区）缴纳各种税金总额 376 亿美元，同比增长 35.5%；年末境外企业员工总数 339.3 万人，其中雇用外方员工 171 万人，占 50.4%，较上年末增加 36.7 万人。

---

③中国国有商业银行包括中国银行、中国农业银行、中国工商银行、中国建设银行和交通银行。

## 二、中国对外直接投资流量、存量

**表 2 中国建立《对外直接投资统计制度》以来各年份的统计结果**

单位：亿美元

| 年份 | 流量 | | | 存量 | |
|---|---|---|---|---|---|
| | 金额 | 全球位次 | 同比（%） | 金额 | 全球位次 |
| 2002 | 27.0 | 26 | -- | 299.0 | 25 |
| 2003 | 28.5 | 21 | 5.6 | 332.0 | 25 |
| 2004 | 55.0 | 20 | 93.0 | 448.0 | 27 |
| 2005 | 122.6 | 17 | 122.9 | 572.0 | 24 |
| 2006 | 211.6 | 13 | 43.8 | 906.3 | 23 |
| 2007 | 265.1 | 17 | 25.3 | 1179.1 | 22 |
| 2008 | 559.1 | 12 | 110.9 | 1839.7 | 18 |
| 2009 | 565.3 | 5 | 1.1 | 2457.5 | 16 |
| 2010 | 688.1 | 5 | 21.7 | 3172.1 | 17 |
| 2011 | 746.5 | 6 | 8.5 | 4247.8 | 13 |
| 2012 | 878.0 | 3 | 17.6 | 5319.4 | 13 |
| 2013 | 1078.4 | 3 | 22.8 | 6604.8 | 11 |
| 2014 | 1231.2 | 3 | 14.2 | 8826.4 | 8 |
| 2015 | 1456.7 | 2 | 18.3 | 10978.6 | 8 |
| 2016 | 1961.5 | 2 | 34.7 | 13573.9 | 6 |
| 2017 | 1582.9 | 3 | -19.3 | 18090.4 | 2 |

注：1.2002—2005 年数据为中国对外非金融类直接投资数据，2006—2017 年为全行业对外直接投资数据。
2.2006 年同比为对外非金融类直接投资比值。

### （一）2017 年中国对外直接投资流量

#### 1. 流量首次负增长，对外投资回归理性。

2017 年，全球经济增长速度达到 3%，货物贸易增长 4.7%，均创下 2011 年以来最快增速。而全球外国直接投资则在 2016、2017 年连续两年下降，2017 年跨境并购及已宣布的绿地投资金额分别下降 22% 和 14%。2017 年，中国政府加强对企业对外投资的真实性、合规性审查，市场主体对外投资更趋成熟和回归理性。中国企业对外投资增速放缓，结构进一步优化。2017 年中国对外直接投资 1582.9 亿美元，同比下降 19.3%，流量规模仅次于美国（3422.7 亿美元）和日本（1604.5 亿美元），位居世界第三位。

自 2003 年中国政府权威发布年度数据以来，2017 年中国对外直接投资首次出现负增长，但

1582.9亿美元仍为历史第二高位（仅次于2016年），是2002年流量的58.6倍，占全球比重连续两年超过一成，中国对外投资在全球外国直接投资中的影响力不断扩大。从双向投资情况看，中国对外直接投资流量已连续三年高于吸引外资。

2002–2017年中国对外投资的年均增长速度高达31.2%，近五年（2013–2017年）累计流量达7310.7亿美元，占对外直接投资存量规模的40.4%。

**图3　2002–2017年中国对外直接投资流量情况**

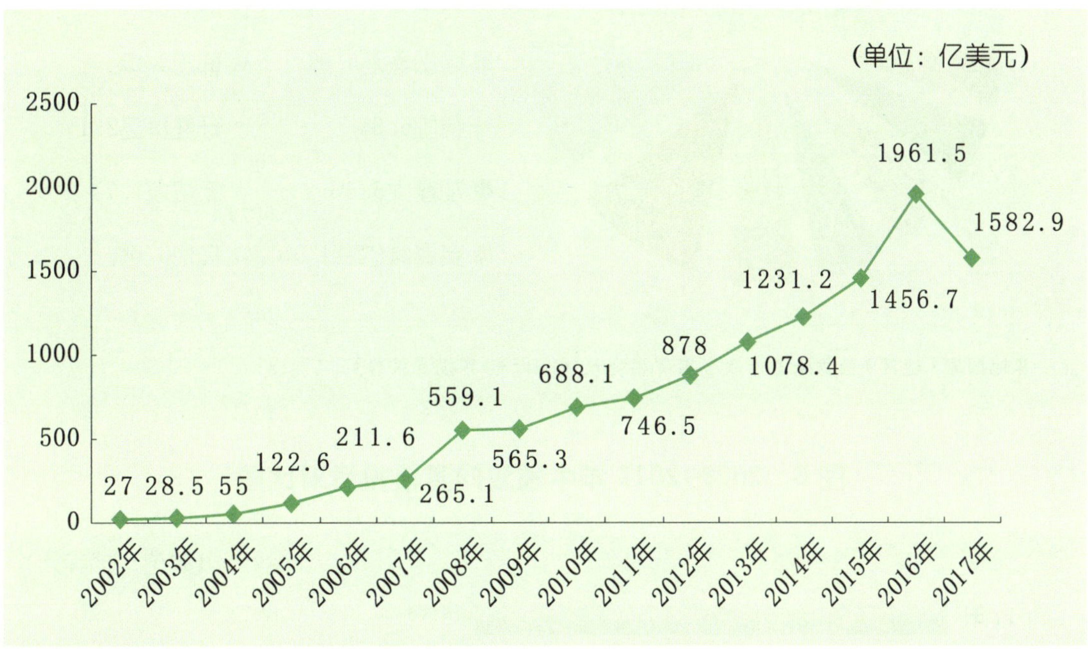


注：数据来源于《中国对外直接投资统计公报》。

**图4　2002–2017年中国对外直接投资流量在全球的位次**

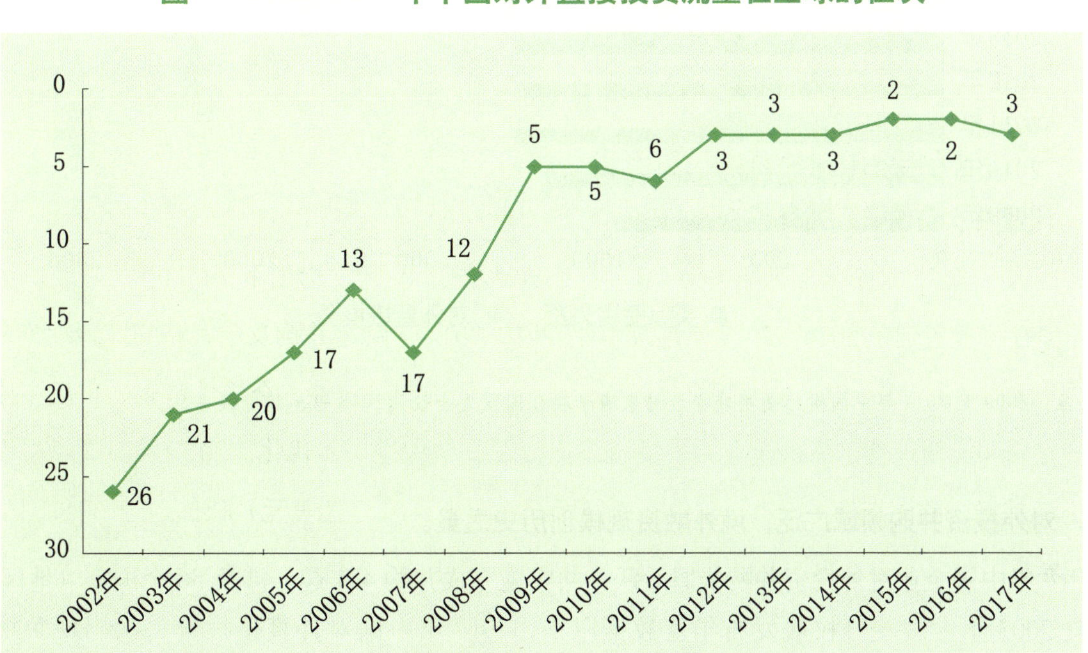

**图 5　2017 年全球主要对外投资国家（地区）流量占比情况**

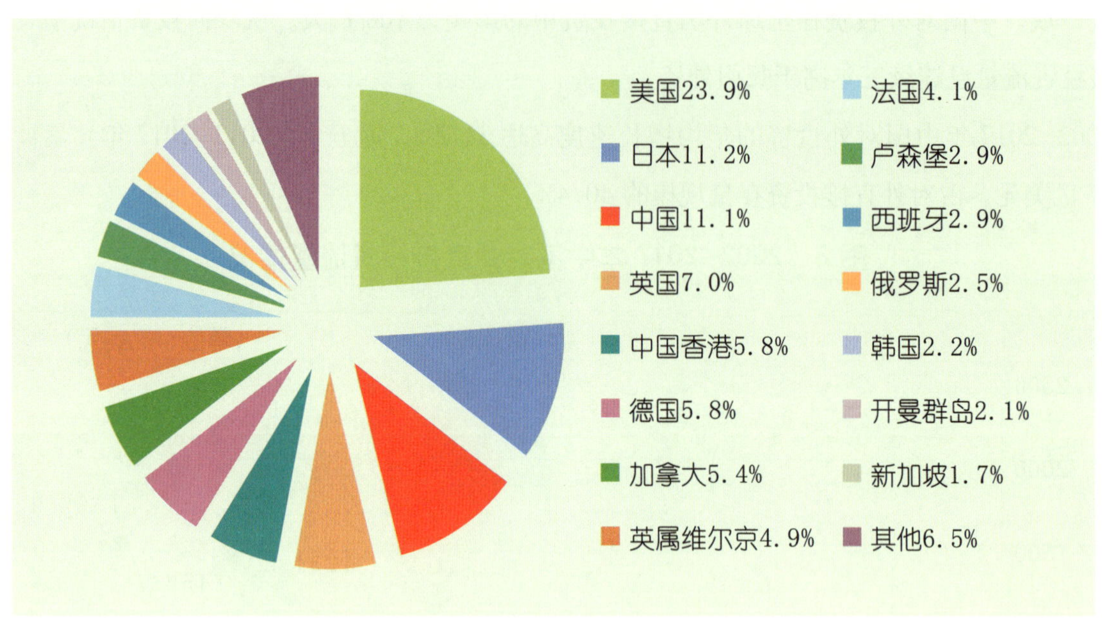


注：其他国家（地区）数据来源于联合国贸发会议《2018 世界投资报告》。

**图 6　2009—2017 年中国双向直接投资对比图**

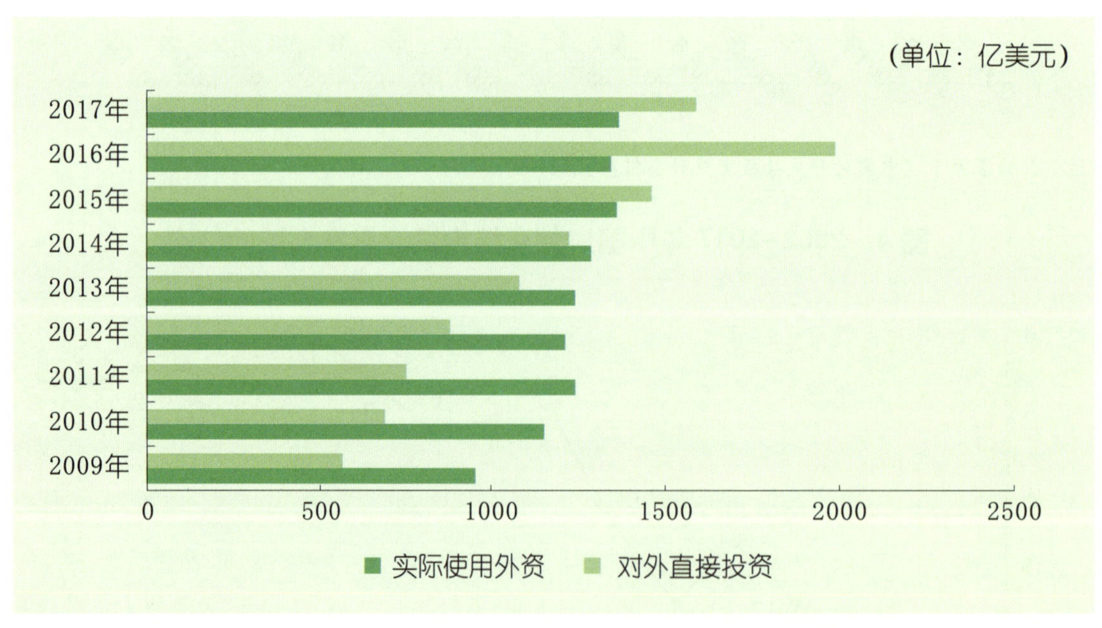


注：2009 至 2017 年中国实际使用外资数据来源于联合国贸发会议《2018 世界投资报告》。

2. 对外投资并购领域广泛，境外融资规模创历史之最。

2017 年中国企业对外投资并购依旧活跃，共实施完成并购 431 起，涉及 56 个国家（地区），实际交易总额1196.2亿美元，其中直接投资[④]334.7亿美元，占并购总额的28%，占当年中国对外直接投资总额的21.1%；境外融资861.5亿美元，规模较上年高出七成，占并购总额的72%，是企业境外融资规模最大的年份。中国化工集团421亿美元收购瑞士先正达公司98.06%股权是2017年中国企业“走出去”实施的最大海外并购项目，同时也是当年全球跨境并购第二大项目。

**表3　2004–2017年中国对外直接投资并购情况**

单位：亿美元

| 年份 | 并购金额 | 同比（%） | 比重（%） |
|---|---|---|---|
| 2004 | 30.0 | -- | 54.5 |
| 2005 | 65.0 | 116.7 | 53.0 |
| 2006 | 82.5 | 26.9 | 39.0 |
| 2007 | 63.0 | -23.6 | 23.8 |
| 2008 | 302.0 | 379.4 | 54.0 |
| 2009 | 192.0 | -36.4 | 34.0 |
| 2010 | 297.0 | 54.7 | 43.2 |
| 2011 | 272.0 | -8.4 | 36.4 |
| 2012 | 434.0 | 59.6 | 31.4 |
| 2013 | 529.0 | 21.9 | 31.3 |
| 2014 | 569.0 | 7.6 | 26.4 |
| 2015 | 544.4 | -4.3 | 25.6 |
| 2016 | 1353.3 | 148.6 | 44.1 |
| 2017 | 1196.2 | -11.6 | 21.1 |

注：2012–2017年并购金额包括境外融资部分，比重为并购中的直接投资占当年流量的比重。

2017年中国企业对外投资并购涉及制造业、采矿业、电力／热力／燃气及水的生产和供应业等18个行业大类。从并购金额上看，制造业607.2亿美元，是上年的2倍，居首位，涉及163个项目。采矿业114.1亿美元，同比增长52.1%，居次席；中石油集团与华信集团收购阿布扎比国家石油公司12%股权是该领域年度最大金额并购项目。电力／热力／燃气及水的生产和供应业126.5亿美元，同比增长12.8%，居第三位；国家电网公司收购巴西CPFL项目是该领域年度最大金额并购项目。

④指境内投资者或其境外企业收购项目的款项来源于境内投资者的自有资金、境内银行贷款（不包括境内投资者担保的境外贷款）。

表 4　2017 年我国对外投资并购行业构成

| 行业类别 | 数量（起） | 金额（亿美元） | 金额占比（%） |
|---|---|---|---|
| 制造业 | 163 | 607.2 | 50.8 |
| 采矿业 | 22 | 114.1 | 9.5 |
| 电力／热力／燃气及水的生产和供应业 | 30 | 101.9 | 8.5 |
| 住宿和餐饮业 | 1 | 65.0 | 5.4 |
| 租赁和商务服务业 | 38 | 63.1 | 5.3 |
| 信息传输／软件和信息技术服务业 | 42 | 61.2 | 5.1 |
| 交通运输／仓储和邮政业 | 13 | 55.8 | 4.7 |
| 金融业 | 4 | 34.2 | 2.9 |
| 批发和零售业 | 45 | 31.2 | 2.6 |
| 房地产业 | 9 | 25.2 | 2.1 |
| 卫生和社会工作 | 5 | 11.7 | 1.0 |
| 科学研究和技术服务业 | 28 | 11.2 | 0.9 |
| 农／林／牧／渔业 | 13 | 8.1 | 0.7 |
| 文化／体育和娱乐业 | 5 | 5.8 | 0.5 |
| 水利／环境和公共设施管理业 | 3 | 0.3 | -- |
| 建筑业 | 3 | 0.2 | -- |
| 居民服务／修理和其他服务业 | 4 | 0.1 | -- |
| 教育 | 3 | 0.1 | -- |
| **总计** | **431** | **1196.2** | **100.0** |

2017 年中国企业对外投资并购分布在全球 56 个国家（地区），从实际并购金额看，瑞士、美国、德国、巴西、英国、印度尼西亚、中国香港、澳大利亚、阿拉伯联合酋长国和新加坡位列前十。

图 7　2017 年中国企业对外投资并购十大目的地（按并购金额）

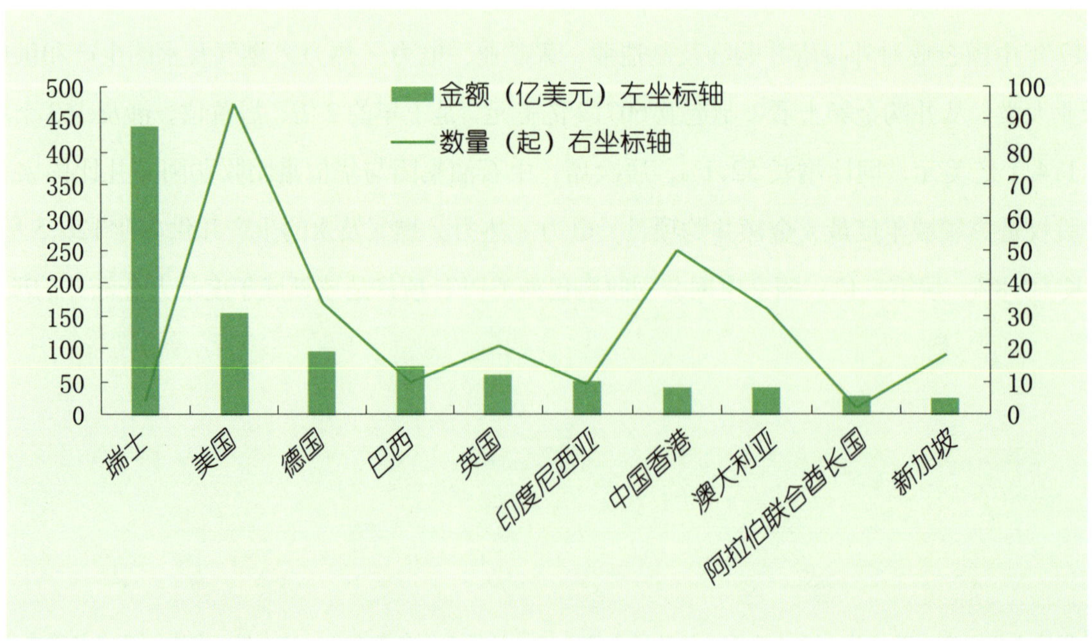

2017年中国企业对“一带一路”沿线国家并购项目76起，并购金额162.8亿美元，占并购总额的13.6%。其中印度尼西亚、阿拉伯联合酋长国、新加坡、印度、以色列、俄罗斯等国家吸引中国企业并购投资超10亿美元。

**3. 人民币对外投资活跃，收益再投资占比首超四成。**

2017年，中国对外直接投资流量的两成是以人民币方式出资，涉及中国境内企业数量超过800家，主要形成对境外企业股权和债务工具投资。从对外直接投资流量构成上看，2017年新增股权投

**表5　2006–2017年中国对外直接投资流量构成表**

单位：亿美元

| 年份 | 流量 | 新增股权 | | 当期收益再投资 | | 债务工具投资 | |
|---|---|---|---|---|---|---|---|
| | | 金额 | 比重（%） | 金额 | 比重（%） | 金额 | 比重（%） |
| 2006 | 211.6 | 51.7 | 24.4 | 66.5 | 31.4 | 93.4 | 44.2 |
| 2007 | 265.1 | 86.9 | 32.8 | 97.9 | 36.9 | 80.3 | 30.3 |
| 2008 | 559.1 | 283.6 | 50.7 | 98.9 | 17.7 | 176.6 | 31.6 |
| 2009 | 565.3 | 172.5 | 30.5 | 161.3 | 28.5 | 231.5 | 41.0 |
| 2010 | 688.1 | 206.4 | 30.0 | 240.1 | 34.9 | 241.6 | 35.1 |
| 2011 | 746.5 | 313.8 | 42.0 | 244.6 | 32.8 | 188.1 | 25.2 |
| 2012 | 878.0 | 311.4 | 35.5 | 224.7 | 25.6 | 341.9 | 38.9 |
| 2013 | 1078.4 | 307.3 | 28.5 | 383.2 | 35.5 | 387.9 | 36.0 |
| 2014 | 1231.2 | 557.3 | 45.3 | 444.0 | 36.1 | 229.9 | 18.6 |
| 2015 | 1456.7 | 967.1 | 66.4 | 379.1 | 26.0 | 110.5 | 7.6 |
| 2016 | 1961.5 | 1141.3 | 58.2 | 306.6 | 15.6 | 513.6 | 26.2 |
| 2017 | 1582.9 | 679.9 | 42.9 | 696.4 | 44.0 | 206.6 | 13.1 |

**图8　2006–2017年中国对外直接投资构成情况**

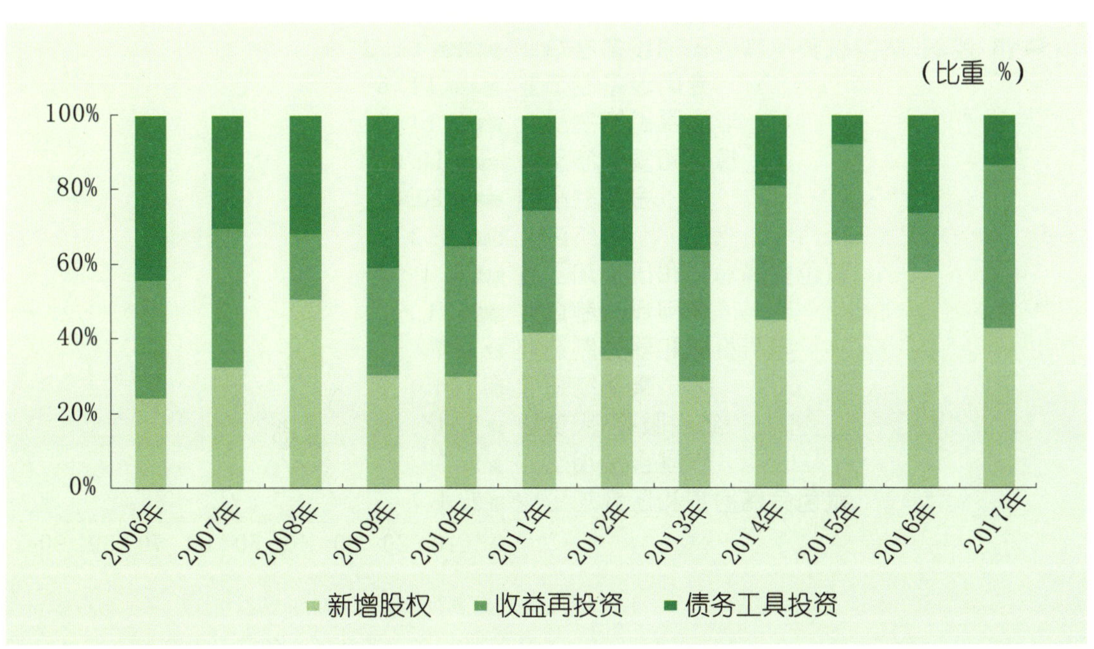

资 679.9 亿美元，占流量总额的 42.9%；债务工具投资（仅涉及对外非金融类企业）为 206.6 亿美元，占 13.1%；2017 年中国境外企业的经营情况良好，超七成的企业盈利或持平，当年收益再投资 696.4 亿美元，同比增长 127%，占同期中国对外直接投资流量的 44%。

**4. 八成投资流向商务服务、制造、批发零售、金融四大领域，采矿业首呈负流量。**

2017 年，中国对外直接投资涵盖了国民经济的 18 个行业大类。其中流量上百亿美元的涉及 4 个领域（较上年减少 2 个），租赁和商务服务业保持第一位，制造业蝉联第二。

流向**租赁和商务服务业**的投资 542.7 亿美元，同比下降 17.5%，占当年流量总额的 34.3%。投资主要分布在中国香港、英属维尔京群岛、新加坡、美国、英国等国家（地区）。

**制造业** 295.1 亿美元，同比增长 1.6%，占当年流量总额的 18.6%，较上年提升 3.8 个百分点。主要流向化学原料和化学制品制造、汽车制造、计算机／通信及其他电子设备制造、医药制造、铁路／船舶／航空航天和其他运输设备制造、非金属矿物制品、专用设备制造、橡胶和塑料制品、金属制品业、纺织、有色金属冶炼和压延加工业等。其中流向装备制造业的投资 110.3 亿美元，同比下降 22.6%，占制造业投资的 37.4%。

**图 9　2017 年中国对外制造业投资流向的主要二级类别**

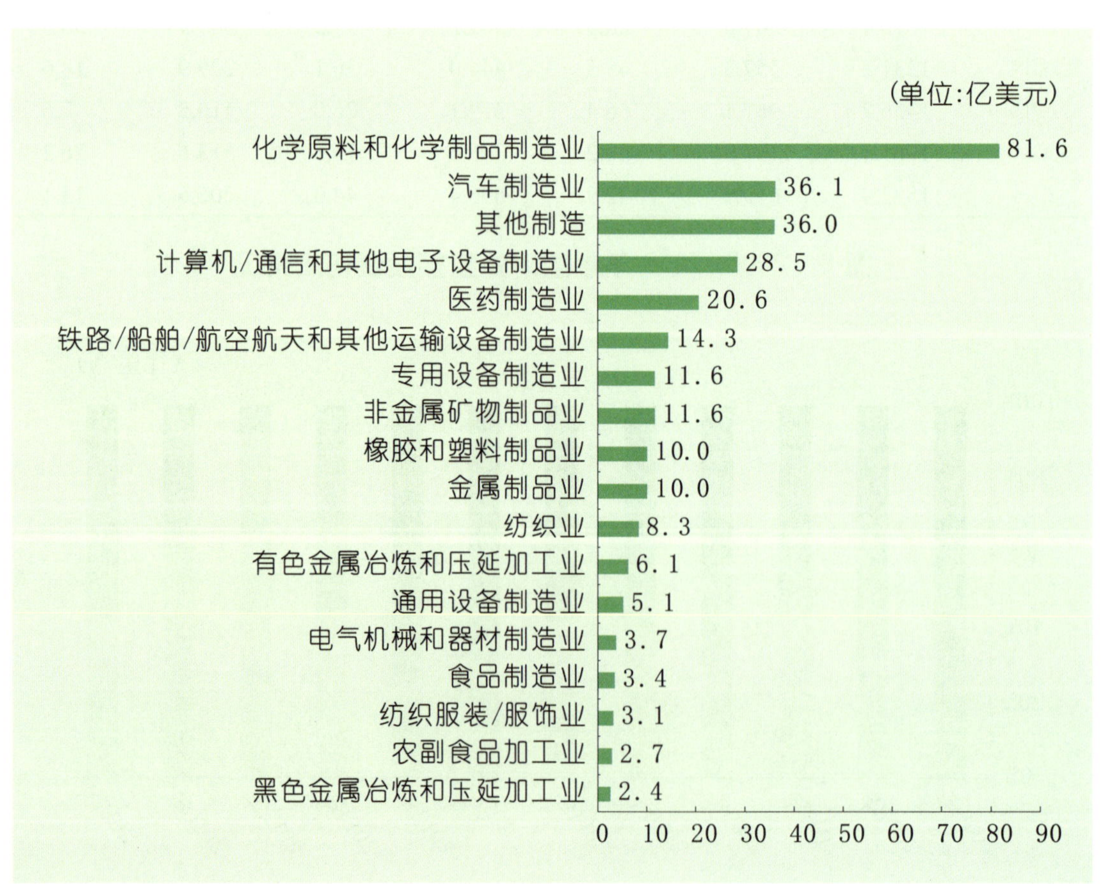

**批发和零售业** 263.1 亿美元，同比增长 25.9%，占 16.6%。

**金融业** 187.9 亿美元，同比增长 25.9%，占 11.9%。2017 年，中国金融业境内投资者对外直接投资活跃，累计实现对外直接投资 173 亿美元，其中流向境外金融类企业的直接投资 163 亿美元，占 94.2%，流向境外非金融类企业的直接投资 10 亿美元，占 5.8%；中国非金融业境内投资者投向境外金融企业的投资 24.9 亿美元。

**房地产业** 68 亿美元，同比下降 55.1%，占 4.3%。

**建筑业** 65.3 亿美元，同比增长 48.7%，占 4.1%。

**交通运输／仓储和邮政业** 54.7 亿美元，同比增长 225.6%，占 3.4%。

**信息传输／软件和信息技术服务业** 44.3 亿美元，同比下降 76.3%，占 2.8%。

流向**采矿业**的投资首次体现为负值（−37 亿美元），其主要原因是境外企业归还境内投资主体

### 表 6　2017 年中国对外直接投资流量行业分布情况

单位：亿美元

| 行业 | 流量 | 同比（%） | 比重（%） |
|---|---|---|---|
| **合计** | **1582.9** | **-19.3** | **100.0** |
| 租赁和商务服务业 | 542.7 | -17.5 | 34.3 |
| 制造业 | 295.1 | 1.6 | 18.6 |
| 批发和零售业 | 263.1 | 25.9 | 16.6 |
| 金融业 | 187.9 | 25.9 | 11.9 |
| 房地产业 | 68.0 | -55.1 | 4.3 |
| 建筑业 | 65.3 | 48.7 | 4.1 |
| 交通运输／仓储和邮政业 | 54.7 | 225.6 | 3.4 |
| 信息传输／软件和信息技术服务业 | 44.3 | -76.3 | 2.8 |
| 农／林／牧／渔业 | 25.1 | -23.7 | 1.6 |
| 科学研究和技术服务业 | 23.9 | -43.6 | 1.5 |
| 电力／热力／燃气及水的生产和供应业 | 23.4 | -33.9 | 1.5 |
| 居民服务／修理和其他服务业 | 18.7 | -65.5 | 1.2 |
| 卫生和社会工作 | 3.5 | -28.6 | 0.2 |
| 文化／体育和娱乐业 | 2.6 | -93.3 | 0.2 |
| 水利／环境和公共设施管理业 | 2.2 | -73.8 | 0.1 |
| 教育 | 1.3 | -53.6 | 0.1 |
| 住宿和餐饮业 | -1.9 | -- | -0.1 |
| 采矿业 | -37.0 | -- | -2.3 |

股东贷款（即收回投资）金额增多。

**5. 对欧洲、非洲的投资快速增长，对美洲投资降幅较大。**

2017年，流向欧洲的投资184.6亿美元，创历史最高值，同比增长72.7%，占当年对外直接投资流量的11.7%，较上年提升6.3个百分点。其中流量在10亿美元以上的国家有6个，分别是瑞士（75.1亿美元）、德国（27.2亿美元）、英国（20.7亿美元）、俄罗斯联邦（15.5亿美元）、卢森堡（13.5亿美元）、瑞典（12.9亿美元）。对欧盟投资102.7亿美元，同比增长2.7%。

流向**非洲**地区的投资41亿美元，同比增长70.8%，占当年对外直接投资流量的2.6%。主要流向安哥拉、肯尼亚、刚果（金）、南非、赞比亚、几内亚、刚果（布）、苏丹、埃塞俄比亚、尼日利亚、坦桑尼亚等国家。

流向**北美洲**地区的投资65亿美元，同比下降68.1%，占当年对外直接投资流量的4.1%。其中对美国投资64.3亿美元，同比下降62.1%；加拿大3.2亿美元，同比下降88.9%。

流向**拉丁美洲**地区的投资140.8亿美元，同比下降48.3%，占当年对外直接投资流量的8.9%。主要流向英属维尔京群岛（193亿美元）、巴西（4.3亿美元）、委内瑞拉（2.7亿美元）、阿根廷（2.1亿美元）等。

流向**亚洲**地区的投资1100.4亿美元，同比下降15.5%，占当年对外直接投资流量的69.5%。其中对中国香港的投资911.5亿美元，同比下降20.2%，占对亚洲投资的82.8%；对东盟10国的投资141.2亿美元，同比增长37.4%，占对亚洲投资的12.8%。

流向**大洋洲**51.1亿美元，同比下降1.9%，占当年对外直接投资流量的3.2%。主要流向澳大利亚、新西兰、萨摩亚、巴布亚新几内亚等国家。

**表7　2017年中国对外直接投资流量地区构成情况**

单位：亿美元

| 洲别 | 金额 | 同比（%） | 比重（%） |
|---|---|---|---|
| 欧　　洲 | 184.6 | 72.7 | 11.7 |
| 非　　洲 | 41.0 | 70.8 | 2.6 |
| 大 洋 洲 | 51.1 | -1.9 | 3.2 |
| 亚　　洲 | 1100.4 | -15.5 | 69.5 |
| 拉丁美洲 | 140.8 | -48.3 | 8.9 |
| 北 美 洲 | 65.0 | -68.1 | 4.1 |
| **合　　计** | **1582.9** | **-19.3** | **100.0** |

**表8　2017年中国对外直接投资流量前20位的国家（地区）**

单位：亿美元

| 位次 | 国家（地区） | 流量 | 占总额比重（%） |
|---|---|---|---|
| 1 | 中国香港 | 911.5 | 57.6 |
| 2 | 英属维尔京群岛 | 193.0 | 12.2 |
| 3 | 瑞士 | 75.1 | 4.7 |
| 4 | 美国 | 64.2 | 4.0 |
| 5 | 新加坡 | 63.1 | 4.0 |
| 6 | 澳大利亚 | 42.4 | 2.7 |
| 7 | 德国 | 27.2 | 1.7 |
| 8 | 哈萨克斯坦 | 20.7 | 1.3 |
| 9 | 英国 | 20.7 | 1.3 |
| 10 | 马来西亚 | 17.2 | 1.1 |
| 11 | 印度尼西亚 | 16.8 | 1.1 |
| 12 | 俄罗斯联邦 | 15.5 | 1.0 |
| 13 | 卢森堡 | 13.5 | 0.8 |
| 14 | 瑞典 | 12.9 | 0.8 |
| 15 | 老挝 | 12.2 | 0.8 |
| 16 | 泰国 | 10.6 | 0.7 |
| 17 | 法国 | 9.5 | 0.6 |
| 18 | 越南 | 7.6 | 0.5 |
| 19 | 柬埔寨 | 7.4 | 0.5 |
| 20 | 巴基斯坦 | 6.8 | 0.4 |
|  | **合计** | **1547.9** | **97.8** |

**6. 流向“一带一路”沿线国家投资增长三成，涉及领域广泛。**

2017年，中国境内投资者共对“一带一路”沿线的57个国家近3000家境外企业进行了直接投资，涉及国民经济17个行业大类，当年累计投资201.7亿美元，同比增长31.5%，占同期中国对外直接投资流量的12.7%。主要投向新加坡、哈萨克斯坦、马来西亚、印度尼西亚、俄罗斯、老挝、泰国、越南、柬埔寨、巴基斯坦、阿联酋等国家。近五年中国对沿线国家累计直接投资807.3亿美元。

图 10　2013—2017 年中国对"一带一路"沿线国家投资情况

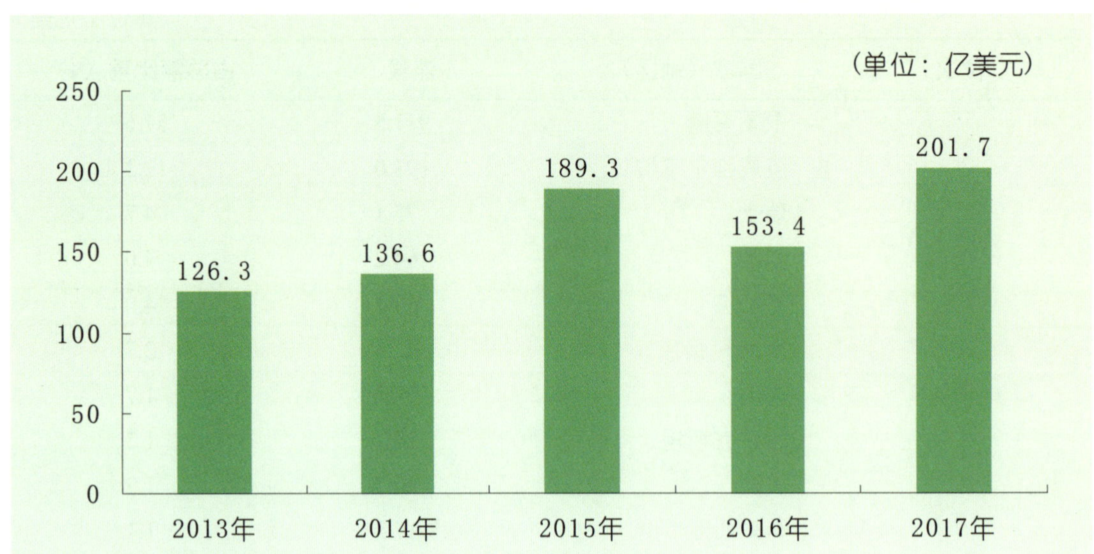


7. 地方对外投资降幅高于全国，中央企业和单位则增幅较大。

2017 年，地方企业对外非金融类直接投资流量达 862.3 亿美元，同比下降 42.7%，占全国非金融类流量的 61.8%。其中：东部地区 642.4 亿美元，占地方投资流量的 74.5%，同比下降 48.9%；西部地区 124.7 亿美元，占 14.5%，同比增长 8%；中部地区 76.1 亿美元，占 8.8%，同比下降 24.7%；东北三省 19.1 亿美元，占 2.2%，同比下降 41.2%。上海、广东、浙江、山东、北京、重庆、江苏、海南、福建、天津位列地方对外直接投资流量前 10 位，合计 676.3 亿美元，占地方对外直接投资流量的 78.4%。

表 9　2017 年地方对外直接投资流量按区域分布情况

单位：亿美元

| 地区 | 流量 | 比重 (%) | 同比 (%) |
|---|---|---|---|
| 东部地区 | 642.4 | 74.5 | -48.9 |
| 中部地区 | 76.1 | 8.8 | -24.7 |
| 西部地区 | 124.7 | 14.5 | 8.0 |
| 东北三省 | 19.1 | 2.2 | -41.2 |
| **合　计** | **862.3** | **100.0** | **-42.7** |

注：1. 东部地区包括：北京、天津、河北、上海、江苏、浙江、福建、山东、广东和海南。2. 中部地区包括山西、安徽、江西、河南、湖北、湖南六省。3. 西部地区包括：内蒙古、广西、四川、重庆、贵州、云南、陕西、甘肃、青海、宁夏、新疆、西藏。4. 东北三省包括黑龙江、吉林、辽宁。

2017 年，在大型并购和增资项目的拉动下，中央企业和单位[⑤]对外投资 532.7 亿美元，同比增长 73.4%。

⑤中央企业和单位是指除地方统计管理以外的境内投资者。

**表 10　2017 年地方对外直接投资流量前十位的省市区**

单位：亿美元

| 序号 | 省、市、区名称 | 流量 | 占地方比重（%） |
|---|---|---|---|
| 1 | 上海市 | 129.9 | 15.1 |
| 2 | 广东省 | 117.7 | 13.6 |
| 3 | 浙江省 | 106.6 | 12.4 |
| 4 | 山东省 | 78.8 | 9.1 |
| 5 | 北京市 | 66.5 | 7.7 |
| 6 | 重庆市 | 50.3 | 5.8 |
| 7 | 江苏省 | 43.6 | 5.1 |
| 8 | 海南省 | 31.5 | 3.6 |
| 9 | 福建省 | 28.3 | 3.3 |
| 10 | 天津市 | 23.1 | 2.7 |
| | **合　计** | **676.3** | **78.4** |

8. 公有经济控股主体对外投资规模略高于非公经济。

2017 年中国对外非金融类投资流量中，属非公有经济控股的境内投资者对外投资 679.4 亿美元，占 48.7%；公有经济控股对外投资 715.6 亿美元，占 51.3%。

（二）2017 年末中国对外直接投资存量

**图 11　2017 年中国公有控股和非公有控股流量构成**

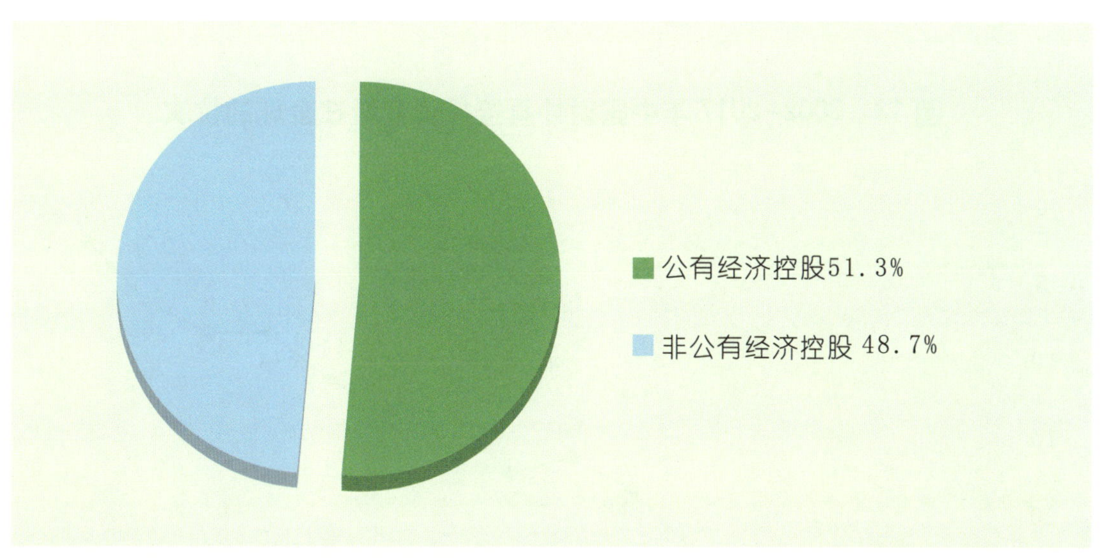


1. 在全球的位置和比重。

2017 年末，中国对外直接投资存量 18090.4 亿美元，较上年末增加 4516.5 亿美元[⑥]，是 2002 年末存量的 60.5 倍，占全球外国直接投资流出存量的份额由 2002 年的 0.4% 提升至 5.9%，排名由

⑥ 2017 年末存量中充实了部分境外红筹上市公司和中国自然人对外投资数据。

第25位上升至第2位，仅次于美国（7.8万亿美元）。从存量规模上看，中国与美国差距较大，仅相当于美国的23.2%；与位列前六的中国香港、德国、荷兰、英国比较接近。

图12 2002-2017年中国对外直接投资存量情况

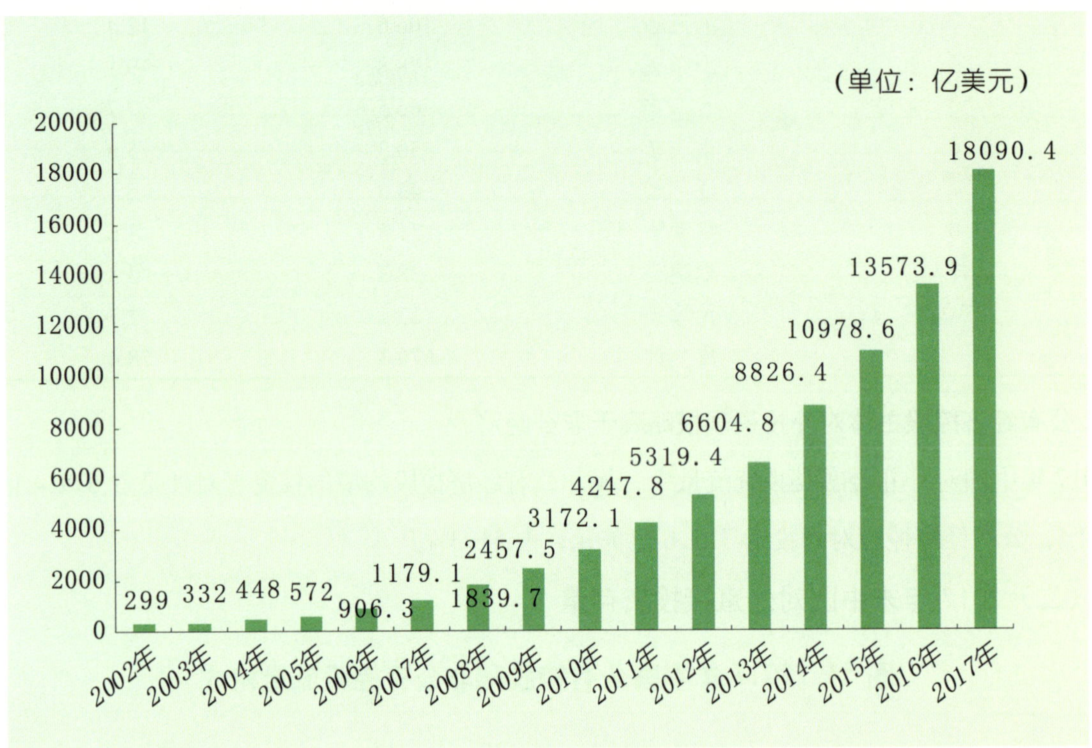

图13 2002-2017年中国对外直接投资存量在全球的位次

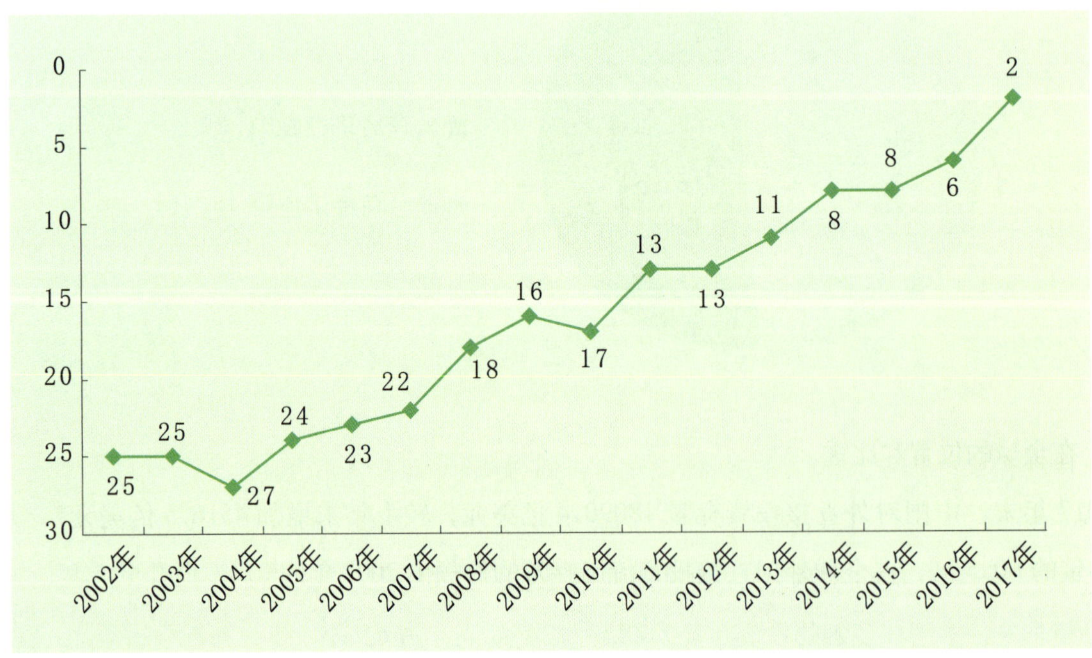

表 11 2017 年末全球对外直接投资存量前十位的国家（地区）

单位：亿美元

| 位次 | 国家（地区） | 2017 年末存量 | 占全球比重（%） |
|---|---|---|---|
| 1 | 美　　国 | 77990 | 25.3 |
| 2 | 中　　国 | 18090 | 5.9 |
| 3 | 中国香港 | 18042 | 5.9 |
| 4 | 德　　国 | 16074 | 5.2 |
| 5 | 荷　　兰 | 16049 | 5.2 |
| 6 | 英　　国 | 15317 | 5.0 |
| 7 | 日　　本 | 15200 | 4.9 |
| 8 | 加 拿 大 | 14871 | 4.8 |
| 9 | 法　　国 | 14517 | 4.7 |
| 10 | 瑞　　士 | 12718 | 4.1 |
|  | **合　　计** | **218867** | **71.0** |

注：2017 年中国对外直接投资来源于《中国对外直接投资统计公报》，其他国家（地区）统计数据来源于联合国贸发会议《2018 世界投资报告》。

图 14 2017 年末全球主要经济体对外直接投资存量占比

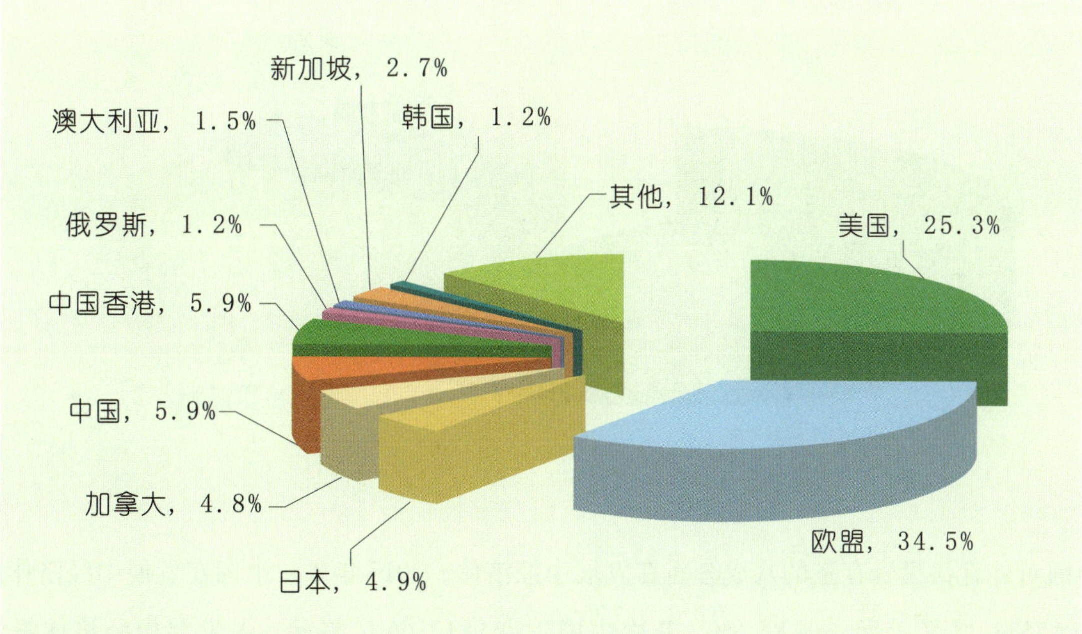

2. 国家地区分布。

2017 年末，中国对外直接投资存量分布在全球的 189 个国家（地区），占全球国家（地区）总数的 80.8%，2017 年较上年减少了在伯利兹的投资。

2017 年末，中国在亚洲的投资存量为 11393.2 亿美元，占 63%，主要分布在中国香港、新加坡、印度尼西亚、中国澳门、哈萨克斯坦、老挝、韩国、巴基斯坦、缅甸、柬埔寨、阿联酋、泰国、越南、马来西亚、印度、以色列、伊朗等；中国香港占亚洲存量的86.1%。

**拉丁美洲** 3868.9亿美元，占21.4%，主要分布在开曼群岛、英属维尔京群岛、委内瑞拉、巴西、阿根廷、牙买加、厄瓜多尔、墨西哥、秘鲁、特立尼达和多巴哥、智利等。其中开曼群岛和英属维尔京群岛累计存量3717.4亿美元，占对拉美地区投资存量的96.1%。

**欧洲** 1108.6亿美元，占6.1%，主要分布在英国、荷兰、卢森堡、俄罗斯、德国、瑞士、瑞典、法国、挪威、意大利等。

**北美洲** 869.1亿美元，占4.8%，主要分布在美国、加拿大。

**非洲** 433亿美元，占2.4%，主要分布在南非、刚果（金）、赞比亚、尼日利亚、安哥拉、埃塞俄比亚、阿尔及利亚、津巴布韦、加纳、肯尼亚、坦桑尼亚、苏丹、毛里求斯等。

**大洋洲** 417.6亿美元，占2.3%，主要分布在澳大利亚、新西兰、巴布亚新几内亚、萨摩亚、斐济等。

**图15 2017年中国对外直接投资存量地区分布情况**

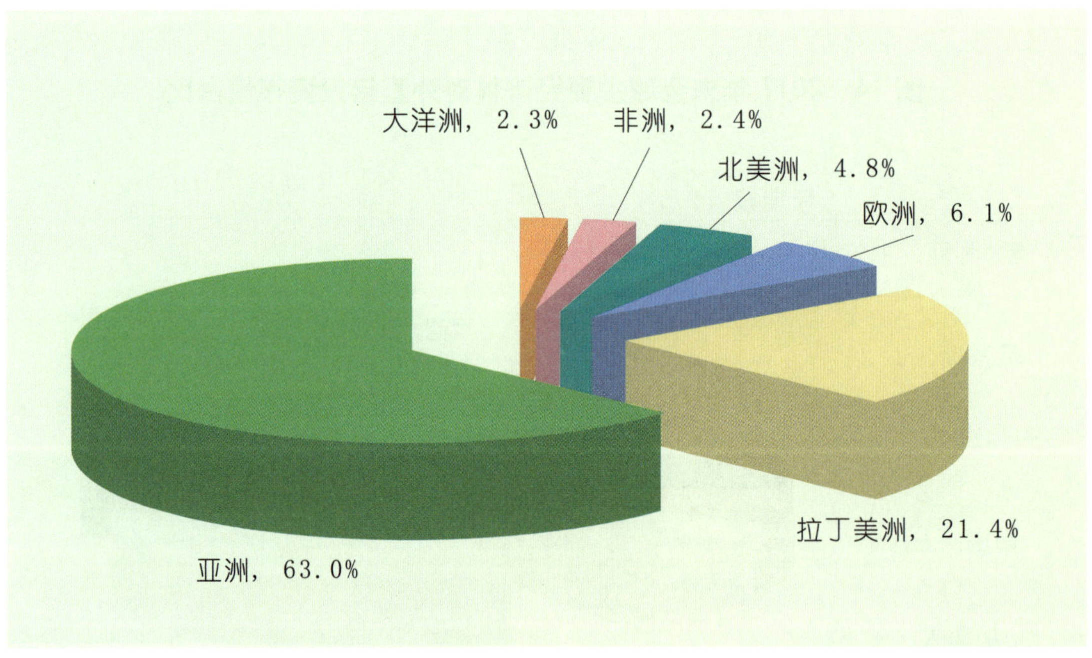


中国对外直接投资存量的八成分布在发展中经济体。2017年末，中国在发展中经济体的投资存量为15524.18亿美元，占85.8%，其中中国香港9812.66亿美元，占发展中经济体投资存量的63.2%；东盟890.14亿美元，占5.7%。在发达经济体存量2291.29亿美元，占12.7%，其中欧盟860.15亿美元，占在发达经济体投资存量的37.5%；美国673.81亿美元，占29.4%；澳大利亚361.75亿美元，占15.8%；加拿大109.37亿美元，占4.8%；瑞士81.12亿美元，占3.5%；以色列41.49亿美元，占1.8%；挪威20.83亿美元，占0.9%；日本31.97亿美元，占1.4%。

**表 12　2017 年末中国在发达国家（地区）直接投资存量情况**

单位：亿美元

| 国家、经济体名称 | 存量 | 比重（%） |
|---|---|---|
| 欧　　盟 | 860.15 | 37.5 |
| 美　　国 | 673.81 | 29.4 |
| 澳大利亚 | 361.75 | 15.8 |
| 加 拿 大 | 109.37 | 4.8 |
| 百 慕 大 | 85.88 | 3.8 |
| 瑞　　士 | 81.12 | 3.5 |
| 以 色 列 | 41.49 | 1.8 |
| 日　　本 | 31.97 | 1.4 |
| 新 西 兰 | 24.92 | 1.1 |
| 挪　　威 | 20.83 | 0.9 |
| **合　　计** | **2291.29** | **100.0** |

2017 年末，中国在转型经济体⑦的直接投资存量 274.93 亿美元，占存量总额的 1.5%。其中俄罗斯 138.72 亿美元，占转型经济体投资存量的 50.5%；哈萨克斯坦 75.61 亿美元，占 27.5%；塔吉克斯坦 16.16 亿美元，占 5.9%；吉尔吉斯斯坦 12.99 亿美元，占 4.7%；乌兹别克斯坦 9.46 亿美元，占 3.4%；土库曼斯坦 3.43 亿美元，占 1.2%。

**图 16　2017 年末中国对经济体直接投资存量构成**

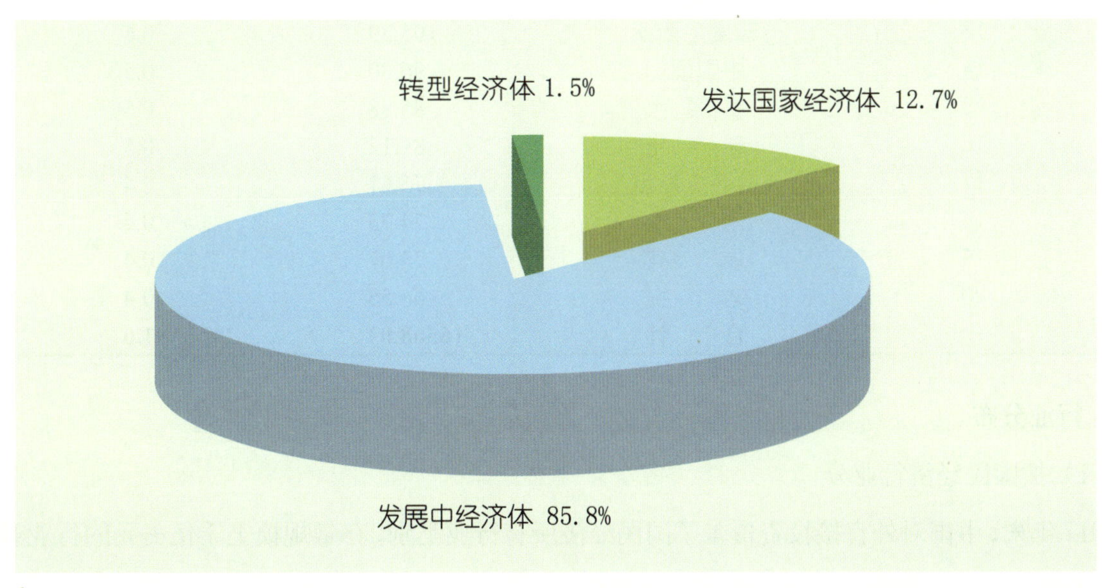


⑦转型经济体包括：东南欧、独联体和格鲁吉亚。东南欧包括阿尔巴尼亚、波斯尼亚和黑塞哥维纳、塞尔维亚、黑山、马其顿共和国。独联体包括：亚美尼亚、阿塞拜疆、白俄罗斯、吉尔吉斯斯坦、摩尔多瓦、俄罗斯联邦、乌克兰、塔吉克斯坦、哈萨克斯坦、土库曼斯坦、乌兹别克斯坦。

2017年末，中国对外直接投资存量前20位的国家（地区）累计达到16568.03亿美元，占中国对外直接投资存量的91.6%。分别是：中国香港、开曼群岛、英属维尔京群岛、美国、新加坡、澳大利亚、英国、荷兰、卢森堡、俄罗斯、德国、加拿大、印度尼西亚、中国澳门、百慕大、瑞士、哈萨克斯坦、南非、瑞典、老挝。

2017年末，中国对“一带一路”沿线国家的直接投资存量为1543.98亿美元，占中国对外直接投资存量的8.5%。存量位列前十的国家是：新加坡、俄罗斯、印度尼西亚、哈萨克斯坦、老挝、巴基斯坦、缅甸、柬埔寨、阿联酋、泰国。

**表13　2017年末中国对外直接投资存量前二十位的国家（地区）**

单位：亿美元

| 序号 | 国家（地区） | 存量 | 比重% |
|---|---|---|---|
| 1 | 中国香港 | 9812.66 | 54.2 |
| 2 | 开曼群岛 | 2496.82 | 13.8 |
| 3 | 英属维尔京群岛 | 1220.61 | 6.7 |
| 4 | 美　国 | 673.81 | 3.7 |
| 5 | 新 加 坡 | 445.68 | 2.5 |
| 6 | 澳大利亚 | 361.75 | 2.0 |
| 7 | 英　国 | 203.18 | 1.1 |
| 8 | 荷　兰 | 185.29 | 1.0 |
| 9 | 卢 森 堡 | 139.36 | 0.8 |
| 10 | 俄 罗 斯 | 138.72 | 0.8 |
| 11 | 德　国 | 121.63 | 0.7 |
| 12 | 加 拿 大 | 109.37 | 0.6 |
| 13 | 印度尼西亚 | 105.39 | 0.6 |
| 14 | 中国澳门 | 96.80 | 0.5 |
| 15 | 百 慕 大 | 85.88 | 0.5 |
| 16 | 瑞　士 | 81.12 | 0.5 |
| 17 | 哈萨克斯坦 | 75.61 | 0.4 |
| 18 | 南　非 | 74.73 | 0.4 |
| 19 | 瑞　典 | 73.07 | 0.4 |
| 20 | 老　挝 | 66.55 | 0.4 |
|  | **合　计** | **16568.03** | **91.6** |

3. 行业分布。

（1）按国民经济行业分

2017年末，中国对外直接投资覆盖了国民经济所有行业类别。存量规模上千亿美元的行业有6个，较上年末增加了信息传输/软件和信息技术服务业。

**租赁和商务服务业**仍以6157.7亿美元高居榜首，占中国对外直接投资存量的34.1%。包括以投资控股为主要目的的对外投资活动，主要分布在中国香港、开曼群岛、英属维尔京群岛、卢森堡、荷兰、新加坡、百慕大等国家和地区。

**批发和零售业** 2264.3亿美元，升至第二位，占12.5%。

**信息传输/软件和信息技术服务业** 2189亿美元，位列第三，占12.1%，是中国自然人对外投资较为聚集的领域。

图17　2017年末中国对外金融业投资存量构成

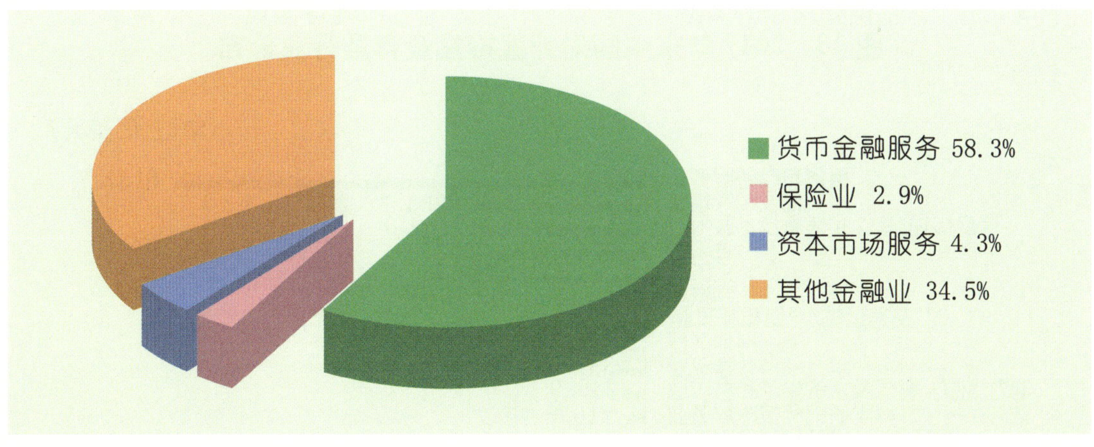


**金融业** 2027.9亿美元，占11.2%。

**采矿业** 1576.7亿美元，占8.7%。主要分布在石油和天然气开采、有色金属矿采选、黑色金属矿采选、煤炭开采等领域。

**制造业** 1403亿美元，占7.8%。主要分布在汽车制造、计算机/通信及其他电子设备制造、化学原料及化学制品制造、专用设备制造、其他制造、医药制造、橡胶和塑料制品、非金属矿物制品、有色金属冶炼及压延加工、食品制造、纺织、铁路/船舶/航空航天和其他运输设备制造、电气机械和器材制造、金属制品、通用设备制造、纺织服装/装饰等领域。其中**装备制造业**存量642.9亿美元，占制造业投资存量的45.8%。对汽车制造、计算机/通信及其他电子设备制造、化学原料及化学制品制造领域的投资均超过100亿美元。

以上六个行业存量合计15618.6亿美元，占中国对外直接投资存量的86.3%。其他主要行业分布情况：

**交通运输/仓储和邮政业** 547.7亿美元，占3%，主要分布在水上运输业、装卸搬运及其他运输代理业、航空运输业、管道运输业等。

**房地产业** 537.6亿美元，占3%。

**建筑业** 337亿美元，占1.9%，主要是房屋建筑业、建筑装饰和其他建筑业、建筑安装业的投资。

**电力/热力/燃气及水的生产和供应业** 249.9亿美元，占1.4%，主要为电力、热力生产和供应业的投资。

**科学研究和技术服务业** 216.8亿美元，占1.2%。主要为专业技术服务业、研究试验和发展的投资。

**居民服务/修理和其他服务业** 190.2亿美元，占1.1%。主要是其他服务业以及居民服务业的投资。

**农/林/牧/渔业** 165.6亿美元，占0.9%。其中农业占27.8%，林业占16.6%，渔业占11.1%。

**文化/体育和娱乐业** 81.2亿美元，占0.5%。

**住宿和餐饮业** 35.1亿美元，占0.2%。

图18　2017年末中国对外直接投资存量行业分布

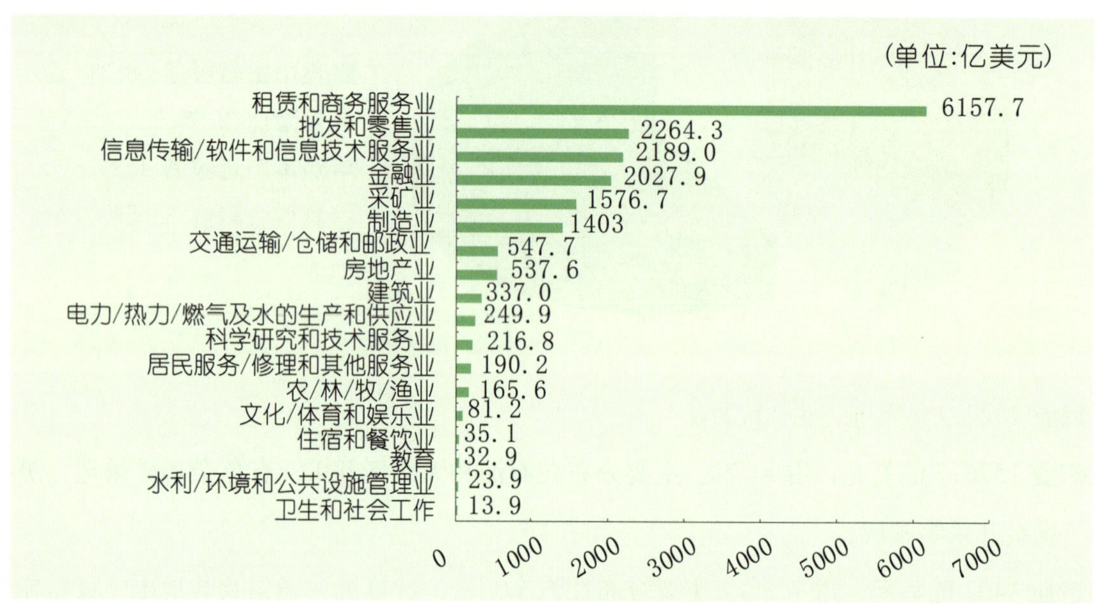


图19　2017年末中国对外直接投资存量行业比重图

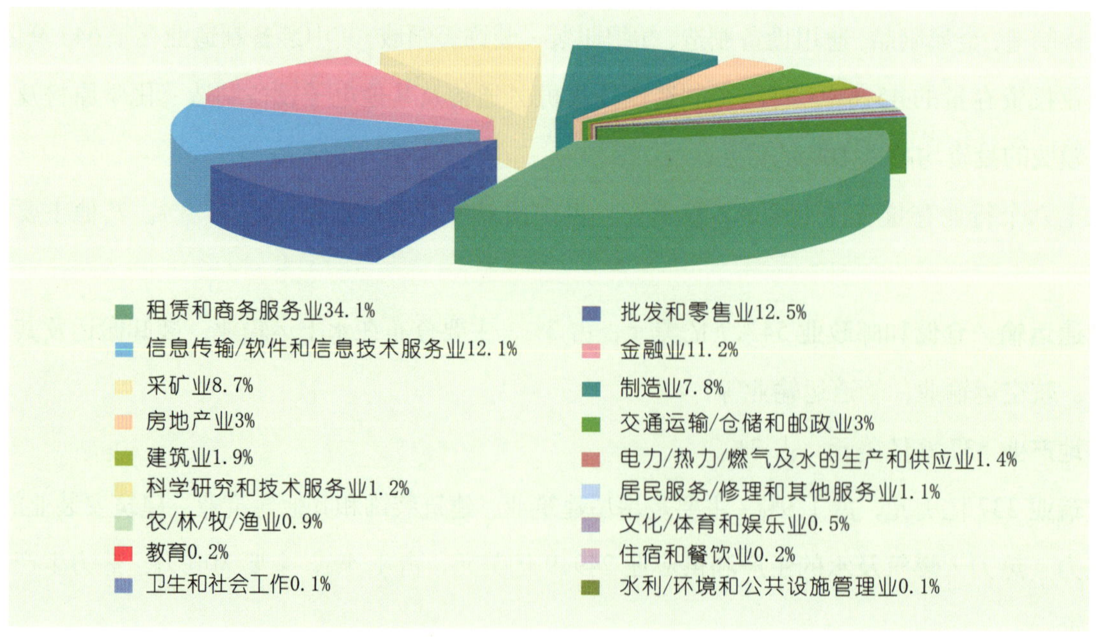

**教育** 32.9 亿美元，占 0.2%

**水利 / 环境和公共设施管理业** 23.9 亿美元，占 0.1%。

**卫生和社会工作** 13.9 亿美元，占 0.1%。

从存量行业的地区分布情况看，中国对各地区直接投资的行业高度集中。

### 表 14　2017 年末中国对各洲直接投资存量前五位的行业

单位：亿美元

| 地区 | 行业名称 | 存量 | 占比（%） |
|---|---|---|---|
| 亚洲 | 租赁和商务服务业 | 5103.4 | 44.8 |
| | 金融业 | 1403.9 | 12.3 |
| | 批发和零售业 | 1534.1 | 13.5 |
| | 采矿业 | 795.2 | 7.0 |
| | 制造业 | 732.6 | 6.4 |
| | **小计** | **9569.2** | **84.0** |
| 非洲 | 建筑业 | 128.8 | 29.8 |
| | 采矿业 | 97.6 | 22.5 |
| | 金融业 | 60.8 | 14.0 |
| | 制造业 | 57.1 | 13.2 |
| | 租赁和商务服务业 | 23.1 | 5.3 |
| | **小计** | **367.4** | **84.8** |
| 欧洲 | 制造业 | 341.3 | 30.8 |
| | 采矿业 | 224.9 | 20.3 |
| | 金融业 | 177.2 | 16.0 |
| | 租赁和商务服务业 | 106.3 | 9.6 |
| | 批发和零售业 | 51.7 | 4.7 |
| | **小计** | **901.4** | **81.4** |
| 拉丁美洲 | 信息传输、软件和信息技术服务业 | 1865.7 | 48.2 |
| | 租赁和商务服务业 | 765.7 | 19.8 |
| | 批发和零售业 | 594.5 | 15.4 |
| | 金融业 | 251.3 | 6.5 |
| | 采矿业 | 87.7 | 2.3 |
| | **小计** | **3564.9** | **92.2** |
| 北美洲 | 制造业 | 195.1 | 22.4 |
| | 采矿业 | 147.3 | 16.9 |
| | 租赁和商务服务业 | 128.0 | 14.7 |
| | 金融业 | 106.2 | 12.2 |
| | 信息传输、软件和信息技术服务业 | 66.1 | 7.6 |
| | **小计** | **642.7** | **73.8** |
| 大洋洲 | 采矿业 | 224.0 | 53.6 |
| | 房地产业 | 44.1 | 10.6 |
| | 租赁和商务服务业 | 31.3 | 7.5 |
| | 金融业 | 28.5 | 6.8 |
| | 制造业 | 19.7 | 4.7 |
| | **小计** | **347.6** | **83.2** |

（2）按三次产业分

2017年末，中国对外直接投资存量的79.8%分布在第三产业（即服务业），金额为14439.3亿美元，主要分布在租赁和商务服务、金融、批发和零售、信息传输/软件和信息技术服务、房地产、交通运输/仓储等领域。第二产业3533.2亿美元，占中国对外直接投资存量的19.5%，其中采矿业（不含开采辅助活动）1505.7亿美元，占第二产业的42.6%；制造业（不含金属制品/机械和设备修理业）1400.6亿美元，占39.6%；建筑业337亿美元，占9.5%；电力/热力/燃气及水的生产和供应业249.9亿美元，占7.1%。第一产业（农/林/牧/渔业，但不含农/林/牧/渔服务业）117.9亿美元，占中国对外直接投资存量的0.7%。

图20 2017年末中国对外直接投资存量按三次产业分类构成

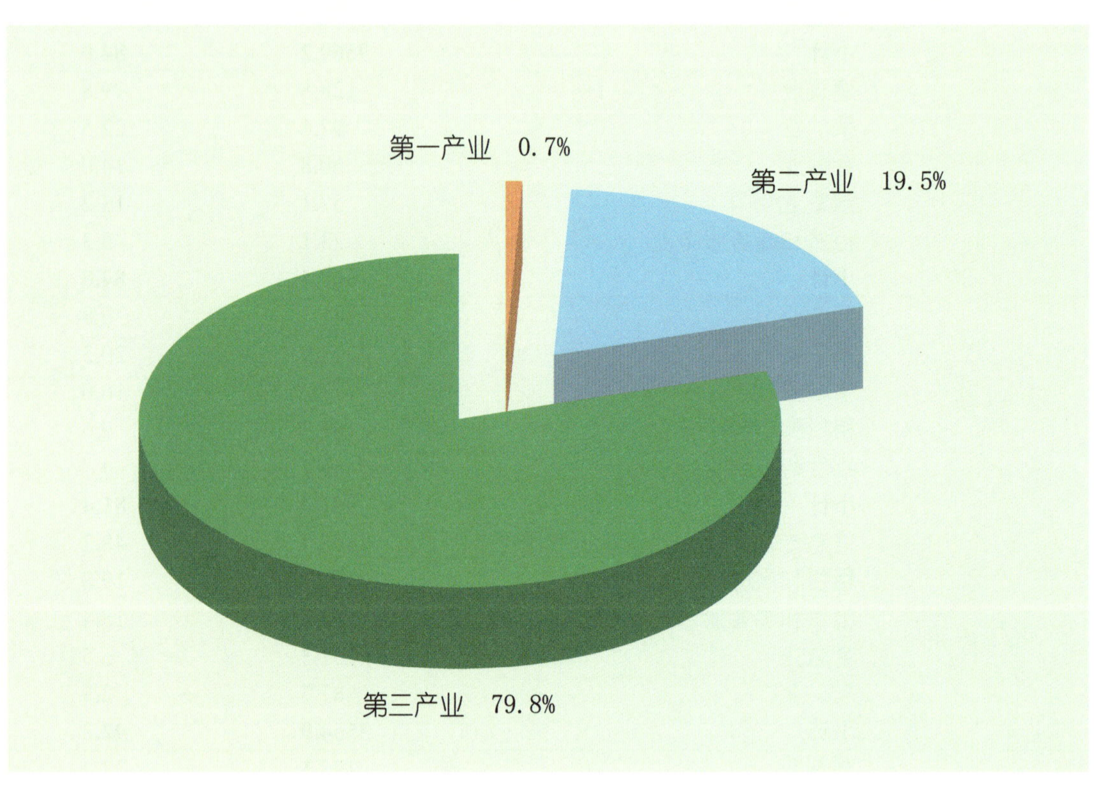


4. 按境内投资者工商行政管理注册类型分类。

2017年末，在对外非金融类直接投资16062.5亿美元存量中，国有企业占49.1%，较上年下降5.2个百分点；非国有企业占50.9%，其中有限责任公司占16.4%，股份有限公司占8.7%，个体经营占7.4%，私营企业占6.9%，港澳台商投资企业占5.8%，外商投资企业占3%，股份合作企业占0.5%，集体企业占0.3%，其他占1.9%。

图 21　2017 年末中国对外非金融类直接投资存量按境内投资者注册类型分布情况

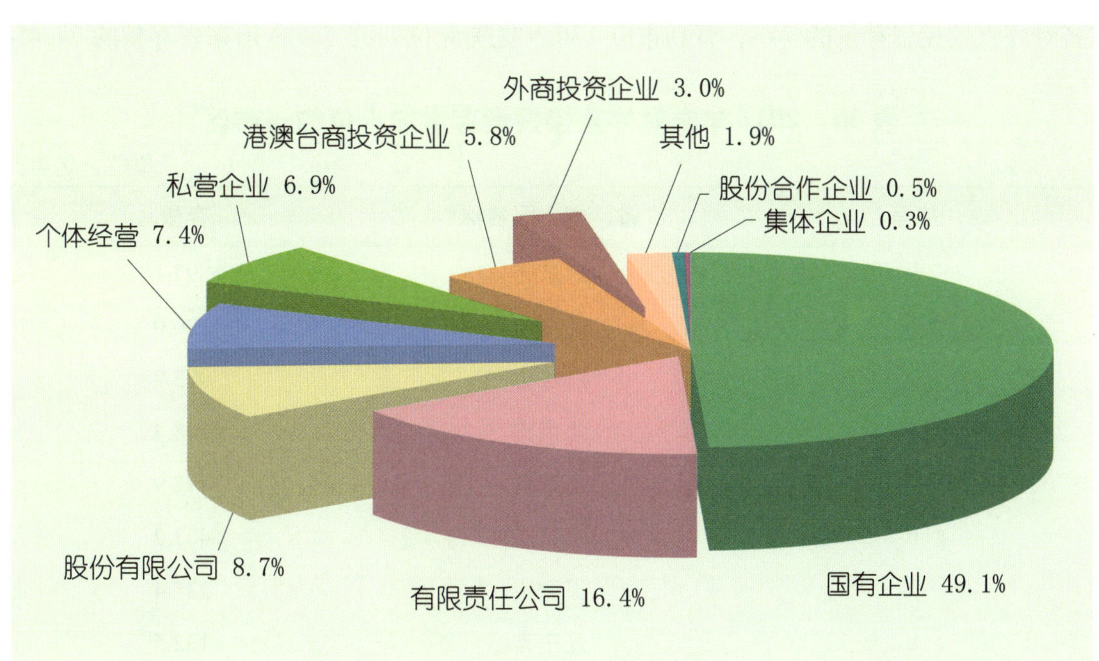


图 22　2006-2017 年中国国有企业和非国有企业存量占比情况

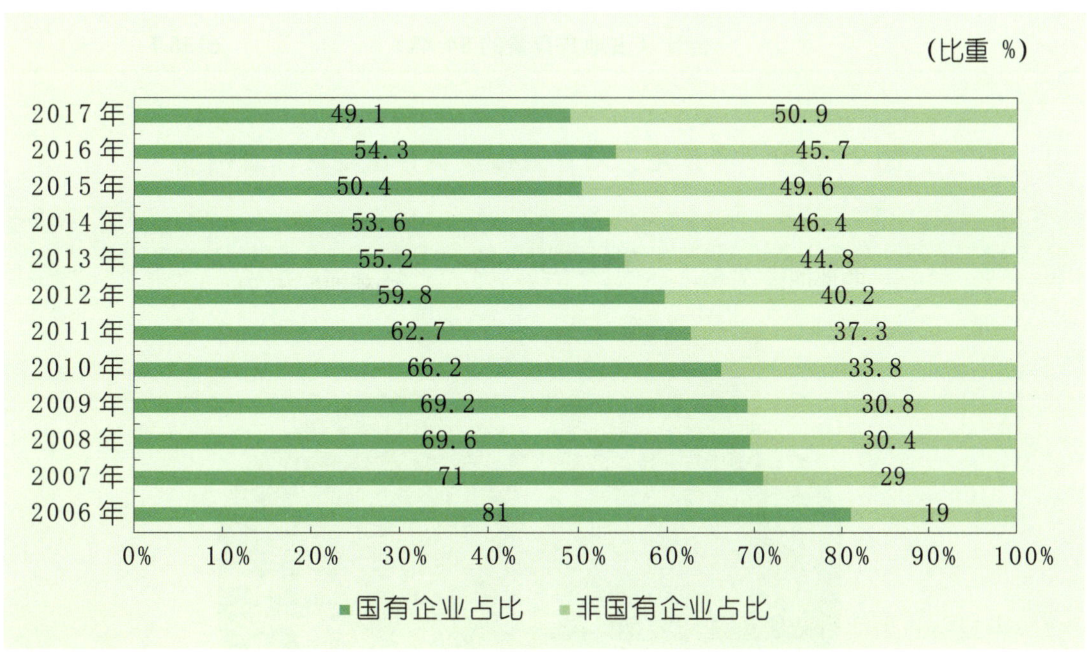


5. 省市分布。

2017 年末，地方企业对外非金融类直接投资存量达到 7274.6 亿美元，占全国非金融类存量的 45.3%，较上年增加 0.9 个百分点。其中：东部地区 6115.2 亿美元，占 84.1%；西部地区 530.8 亿美元，占 7.3%；中部地区 415.5 亿美元，占 5.7%；东北三省 213.1 亿美元，占 2.9%。广东省以 1897.1 亿美元的存量位列地方对外直接投资存量之首，其次为上海市 1120 亿美元，以后依次为浙江、北京、山东、江苏、天津、辽宁、福建、海南等。在5个计划单列市中，深圳市以1404.7亿美元位列第一，占广东省对外直接投资存量的74%，青岛市以130.9亿美元位列第二，占山东省存量的27.4%。

**表15　2017年末对外直接投资存量前十位的省市区**

单位：亿美元

| 序号 | 省、市、区名称 | 存量 |
|---|---|---|
| 1 | 广东省 | 1897.1 |
| 2 | 上海市 | 1120.0 |
| 3 | 浙江省 | 983.9 |
| 4 | 北京市 | 648.4 |
| 5 | 山东省 | 477.9 |
| 6 | 江苏省 | 403.2 |
| 7 | 天津市 | 235.4 |
| 8 | 辽宁省 | 132.5 |
| 9 | 福建省 | 126.7 |
| 10 | 海南省 | 111.6 |
| | **合计（占地方存量的84.4%）** | **6136.7** |

**图23　2017年末地方对外直接投资存量地区比重构成**

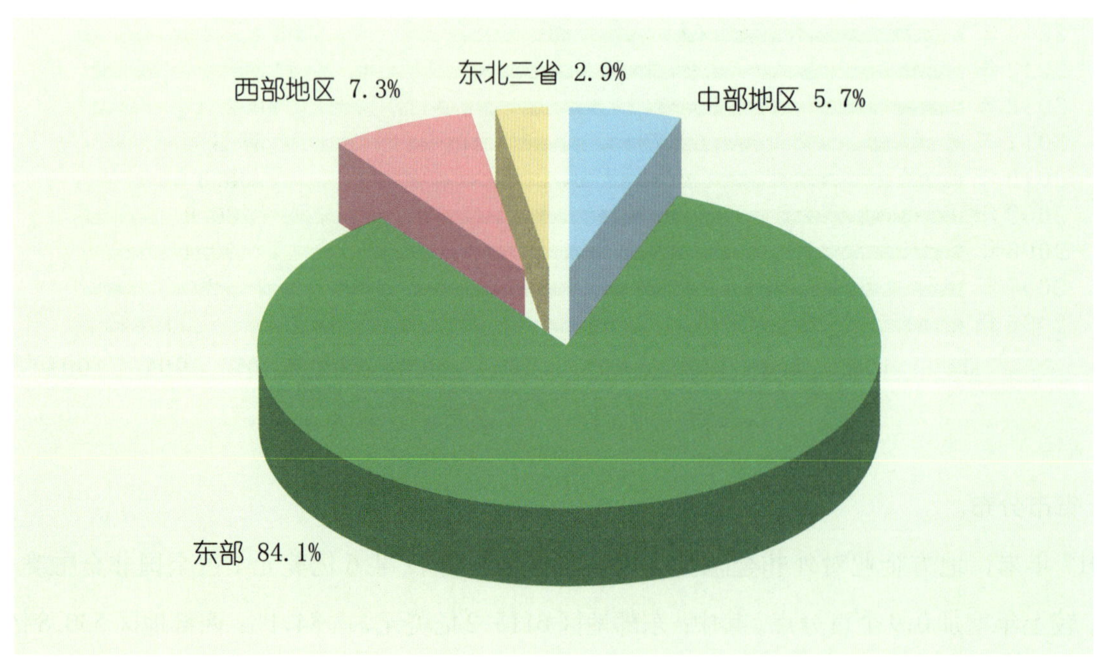

## 三、中国对世界主要经济体的直接投资

**表 16　2017 年中国对主要经济体投资情况表**

单位：亿美元

| 经济体名称 | 流量 | | | 存量 | |
|---|---|---|---|---|---|
| | 金额 | 同比（%） | 比重（%） | 金额 | 比重（%） |
| 中国香港 | 911.53 | -20.2 | 57.6 | 9812.66 | 54.2 |
| 东　　盟 | 141.19 | 37.4 | 8.9 | 890.14 | 4.9 |
| 欧　　盟 | 102.67 | 2.7 | 6.5 | 860.15 | 4.8 |
| 美　　国 | 64.25 | -62.2 | 4.0 | 673.81 | 3.7 |
| 澳大利亚 | 42.42 | 1.3 | 2.7 | 361.75 | 2.0 |
| 俄罗斯联邦 | 15.48 | 19.7 | 1.0 | 138.72 | 0.8 |
| **合　　计** | **1277.54** | **-18.6** | **80.7** | **12737.23** | **70.4** |

### （一）中国内地对中国香港的投资

2017 年，中国内地对中国香港的投资流量是 911.53 亿美元，占当年中国对外直接投资总额的 57.6%，同比下降 20.2%。当年，内地企业共实施对中国香港企业的并购 39 起，涉及金额 28.8 亿美元。

从流量行业构成情况看，流向租赁和商务服务业（以投资控股为主要目的）407.68 亿美元，同比下降 16%，占 44.7%；金融业 188.64 亿美元，同比增长 19.3%，占 20.7%；批发和零售业 94.67 亿美元，同比下降 36.6%，占 10.4%；制造业 63.48 亿美元，同比下降 40.7%，占 7%；房地产业 46.66 亿美元，同比下降 49.5%，占 5.1%；交通运输／仓储和邮政业 33.63 亿美元，同比增长 131.5%，占 3.7%；信息传输／软件和信息技术服务业 22.41 亿美元，同比下降 56.6%，占 2.5%。

2017 年末，中国内地共在香港地区设立直接投资企业超过 1.2 万家，年末投资存量 9812.66 亿美元，占存量总额的 54.2%。从主要行业构成看，租赁和商务服务业 4901.25 亿美元，占 49.9%；批发和零售业 1372.1 亿美元，占 14%；金融业 1231.67 亿美元，占 12.6%；采矿业 535.91 亿美元，占 5.5%；制造业 436.09 亿美元，占 4.4%；交通运输／仓储和邮政业 384.85 亿美元，占 3.9%；房地产业占 3.7%；信息传输／软件和信息技术服务业占 1.9%；居民服务／修理和其他服务业占 1.5%；电力／热力／燃气和水的生产和供应业占 0.8%；科学研究和技术服务业、建筑业各占 0.5%；其他所有行业占 0.8%。

**表 17　2017 年中国内地对中国香港直接投资的主要行业**

单位：万美元

| 行业 | 流量 | 比重（%） | 存量 | 比重（%） |
|---|---|---|---|---|
| 租赁和商务服务业 | 4,076,750 | 44.7 | 49,012,493 | 49.9 |
| 批发和零售业 | 946,649 | 10.4 | 13,720,962 | 14.0 |
| 金融业 | 1,886,426 | 20.7 | 12,316,714 | 12.6 |
| 采矿业 | 132,681 | 1.5 | 5,359,093 | 5.5 |
| 制造业 | 634,824 | 7.0 | 4,360,901 | 4.4 |
| 交通运输／仓储和邮政业 | 336,284 | 3.7 | 3,848,467 | 3.9 |
| 房地产业 | 466,576 | 5.1 | 3,587,906 | 3.7 |
| 信息传输／软件和信息技术服务业 | 224,065 | 2.5 | 1,893,823 | 1.9 |
| 居民服务／修理和其他服务业 | 109,252 | 1.2 | 1,511,765 | 1.5 |
| 电力／热力／燃气及水的生产和供应业 | 78,745 | 0.9 | 730,985 | 0.8 |
| 科学研究和技术服务业 | 31,486 | 0.3 | 509,695 | 0.5 |
| 建筑业 | 103,901 | 1.1 | 458,138 | 0.5 |
| 文化／体育和娱乐业 | 13,254 | 0.1 | 331,195 | 0.3 |
| 水利／环境和公共设施管理业 | 12,000 | 0.1 | 203,273 | 0.2 |
| 农／林／牧／渔业 | 46,635 | 0.5 | 181,129 | 0.2 |
| 其他行业 | 15,750 | 0.2 | 100,029 | 0.1 |
| **合计** | **9,115,278** | **100.0** | **98,126,568** | **100.0** |

### （二）中国对欧盟的投资

2017 年，中国对欧盟直接投资快速增长，流量首破百亿美元（102.67 亿美元），同比增长 2.7%，占流量总额的 6.5%。

从流向的主要国家看，德国位居首位，流量达 27.16 亿美元，同比增长 14.1%，占对欧盟投资流量的 26.5%，主要投向制造业、租赁和商务服务业、交通运输／仓储和邮政业；其次为英国 20.66 亿美元，占 20.1%，主要投向租赁和商务服务业、制造业；卢森堡位列第三，达 13.53 亿美元，占 13.2%，主要投向科学研究和技术服务业、金融业、居民服务／修理和其他服务业、批发和零售业。此外，中国对瑞典的直接投资额亦超过 10 亿美元，达 12.9 亿美元。

从整体行业分布看，流向制造业 53.22 亿美元，占 51.8%，主要分布在德国、瑞典、英国、奥地利、荷兰等；租赁和商务服务业 24.95 亿美元，占 24.3%，主要分布在英国、塞浦路斯、德国、卢森堡等；批发和零售业 9.68 亿美元，占 9.4%，主要分布在法国、卢森堡等；科学研究和技术服务业 7.76 亿美元，占 7.6%，主要在卢森堡、德国；金融业 6.9 亿美元，占 6.7%，主要在卢森堡、德国、匈牙利、法国等；信息传输／软件和信息技术服务业 4.63 亿美元，占 4.5%，主要在荷兰、德国。

2017 年末，中国对欧盟的投资存量为 860.15 亿美元，占存量总额的 4.7%。存量上百亿美元的国家有四个，分别为：英国、荷兰、卢森堡、德国。

从存量的行业分布看，制造业246.23亿美元，占28.6%，主要分布在瑞典、德国、英国、荷兰、法国等；金融业171.34亿美元，占19.9%，主要分布在卢森堡、英国、德国、法国等；采矿业141.29亿美元，占16.4%，主要分布在荷兰、卢森堡、比利时等；租赁和商务服务业99.16亿美元，占11.5%，主要分布在英国、卢森堡、德国、法国、荷兰等；批发和零售业44.92亿美元，占5.2%，主要分布在法国、德国、卢森堡、英国、荷兰等；房地产业31.61亿美元，占3.7%，主要在英国和德国；科学研究和技术服务业26.94亿美元，占3.1%，主要分布在英国、德国、卢森堡、瑞典等；电力／热力／燃气及水的生产和供应业占2.4%；交通运输／仓储和邮政业占2%。

2017年末，中国共在欧盟设立直接投资企业2900多家，已覆盖欧盟的全部28个成员国，雇用外方员工17.59万人。

**表18　2017年中国对欧盟直接投资的主要行业**

单位：万美元

| 行业 | 流量 | 比重(%) | 存量 | 比重(%) |
|---|---|---|---|---|
| 制造业 | 532,152 | 51.8 | 2,462,255 | 28.6 |
| 金融业 | 69,027 | 6.7 | 1,713,366 | 19.9 |
| 采矿业 | -130,130 | -12.7 | 1,412,919 | 16.4 |
| 租赁和商务服务业 | 249,491 | 24.3 | 991,577 | 11.5 |
| 批发和零售业 | 96,752 | 9.4 | 449,193 | 5.2 |
| 房地产业 | 4,568 | 0.4 | 316,109 | 3.7 |
| 科学研究和技术服务业 | 77,633 | 7.6 | 269,406 | 3.1 |
| 电力／热力／燃气及水的生产和供应业 | 1,808 | 0.2 | 208,862 | 2.4 |
| 信息传输／软件和信息技术服务业 | 46,262 | 4.5 | 203,148 | 2.4 |
| 交通运输／仓储和邮政业 | 17,771 | 1.7 | 171,555 | 2.0 |
| 文化／体育和娱乐业 | 8,736 | 0.9 | 124,262 | 1.4 |
| 农／林／牧／渔业 | 14,146 | 1.4 | 91,259 | 1.1 |
| 住宿和餐饮业 | 105 | 0.0 | 90,610 | 1.1 |
| 居民服务／修理和其他服务业 | 21,305 | 2.1 | 40,951 | 0.5 |
| 建筑业 | 14,004 | 1.4 | 31,807 | 0.4 |
| 其他行业 | 3,106 | 0.3 | 24,199 | 0.3 |
| **合计** | **1,026,736** | **100.0** | **8,601,478** | **100.0** |

### （三）中国对东盟的投资

2017年，在整体投资额下降的情况下，中国对东盟十国的投资表现亮眼，流量为141.19亿美元，同比增长37.4%，占流量总额的8.9%，占对亚洲投资流量的12.8%；存量为890.14亿美元，占存量总额的4.9%，占对亚洲投资存量的7.8%。2017年末，中国共在东盟设立直接投资企业超过4700家，雇用外方员工35.3万人。

2017年，中国对东盟投资主要流向：制造业31.74亿美元，同比下降10.4%，占22.5%，主要分布在印度尼西亚、泰国、马来西亚、越南等；批发和零售业24.49亿美元，占17.3%，主要分布在新加坡、柬埔寨等；租赁和商务服务业21.42亿美元，占15.2%，主要集中在新加坡；建筑业18.96亿美元，占13.4%，主要分布在印度尼西亚、新加坡、马来西亚、柬埔寨、越南等；交通运输/仓储和邮政业7.58亿美元，占5.4%，主要分布在老挝、新加坡、柬埔寨等；金融业7.39亿美元，占5.2%，主要分布在新加坡、马来西亚、印度尼西亚等；房地产业7.11亿美元，占5%，主要分布在马来西亚、泰国等；电力/热力/燃气及水的生产和供应业6.33亿美元，占4.5%，主要分布在印度尼西亚、缅甸、老挝；农/林/牧/渔业6.23亿美元，占4.4%，主要分布在老挝、新加坡等；采矿业3.7亿美元，占2.6%。

从流向的主要国家看，新加坡位居首位，流量达63.2亿美元，是上年同期的2倍，占对东盟投资流量的44.8%，主要投向批发和零售业、租赁和商务服务业；其次为马来西亚17.22亿美元，占12.2%，主要投向制造业、房地产业、建筑业；印度尼西亚位列第三，16.82亿美元，占11.9%，主要投向制造业、建筑业、电力/热力/燃气及水的生产和供应业。

从2017年中国对东盟投资存量的行业分布情况看，租赁和商务服务业174.83亿美元，占19.6%，是中国对东盟投资存量最大的行业，主要投向新加坡（156.37亿美元，占比近九成）；制造业155.69亿美元，占17.5%，主要分布在印度尼西亚（37.9亿美元）、泰国（27.74亿美元）、越南（27.14亿美元）、马来西亚（18.27亿美元）、新加坡（17.5亿美元）；批发和零售业118.77亿美元，占13.3%，主要分布在新加坡、印度尼西亚、泰国、越南、马来西亚等；采矿业103.2亿美元，占11.6%，主要分布在新加坡、印度尼西亚、缅甸、老挝、越南、泰国等；电力/热力/燃气及水的生产供应业96.19亿美元，占10.8%，主要分布在缅甸、新加坡、老挝、印度尼西亚、柬埔寨，投资额均超过10亿美元；建筑业65.6亿美元，占7.4%，主要分布在新加坡、马来西亚、柬埔寨、印度尼西亚等；金融业52.4亿美元，占5.9%，主要分布在新加坡、泰国、印度尼西亚、马来西亚等；农/林/牧/渔业45.32亿美元，占5.1%，主要分布在新加坡、老挝、柬埔寨、印度尼西亚等；交通运输/仓储和邮政业25.04亿美元，占2.8%，主要分布在新加坡、老挝等；房地产业占2.5%，主要分布在马来西亚、新加坡、老挝等；信息传输/软件和信息服务业占1.1%；科学研究和技术服务业占1%。

## 表 19 2017 年中国对东盟直接投资的主要行业

单位：万美元

| 行业 | 流量 | 比重（%） | 存量 | 比重（%） |
|---|---|---|---|---|
| 租赁和商务服务业 | 214,215 | 15.2 | 1,748,296 | 19.6 |
| 制造业 | 317,445 | 22.5 | 1,556,902 | 17.5 |
| 批发和零售业 | 244,850 | 17.4 | 1,187,736 | 13.3 |
| 采矿业 | 37,028 | 2.6 | 1,031,953 | 11.6 |
| 电力／热力／燃气及水的生产和供应业 | 63,299 | 4.5 | 961,881 | 10.8 |
| 建筑业 | 189,636 | 13.4 | 656,028 | 7.4 |
| 金融业 | 73,860 | 5.2 | 524,032 | 5.9 |
| 农／林／牧／渔业 | 62,330 | 4.4 | 453,151 | 5.1 |
| 交通运输／仓储和邮政业 | 75,798 | 5.4 | 250,362 | 2.8 |
| 房地产业 | 71,142 | 5.0 | 223,816 | 2.5 |
| 信息传输／软件和信息技术服务业 | 11,581 | 0.8 | 93,878 | 1.1 |
| 科学研究和技术服务业 | 19,986 | 1.4 | 83,867 | 1.0 |
| 居民服务／修理和其他服务业 | 6,131 | 0.4 | 62,550 | 0.7 |
| 卫生和社会工作 | 16,843 | 1.2 | 31,515 | 0.4 |
| 水利／环境和公共设施管理业 | 4,685 | 0.3 | 11,767 | 0.1 |
| 住宿和餐饮业 | 724 | 0.1 | 11,150 | 0.1 |
| 文化／体育和娱乐业 | 1,748 | 0.1 | 10,262 | 0.1 |
| 教育 | 584 | 0.1 | 2,244 | 0.0 |
| **合计** | **1,411,885** | **100.0** | **8,901,390** | **100.0** |

## 图 24 2017 年末中国对东盟十国直接投资存量情况

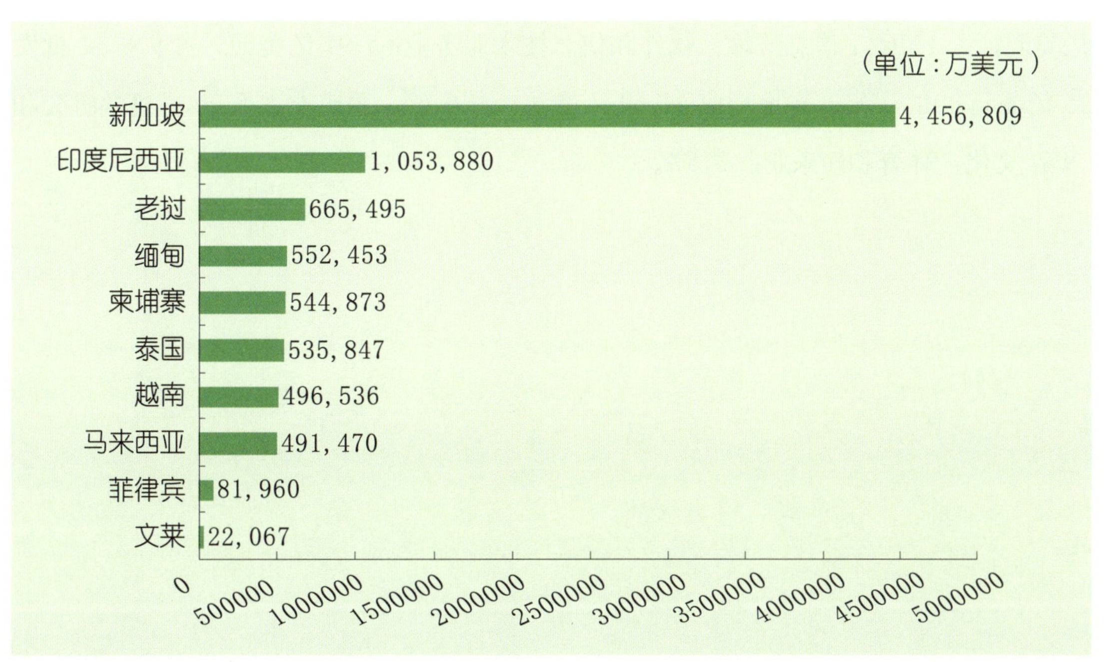

### （四）中国对美国的投资

2017年，中国对美投资流量为64.25亿美元，是上年的1/3，占流量总额的4%。2017年末，对美投资存量为673.81亿美元，占中国对外直接投资存量的3.7%，境外企业雇用美国当地员工超过10.4万人，较上年末增加近1.5万人。

2017年，中国企业共对美实施并购项目82个，实际交易金额120.3亿美元。包括海航旅游集团有限公司65亿美元收购美国希尔顿酒店25%股权项目、海航资本集团有限公司18.8亿美元收购美国CIT飞机租赁业务100%股权项目、三胞集团有限公司9.1亿美元收购美国丹德里昂医药公司等。

2017年，中国对美投资领域依然保持多元化，但是投资额有所减少。其中流量在10亿美元以上的行业有2个，较上年减少4个。对美制造业投资以36.04亿美元位列首位，同比下降39.9%，占对美投资流量的56.1%；其次为租赁和商务服务业12.76亿美元，同比下降21.7%，占19.9%；批发和零售业排在第三位，投资额达7.89亿美元，同比下降17.6%，占12.3%；以后依次为科学研究和技术服务业4.52亿美元，占7%；采矿业3.1亿美元，占4.8%；信息传输／软件和信息技术服务业2.94亿美元，占4.6%；建筑业2.47亿美元，占3.9%；房地产业2.34亿美元，占3.6%。2017年中国对美交通运输／仓储和邮政业、电力／热力／燃气及水的生产和供应业的直接投资额分别是2016年的3倍和2倍。

从存量行业分布情况看，制造业以172.8亿美元高居榜首，占对美投资存量的25.6%，主要分布在汽车制造业、医药制造业、专用设备制造业、计算机／通信和其他电子设备制造业、铁路／船舶／航空航天和其他运输设备制造业、金属制品业、非金属矿物制品业、化学原料和化学制品制造业、皮革／毛皮羽毛及其制品和制鞋业等；租赁和商务服务业110.02亿美元，占16.3%；金融业91.41亿美元，占13.6%；信息传输、软件和信息技术服务业65.91亿美元，占9.8%；批发和零售业51.75亿美元，占7.7%；房地产业44.69亿美元，占6.6%；采矿业占5.2%；科学研究和技术服务占4.9%；文化／体育和娱乐业占3.5%。

### 表20　2017年中国对美国直接投资的主要行业

单位：万美元

| 行业 | 流量 | 比重（%） | 存量 | 比重（%） |
|---|---|---|---|---|
| 制造业 | 360,448 | 56.1 | 1,727,953 | 25.6 |
| 租赁和商务服务业 | 127,558 | 19.9 | 1,100,244 | 16.3 |
| 金融业 | -116,583 | -18.2 | 914,105 | 13.6 |
| 信息传输/软件和信息技术服务业 | 29,351 | 4.6 | 659,113 | 9.8 |
| 批发和零售业 | 78,903 | 12.3 | 517,542 | 7.7 |
| 房地产业 | 23,368 | 3.6 | 446,905 | 6.6 |
| 采矿业 | 31,005 | 4.8 | 351,330 | 5.2 |
| 科学研究和技术服务业 | 45,197 | 7.0 | 332,989 | 4.9 |
| 文化/体育和娱乐业 | 1,788 | 0.3 | 234,169 | 3.5 |
| 建筑业 | 24,749 | 3.9 | 152,944 | 2.3 |
| 居民服务/修理和其他服务业 | 3,381 | 0.5 | 75,066 | 1.1 |
| 交通运输/仓储和邮政业 | 4,425 | 0.7 | 59,538 | 0.9 |
| 电力/热力/燃气及水的生产和供应业 | 11,009 | 1.7 | 56,642 | 0.8 |
| 住宿和餐饮业 | 2,427 | 0.4 | 51,767 | 0.8 |
| 农/林/牧/渔业 | 9,506 | 1.5 | 32,686 | 0.5 |
| 教育 | 3,506 | 0.5 | 12,761 | 0.2 |
| 卫生和社会工作 | 1,395 | 0.2 | 6,728 | 0.1 |
| 水利/环境和公共设施管理业 | 1,116 | 0.2 | 5,618 | 0.1 |
| **合计** | **642,549** | **100.0** | **6,738,100** | **100.0** |

### （五）中国对澳大利亚的投资

2017年，中国对澳直接投资流量42.42亿美元，同比增长1.3%，占流量总额的2.7%。主要流向：采矿业14.3亿美元，占33.7%；租赁和商务服务业5.45亿美元，占12.8%；金融业5.03亿美元，占11.9%；房地产业4.93亿美元，占11.6%；制造业占11.1%；农/林/牧/渔业占5.1%；建筑业占3.6%。

2017年末，中国对澳大利亚投资存量为361.75亿美元，占中国对外直接投资存量的2%，占对大洋洲投资存量的86.6%；共在澳大利亚设立超过1000家境外企业，雇用外方员工2.24万人。存量主要行业分布情况：采矿业205.94亿美元，占56.9%；房地产业41.02亿美元，占11.3%；租赁和商务服务业28.9亿美元，占8%；金融业24.42亿美元，占6.7%；制造业15.64亿美元，占4.3%；批发和零售业9.58亿美元，占2.6%；交通运输、仓储和邮政业8.89亿美元，占2.5%。

### 表 21　2017 年中国对澳大利亚直接投资的主要行业

单位：万美元

| 行业 | 流量 | 比重（%） | 存量 | 比重（%） |
|---|---|---|---|---|
| 采矿业 | 142,966 | 33.7 | 2,059,447 | 56.9 |
| 房地产业 | 49,326 | 11.6 | 410,167 | 11.3 |
| 租赁和商务服务业 | 54,500 | 12.8 | 289,020 | 8.0 |
| 金融业 | 50,321 | 11.9 | 244,181 | 6.7 |
| 制造业 | 46,986 | 11.1 | 156,363 | 4.3 |
| 批发和零售业 | 11,081 | 2.6 | 95,835 | 2.6 |
| 交通运输／仓储和邮政业 | 7,533 | 1.8 | 88,907 | 2.5 |
| 农／林／牧／渔业 | 21,707 | 5.1 | 82,015 | 2.3 |
| 建筑业 | 15,384 | 3.6 | 52,383 | 1.4 |
| 卫生和社会工作 | 10,359 | 2.4 | 40,197 | 1.1 |
| 电力／热力／燃气及水的生产和供应业 | 3,236 | 0.8 | 34,113 | 1.0 |
| 居民服务／修理和其他服务业 | 6,992 | 1.6 | 30,995 | 0.9 |
| 科学研究和技术服务业 | 1,429 | 0.3 | 14,281 | 0.4 |
| 住宿和餐饮业 | 1,073 | 0.3 | 9,965 | 0.3 |
| 其他行业 | 1,303 | 0.4 | 9,662 | 0.3 |
| **合计** | **424,196** | **100.0** | **3,617,531** | **100.0** |

## （六）中国对俄罗斯的投资

2017 年，中国对俄罗斯的投资流量 15.48 亿美元，同比增长 19.7%，占流量总额的 1%，占对欧洲投资流量的8.4%。从行业分布情况看，投资主要集中在采矿业(38.7%)、农／林／牧／渔业(18.7%)、金融业（10.4%）、制造业（8.5%）、批发和零售业（6.5%）、科学研究和技术服务业（6.5%）等。

2017 年末，中国对俄罗斯的投资存量为 138.72 亿美元，占中国对外直接投资存量的 0.8%，对欧洲地区投资存量的 12.5%；共在俄罗斯设立境外企业近 1000 家，雇用外方员工 2 万人。从存量的主要行业分布情况看，采矿业 65.92 亿美元，占 47.5%；农／林／牧／渔业 27.02 亿美元，占 19.5%；制造业 15.74 亿美元，占 11.3%；租赁和商务服务业 9.24 亿美元，占 6.7%；金融业 4.95 亿美元，占 3.6%；批发和零售业 4.84 亿美元，占 3.5%；房地产业 4.04 亿美元，占 2.9%；建筑业 2.98 亿美元，占 2.1%。

表 22　2017 年中国对俄罗斯直接投资的主要行业

单位：万美元

| 行业 | 流量 | 比重（%） | 存量 | 比重（%） |
|---|---|---|---|---|
| 采矿业 | 59,946 | 38.7 | 659,151 | 47.5 |
| 农 / 林 / 牧 / 渔业 | 28,990 | 18.7 | 270,166 | 19.5 |
| 制造业 | 13,098 | 8.5 | 157,408 | 11.3 |
| 租赁和商务服务业 | 3,688 | 2.4 | 92,397 | 6.7 |
| 金融业 | 16,087 | 10.4 | 49,513 | 3.6 |
| 批发和零售业 | 10,113 | 6.5 | 48,368 | 3.5 |
| 房地产业 | 5,109 | 3.3 | 40,350 | 2.9 |
| 建筑业 | 4,884 | 3.2 | 29,768 | 2.1 |
| 科学研究和技术服务业 | 10,021 | 6.5 | 15,148 | 1.1 |
| 信息传输 / 软件和信息技术服务业 | 44 | 0.0 | 11,139 | 0.8 |
| 交通运输 / 仓储和邮政业 | 2,248 | 1.5 | 7,910 | 0.6 |
| 居民服务 / 修理和其他服务业 | 12 | 0.0 | 2,797 | 0.2 |
| 其他行业 | 602 | 0.3 | 3,045 | 0.2 |
| **合计** | **154,842** | **100.0** | **1,387,160** | **100.0** |

## 四、中国对外直接投资者的构成

2017 年末，中国对外直接投资者（以下简称境内投资者）达到 2.55 万家，从其在中国工商行政管理部门登记注册情况看，有限责任公司占 41.4%，是中国对外投资占比最大、最为活跃的群体；私营企业占 25.7%，位列次席；股份有限公司占 10.9%；国有企业占 5.6%，较上年增长 0.4 个百分点；外商投资企业占 5%；港、澳、台商投资企业占 3.4%；个体经营占 2.5%，股份合作企业占 1.8%，集体企业占 0.4%，其他占 3.3%。

图 25　2017 年末境内投资者按登记注册类型构成

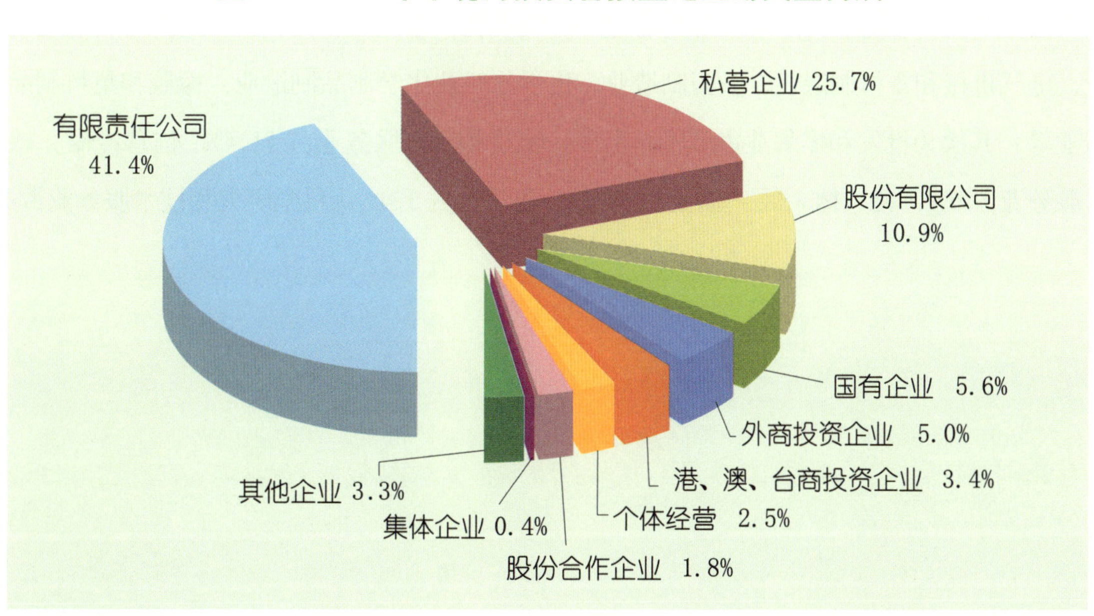

### 表23 2017年末境内投资者按登记注册类型分类情况

单位：家

| 工商登记注册类型 | 家数 | 比重（%） |
|---|---|---|
| 有限责任公司 | 10,577 | 41.4 |
| 私营企业 | 6,570 | 25.7 |
| 股份有限公司 | 2,790 | 10.9 |
| 国有企业 | 1,422 | 5.6 |
| 外商投资企业 | 1,280 | 5.0 |
| 港、澳、台商投资企业 | 854 | 3.4 |
| 个体经营 | 646 | 2.5 |
| 股份合作企业 | 465 | 1.8 |
| 集体企业 | 94 | 0.4 |
| 其他 | 831 | 3.3 |
| **合计** | **25,529** | **100.0** |

在境内投资者中，中央企业及单位290家，仅占1.1%，各省市区的地方企业投资者占98.9%。境内投资者数量前十位的省市区依次为：广东、浙江、江苏、上海、北京、山东、福建、辽宁、湖南、天津，共占境内投资者总数的79%。广东省境内投资者数量最多，超过5600家，占22.1%；其次为浙江省，占11.9%；江苏省位列第三，占10.2%。超七成的私营企业投资者来自广东、浙江、江苏、上海、北京、山东等地。

从境内投资者的行业分布看，制造业位列首位，占境内投资者的三成以上，主要分布在计算机/通信和其他电子设备制造业、专用设备制造业、纺织服装/服饰业、纺织业、通用设备制造业、金属制品业、电气机械和器材制造业、医药制造业、化学原料及化学制品制造业、橡胶和塑料制品业、汽车制造业等；其次为批发和零售业占27%。另外，租赁和商务服务业占11.4%；信息传输/软件和信息技术服务业占6%；农/林/牧/渔业占3.9%；建筑业占3.4%；科学研究和技术服务业占2.9%。

## 图 26　2017 年末境内投资者行业构成情况

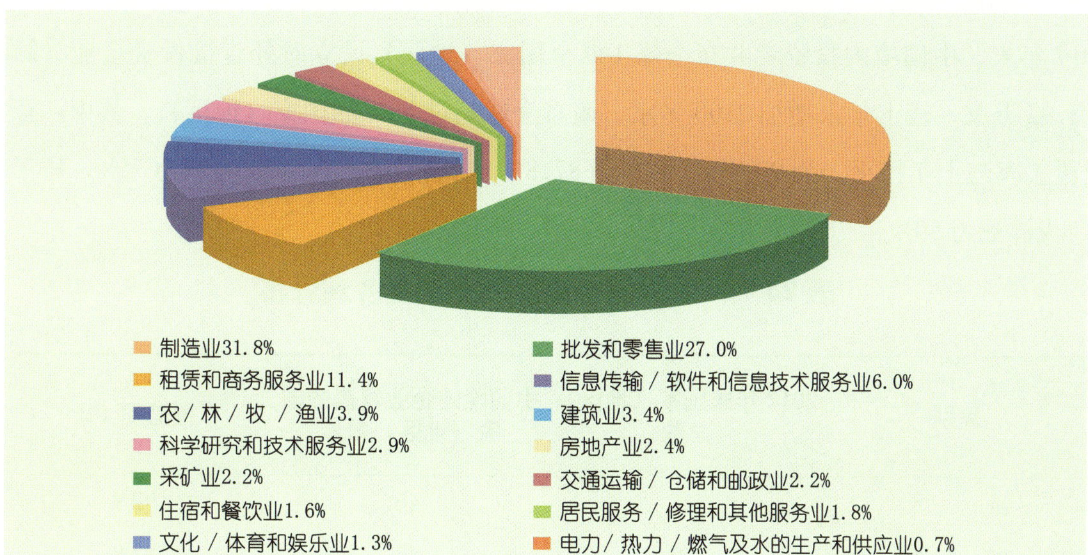


## 表 24　2017 年末中国境内投资者行业构成情况

单位：家

| 行业 | 数量 | 比重（%） |
|---|---|---|
| 制造业 | 8,111 | 31.8 |
| 批发和零售业 | 6,905 | 27.0 |
| 租赁和商务服务业 | 2,917 | 11.4 |
| 信息传输／软件和信息技术服务业 | 1,532 | 6.0 |
| 农／林／牧／渔业 | 986 | 3.9 |
| 建筑业 | 874 | 3.4 |
| 科学研究和技术服务业 | 738 | 2.9 |
| 房地产业 | 607 | 2.4 |
| 采矿业 | 567 | 2.2 |
| 交通运输／仓储和邮政业 | 563 | 2.2 |
| 居民服务／修理和其他服务业 | 466 | 1.8 |
| 住宿和餐饮业 | 402 | 1.6 |
| 文化／体育和娱乐业 | 335 | 1.3 |
| 电力／热力／燃气及水的生产和供应业 | 190 | 0.7 |
| 其他 | 336 | 1.4 |
| **合计** | **25,529** | **100.0** |

## 五、中国对外直接投资企业的构成

### （一）国家（地区）分布

2017年末，中国境内投资者共在全球189个国家（地区）设立对外直接投资企业（简称境外企业）3.92万家，较上年末增加2100多家，遍布全球超过80%的国家（地区）。其中：亚洲的境外企业覆盖率与上年持平，为97.9%，欧洲为87.8%，非洲为86.7%，北美洲为75%，拉丁美洲为67.3%，大洋洲为50%。

**表25　2017年末中国境外企业在各洲分布**

单位：个

| 洲别 | 2017年末国家（地区）总数 | 中国境外企业覆盖的国家（地区）数量 | 覆盖率（%） |
|---|---|---|---|
| 亚　洲 | 48 | 46 | 97.9 |
| 欧　洲 | 49 | 43 | 87.8 |
| 非　洲 | 60 | 52 | 86.7 |
| 北美洲 | 4 | 3 | 75.0 |
| 拉丁美洲 | 49 | 33 | 67.3 |
| 大洋洲 | 24 | 12 | 50.0 |
| **合　计** | **234** | **189** | **81.1** |

注：1. 覆盖率为中国境外企业覆盖国家数量与国家地区总数的比率。
　　2. 亚洲国家地区数量包括中国，覆盖率计算基数未包括。

**图27　2017年末中国境外企业在各洲覆盖比率**

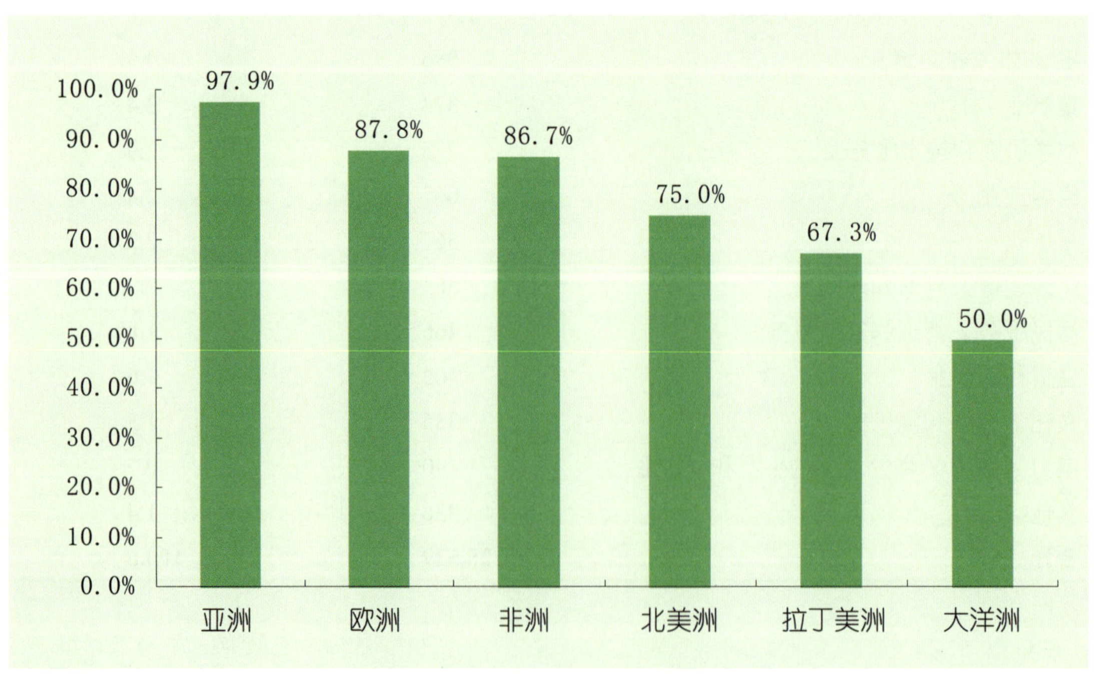

## 表 26　2017 年末中国境外企业未涉及的国家（地区）

单位：个

| 洲别 | 数量 | 国家（地区）名称 |
|---|---|---|
| 亚　　洲 | 1 | 不丹 |
| 欧　　洲 | 6 | 安道尔、直布罗陀、摩纳哥、梵蒂冈城国、法罗群岛、圣马力诺 |
| 非　　洲 | 8 | 加那利群岛、塞卜泰、留尼汪、索马里、梅利利亚、斯威士兰、马约特、西撒哈拉 |
| 拉丁美洲 | 16 | 阿鲁巴、伯利兹、博内尔、库腊群岛、法属圭亚那、瓜得罗普、海地、马提尼克、蒙特塞拉特、波多黎各、萨巴、圣马丁岛、特克斯和凯科斯群岛、圣其茨和尼维斯、圣皮埃尔和密克隆、荷属安地列斯 |
| 北 美 洲 | 1 | 格陵兰 |
| 大 洋 洲 | 12 | 盖比群岛、马克萨斯群岛、瑙鲁、新喀里多尼亚、诺福克岛、社会群岛、所罗门群岛、土阿莫土群岛、土布艾群岛、图瓦卢、法属波利尼西亚、瓦利斯和浮图纳 |
| **合　　计** | **44** | |

从境外企业的国家（地区）分布情况看，中国在亚洲设立的境外企业数量超过 2.2 万家，占 56.3%，主要分布在中国香港、新加坡、日本、越南、韩国、印度尼西亚、老挝、泰国、柬埔寨、马来西亚、阿拉伯联合酋长国、蒙古等。在中国香港地区设立的境外企业超过 1.2 万家，占到中国境外企业总数的三成，是中国设立境外企业数量最多、投资最活跃的地区。

在北美洲设立的境外企业超过 5900 家，占 15.1%，主要分布在美国、加拿大。中国企业在美国设立的境外企业数量仅次于中国香港。

在欧洲设立的境外企业近 4200 家，占 10.7%，主要分布在俄罗斯、德国、英国、荷兰、法国、意大利等。

在非洲设立的境外企业超过 3400 家，占 8.7%，主要分布在赞比亚、尼日利亚、埃塞俄比亚、南非、肯尼亚、坦桑尼亚、加纳、安哥拉、乌干达等。

在拉丁美洲设立的境外企业 2200 多家，占 5.7%，主要分布在英属维尔京群岛、开曼群岛、巴西、墨西哥、智利、委内瑞拉、秘鲁、厄瓜多尔等。

在大洋洲设立的境外企业 1300 多家，占 3.5%。主要分布在澳大利亚、新西兰、萨摩亚、巴布亚新几内亚、斐济等。

**表 27 2017 年末中国境外企业各洲构成情况**

单位：家

| 洲别 | 境外企业数量 | 比重（%） |
|---|---|---|
| 亚　　洲 | 22,078 | 56.3 |
| 北 美 洲 | 5,928 | 15.1 |
| 欧　　洲 | 4,195 | 10.7 |
| 非　　洲 | 3,413 | 8.7 |
| 拉丁美洲 | 2,236 | 5.7 |
| 大 洋 洲 | 1,355 | 3.5 |
| **合　　计** | **39,205** | **100.0** |

2017 年末，中国设立境外企业数量前 20 的国家（地区）依次为：中国香港、美国、澳大利亚、俄罗斯联邦、德国、新加坡、日本、英属维尔京群岛、越南、加拿大、韩国、印度尼西亚、老挝、泰国、柬埔寨、开曼群岛、马来西亚、英国、阿拉伯联合酋长国、蒙古，累计超过 2.9 万家，占中国在境外设立企业总数的 74.9%。

**图 28 2017 年末中国境外企业各洲分布情况**

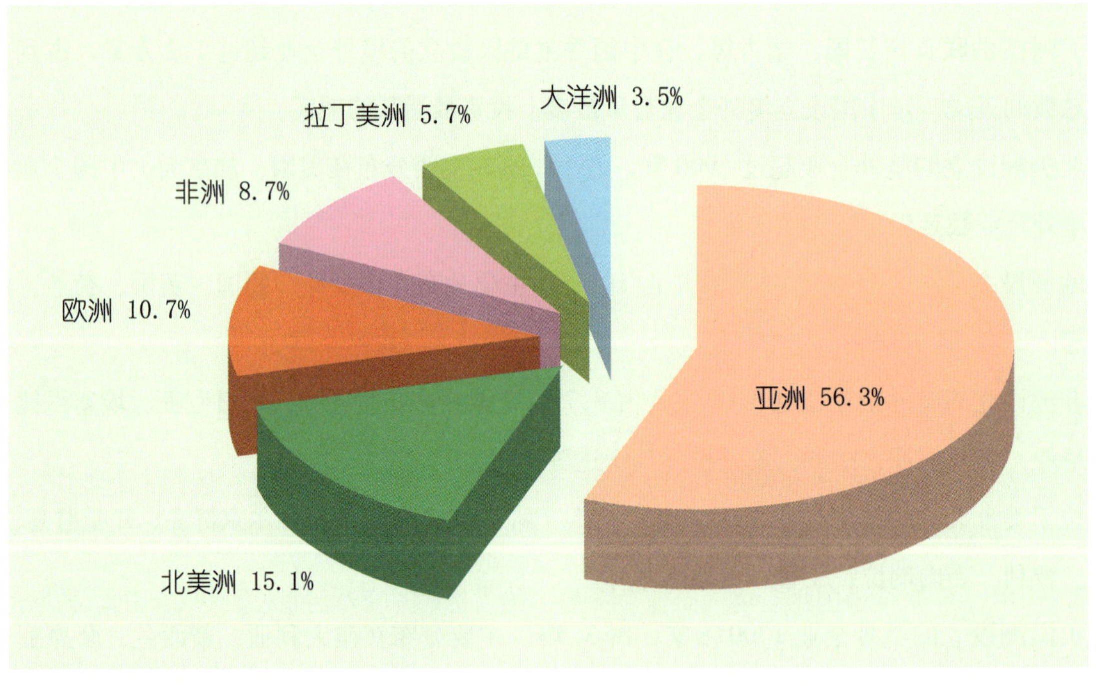


## （二）行业分布

从中国境外企业分布的主要行业情况看，批发和零售业、制造业、租赁和商务服务业依然是境外企业最为聚集的行业，累计数量超过 2.4 万家，占境外企业总数 61.9%。其中批发和零售业超过 1.1 万家，占中国境外企业总数的 28.4%；制造业 8000 余家，占 20.5%；租赁和商务服务业超过5000家，占13%。此外，建筑业占7.1%；信息传输/软件和信息技术服务业占5.2%；农/林/牧/渔业占4.5%；科学研究和技术服务业占4.4%；采矿业占3.9%；交通运输/仓储和邮政业占2.7%；居民服务/修理和其他服务业占2.4%；房地产业占2.2%；电力/热力/燃气及水的生产和供应业占1.5%。

**表28　2017年末境外企业的行业分布情况**

单位：家

| 行业 | 境外企业数量 | 比重（%） |
|---|---|---|
| 批发和零售业 | 11,136 | 28.4 |
| 制造业 | 8,056 | 20.5 |
| 租赁和商务服务业 | 5,087 | 13.0 |
| 建筑业 | 2,782 | 7.1 |
| 信息传输/软件和信息技术服务业 | 2,022 | 5.2 |
| 农/林/牧/渔业 | 1,769 | 4.5 |
| 科学研究和技术服务业 | 1,707 | 4.4 |
| 采矿业 | 1,510 | 3.9 |
| 交通运输/仓储和邮政业 | 1,092 | 2.7 |
| 居民服务/修理和其他服务业 | 932 | 2.4 |
| 房地产业 | 879 | 2.2 |
| 电力/热力/燃气及水的生产和供应业 | 571 | 1.5 |
| 文化/体育和娱乐业 | 514 | 1.3 |
| 金融业 | 459 | 1.2 |
| 住宿和餐饮业 | 374 | 1.0 |
| 教育 | 135 | 0.3 |
| 其他 | 180 | 0.4 |
| 合计 | **39,205** | **100.0** |

### （三）省市分布

从境外非金融类企业的隶属情况看，地方企业占86.5%，中央企业和单位仅占13.5%。广东、浙江、江苏、上海、北京、山东、福建、辽宁、湖南、天津位列地方境外企业数量前10位，累计占境外企业总数的68.8%。广东是中国拥有境外企业数量最多的省份，占境外企业总数的17.5%；其次为浙江，占11%；江苏位列第三，占9.2%。

**图 29 2017 年末中国主要省市区设立境外企业数量**

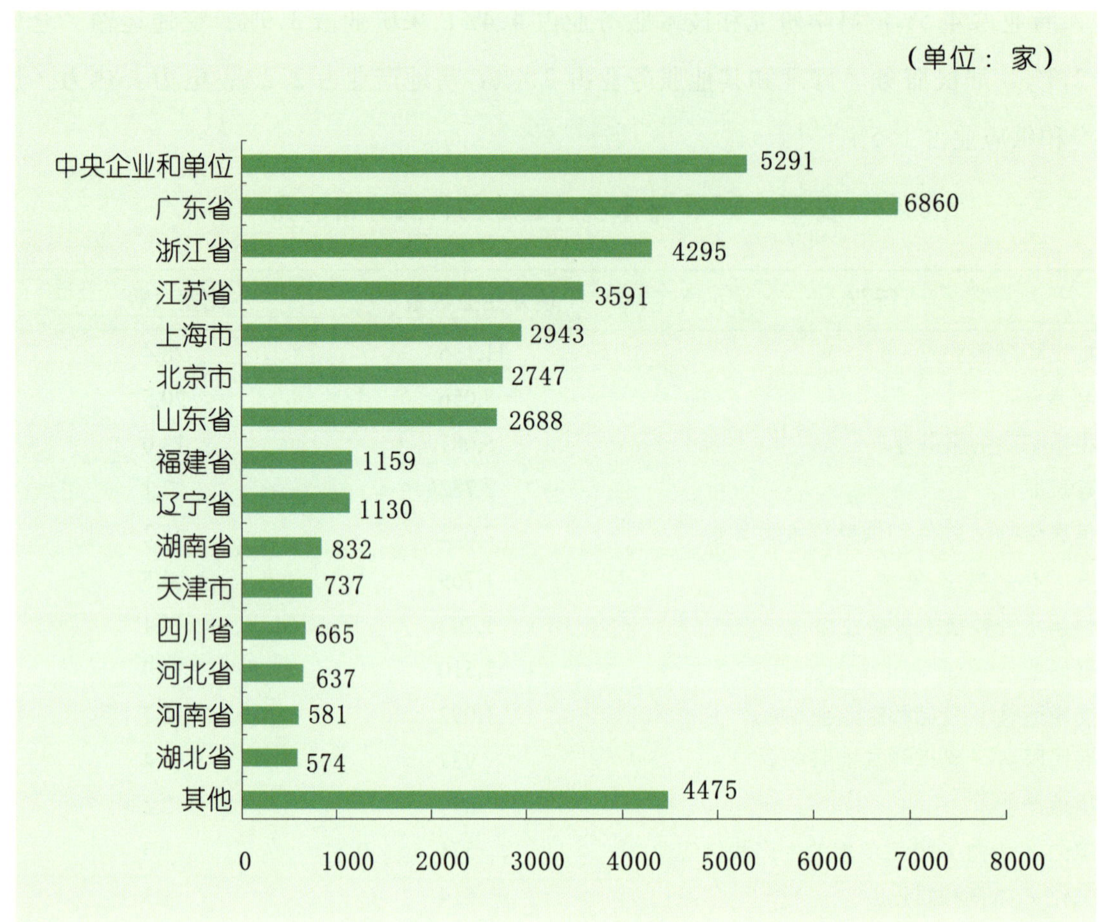

## 六、附 表

### 附表 1 2009–2017 分年度中国对外直接投资流量情况表（分国家地区）

单位：万美元

| 国家（地区） | 2009 年 | 2010 年 | 2011 年 | 2012 年 | 2013 年 | 2014 年 | 2015 年 | 2016 年 | 2017 年 |
|---|---|---|---|---|---|---|---|---|---|
| **合计** | **5,652,899** | **6,881,131** | **7,465,404** | **8,780,353** | **10,784,371** | **12,311,986** | **14,566,715** | **19,614,943** | **15,828,830** |
| **亚洲** | **4,040,759** | **4,489,046** | **4,549,445** | **6,478,494** | **7,560,426** | **8,498,802** | **10,837,087** | **13,026,769** | **11,003,986** |
| 阿富汗 | 1,639 | 191 | 29,554 | 1,761 | -122 | 2,792 | -326 | 221 | 543 |
| 阿拉伯联合酋长国 | 8,890 | 34,883 | 31,458 | 10,511 | 29,458 | 70,534 | 126,868 | -39,138 | 66,123 |
| 阿曼 | -624 | 1,103 | 951 | 337 | -74 | 1,516 | 1,095 | 462 | 1,273 |
| 巴基斯坦 | 7,675 | 33,135 | 33,328 | 8,893 | 16,357 | 101,426 | 32,074 | 63,294 | 67,819 |
| 巴勒斯坦 | -- | -- | -- | 2 | 2 | -- | -- | 20 | -- |
| 巴林 | -- | -- | -- | 508 | -534 | -- | -- | 3,646 | 3,696 |
| 朝鲜 | 586 | 1,214 | 5,595 | 10,946 | 8,620 | 5,194 | 4,121 | 2,844 | 129 |
| 东帝汶 | -- | -- | -- | -- | 160 | 973 | 3,381 | 5,533 | 1,952 |
| 菲律宾 | 4,024 | 24,409 | 26,719 | 7,490 | 5,440 | 22,495 | -2,759 | 3,221 | 10,884 |
| 哈萨克斯坦 | 6,681 | 3,606 | 58,160 | 299,599 | 81,149 | -4,007 | -251,027 | 48,770 | 207,047 |
| 韩国 | 26,512 | -72,168 | 34,172 | 94,240 | 26,875 | 54,887 | 132,455 | 114,837 | 66,080 |
| 吉尔吉斯斯坦 | 13,691 | 8,247 | 14,507 | 16,140 | 20,339 | 10,783 | 15,155 | 15,874 | 12,370 |
| 柬埔寨 | 21,583 | 46,651 | 56,602 | 55,966 | 49,933 | 43,827 | 41,968 | 62,567 | 74,424 |
| 卡塔尔 | -374 | 1,114 | 3,859 | 8,446 | 8,747 | 3,579 | 14,085 | 9,613 | -2,663 |
| 科威特 | 292 | 2,286 | 4,200 | -1,188 | -59 | 16,191 | 14,444 | 5,055 | 17,508 |
| 老挝 | 20,324 | 31,355 | 45,852 | 80,882 | 78,148 | 102,690 | 51,721 | 32,758 | 121,995 |
| 黎巴嫩 | -- | 42 | -- | -- | 68 | 9 | -- | -- | -- |
| 马尔代夫 | -- | -- | -- | -- | 155 | 72 | -- | 3,341 | 3,195 |
| 马来西亚 | 5,378 | 16,354 | 9,513 | 19,904 | 61,638 | 52,134 | 48,891 | 182,996 | 172,214 |
| 蒙古 | 27,654 | 19,386 | 45,104 | 90,403 | 38,879 | 50,261 | -2,319 | 7,912 | -2,789 |
| 孟加拉 | 1,075 | 724 | 1,032 | 3,303 | 4,137 | 2,502 | 3,119 | 4,080 | 9,903 |
| 缅甸 | 37,670 | 87,561 | 21,782 | 74,896 | 47,533 | 34,313 | 33,172 | 28,769 | 42,818 |
| 尼泊尔 | 118 | 86 | 858 | 765 | 3,697 | 4,504 | 7,888 | -4,882 | 755 |
| 日本 | 8,410 | 33,799 | 14,942 | 21,065 | 43,405 | 39,445 | 24,042 | 34,401 | 44,405 |
| 塞浦路斯 | -- | -- | 8,954 | 348 | 7,634 | -- | 176 | 525 | 60,341 |
| 沙特阿拉伯 | 9,023 | 3,648 | 12,256 | 15,367 | 47,882 | 18,430 | 40,479 | 2,390 | -34,518 |
| 斯里兰卡 | -140 | 2,821 | 8,123 | 1,675 | 7,177 | 8,511 | 1,747 | -6,023 | -2,527 |
| 塔吉克斯坦 | 1,667 | 1,542 | 2,210 | 23,411 | 7,233 | 10,720 | 21,931 | 27,241 | 9,501 |
| 台湾地区 | 4 | 1,735 | 1,108 | 11,288 | 17,667 | 18,370 | 26,712 | 1,175 | 22,621 |
| 泰国 | 4,977 | 69,987 | 23,011 | 47,860 | 75,519 | 83,946 | 40,724 | 112,169 | 105,759 |

## 附表 1　续 1

单位：万美元

| 国家（地区） | 2009 年 | 2010 年 | 2011 年 | 2012 年 | 2013 年 | 2014 年 | 2015 年 | 2016 年 | 2017 年 |
|---|---|---|---|---|---|---|---|---|---|
| 土耳其 | 29,326 | 782 | 1,350 | 10,895 | 17,855 | 10,497 | 62,831 | -9,612 | 19,091 |
| 土库曼斯坦 | 11,968 | 45,051 | -38,304 | 1,234 | -3,243 | 19,515 | -31,457 | -2,376 | 4,672 |
| 文莱 | 581 | 1,653 | 2,011 | 99 | 852 | -328 | 392 | 14,210 | 7,136 |
| 乌兹别克斯坦 | 493 | -463 | 8,825 | -2,679 | 4,417 | 18,059 | 12,789 | 17,887 | -7,575 |
| 新加坡 | 141,425 | 111,850 | 326,896 | 151,875 | 203,267 | 281,363 | 1,045,248 | 317,186 | 631,990 |
| 叙利亚 | 343 | 812 | -208 | -607 | -805 | 955 | -356 | -69 | 53 |
| 也门 | 164 | 3,149 | -912 | 1,407 | 33,125 | 596 | -10,216 | -41,315 | 2,725 |
| 伊拉克 | 179 | 4,814 | 12,244 | 14,840 | 2,002 | 8,286 | 1,231 | -5,287 | -881 |
| 伊朗 | 12,483 | 51,100 | 61,556 | 70,214 | 74,527 | 59,286 | -54,966 | 39,037 | -36,829 |
| 以色列 | -- | 1,050 | 201 | 1,158 | 189 | 5,258 | 22,974 | 184,130 | 14,737 |
| 印度 | -2,488 | 4,761 | 18,008 | 27,681 | 14,857 | 31,718 | 70,525 | 9,293 | 28,998 |
| 印度尼西亚 | 22,609 | 20,131 | 59,219 | 136,129 | 156,338 | 127,198 | 145,057 | 146,088 | 168,225 |
| 约旦 | 11 | 7 | 18 | 983 | 77 | 674 | 158 | 613 | 1,516 |
| 越南 | 11,239 | 30,513 | 18,919 | 34,943 | 48,050 | 33,289 | 56,017 | 127,904 | 76,440 |
| 中国澳门 | 45,634 | 9,604 | 20,288 | 1,660 | 39,477 | 59,610 | 108,065 | 82,150 | -102,447 |
| 中国香港 | 3,560,057 | 3,850,521 | 3,565,484 | 5,123,844 | 6,282,378 | 7,086,730 | 8,978,978 | 11,423,259 | 9,115,278 |
| **非洲** | **143,887** | **211,199** | **317,314** | **251,666** | **337,064** | **320,193** | **297,792** | **239,873** | **410,500** |
| 阿尔及利亚 | 22,876 | 18,600 | 11,434 | 24,588 | 19,130 | 66,571 | 21,057 | -9,989 | -14,053 |
| 埃及 | 13,386 | 5,165 | 6,645 | 11,941 | 2,322 | 16,287 | 8,081 | 11,983 | 9,276 |
| 埃塞俄比亚 | 7,429 | 5,853 | 7,230 | 12,156 | 10,246 | 11,959 | 17,529 | 28,214 | 18,108 |
| 安哥拉 | 831 | 10,111 | 7,272 | 39,208 | 22,405 | -44,857 | 5,774 | 16,449 | 63,755 |
| 贝宁 | 9 | 176 | 75 | 506 | 844 | 744 | 1,476 | 997 | 133 |
| 博茨瓦纳 | 1,844 | 4,385 | 2,186 | 2,110 | 1,019 | 5,295 | 8,608 | 10,620 | -2,220 |
| 布基纳法索 | -- | -- | -- | -- | 434 | 445 | -- | 20 | -- |
| 布隆迪 | 69 | -- | -- | 150 | 109 | 345 | 206 | 239 | -58 |
| 赤道几内亚 | 2,088 | 2,208 | 1,247 | 13,884 | 2,241 | 3,313 | -1,304 | -2,491 | 7,111 |
| 多哥 | 891 | 1,177 | 904 | 2,059 | 2,359 | 699 | -173 | 238 | 1,143 |
| 厄立特里亚 | 23 | 294 | 330 | 196 | 90 | 129 | 991 | 6,842 | -13 |
| 佛得角 | -- | -46 | -- | -- | 13 | 10 | -- | 5 | -- |
| 冈比亚 | -- | -- | -- | -- | -- | 5 | -- | 228 | 232 |
| 刚果（布） | 2,807 | 3,438 | 681 | 9,880 | 10,994 | 23,860 | 15,008 | 4,913 | 28,417 |
| 刚果（金） | 22,716 | 23,619 | 7,518 | 34,417 | 12,127 | 15,756 | 21,371 | -7,892 | 34,024 |
| 吉布提 | 340 | 423 | 566 | -- | 200 | 953 | 2,033 | 6,224 | 10,464 |
| 几内亚 | 2,698 | 974 | 2,455 | 6,444 | 10,013 | 6,770 | -2,572 | 3,667 | 623 |
| 几内亚（比绍） | -- | -- | -- | -- | -- | 172 | 224 | 61 | 28,656 |
| 加纳 | 4,935 | 5,598 | 4,007 | 20,849 | 12,251 | 7,290 | 28,322 | 49,061 | 4,420 |
| 加蓬 | 1,188 | 2,344 | 193 | 3,069 | 3,210 | 2,556 | 4,879 | 3,243 | 5,542 |
| 津巴布韦 | 1,124 | 3,380 | 44,003 | 28,747 | 51,753 | 10,118 | 4,675 | 4,295 | -10,788 |
| 喀麦隆 | 82 | 1,488 | 187 | 1,765 | 5,720 | 2,974 | 2,467 | 11,423 | 8,799 |
| 科摩罗 | -- | -1 | -- | 50 | -- | -- | -- | -- | -- |
| 科特迪瓦 | 151 | -502 | 87 | 361 | -479 | 2,426 | 6,024 | 5,653 | 11,269 |

## 附表 1 续 2

单位：万美元

| 国家（地区） | 2009 年 | 2010 年 | 2011 年 | 2012 年 | 2013 年 | 2014 年 | 2015 年 | 2016 年 | 2017 年 |
|---|---|---|---|---|---|---|---|---|---|
| 肯尼亚 | 2,812 | 10,122 | 6,817 | 7,873 | 23,054 | 27,839 | 28,181 | 2,967 | 41,010 |
| 莱索托 | 10 | 56 | 3 | 21 | -- | 46 | 8 | -- | -- |
| 利比里亚 | 112 | 2,989 | 2,109 | 1,200 | 3,034 | 4,011 | 9,818 | 1,114 | 3,982 |
| 利比亚 | -3,855 | -1,050 | 4,788 | -668 | 45 | 13 | -4,106 | -1,705 | -17,640 |
| 卢旺达 | 862 | 1,272 | 969 | 502 | -594 | 1,494 | 406 | -919 | 988 |
| 马达加斯加 | 4,256 | 3,358 | 2,310 | 843 | 1,551 | 3,676 | 3,384 | -655 | 7,120 |
| 马拉维 | -- | 986 | 120 | 1,033 | 825 | 340 | 5 | 240 | 4,307 |
| 马里 | 799 | 305 | 4,758 | 4,442 | 10,801 | 2,339 | -3,401 | 1,295 | 1,434 |
| 毛里求斯 | 1,412 | 2,201 | 41,946 | 5,783 | 6,107 | 4,943 | 15,477 | 7,233 | 3,327 |
| 毛里塔尼亚 | 653 | 577 | 1,969 | 3,087 | 1,527 | -733 | 216 | 10,879 | 3,807 |
| 摩洛哥 | 1,642 | 175 | 911 | 105 | 774 | 1,144 | 2,603 | 1,016 | 5,986 |
| 莫桑比克 | 1,585 | 28 | 2,026 | 23,052 | 13,189 | 10,251 | 6,843 | 4,425 | 11,747 |
| 纳米比亚 | 1,162 | 551 | 504 | 2,512 | 705 | 802 | 1,785 | 2,168 | 2,009 |
| 南非 | 4,159 | 41,117 | -1,417 | -81,491 | -8,919 | 4,209 | 23,317 | 84,322 | 31,736 |
| 南苏丹 | -- | -- | 5 | 780 | 1,149 | -682 | 1,308 | 203 | 1,221 |
| 尼日尔 | 3,987 | 19,625 | 5,163 | -19,594 | 11,654 | -4,461 | 2,369 | -2,356 | 5,084 |
| 尼日利亚 | 17,186 | 18,489 | 19,742 | 33,305 | 20,913 | 19,977 | 5,058 | 10,850 | 13,795 |
| 塞拉利昂 | 90 | -- | 1,075 | 769 | 4,003 | 492 | 807 | -180 | 1,627 |
| 塞内加尔 | 1,104 | 1,896 | 19 | 447 | 1,044 | 706 | -794 | 1,985 | 6,541 |
| 塞舌尔 | 36 | 1,228 | 434 | 5,340 | 1,769 | 756 | 4,958 | 5,041 | 2,705 |
| 圣多美和普林西比 | -- | 2 | -- | 7 | -- | -- | -- | -- | -- |
| 苏丹 | 1,930 | 3,096 | 91,186 | -169 | 14,091 | 17,407 | 3,171 | -68,994 | 25,487 |
| 坦桑尼亚 | 2,158 | 2,572 | 5,312 | 11,970 | 15,064 | 16,661 | 22,632 | 9,457 | 13,246 |
| 突尼斯 | -130 | -29 | 376 | -65 | 706 | 71 | 564 | -322 | -82 |
| 乌干达 | 129 | 2,650 | 991 | 979 | 6,060 | 6,050 | 20,534 | 12,151 | 7,904 |
| 赞比亚 | 11,180 | 7,505 | 29,178 | 29,155 | 29,286 | 42,485 | 9,655 | 21,841 | 30,580 |
| 乍得 | 5,121 | 213 | -1,248 | 8,068 | 12,095 | 8,312 | -1,712 | -6,226 | -2,305 |
| 中非 | -- | 2,581 | 248 | -- | 130 | 18,224 | 30 | 40 | 42 |
| **欧洲** | **335,272** | **676,019** | **825,108** | **703,509** | **594,853** | **1,083,791** | **711,843** | **1,069,323** | **1,846,319** |
| 阿尔巴尼亚 | -- | 8 | -- | 0 | 56 | -- | -- | 1 | 21 |
| 阿塞拜疆 | 173 | 37 | 1,768 | 34 | -443 | 1,683 | 136 | -2,466 | -20 |
| 爱尔兰 | -95 | 3,288 | 1,693 | 4,888 | 11,702 | 3,711 | 1,430 | 33,193 | 24,134 |
| 爱沙尼亚 | -- | -- | -- | -- | -- | -- | -- | -- | 12 |
| 奥地利 | -- | 46 | 2,022 | 5,343 | 15 | 4,371 | 10,432 | 19,172 | 41,219 |
| 白俄罗斯 | 210 | 1,922 | 867 | 4,350 | 2,718 | 6,372 | 5,421 | 16,094 | 14,272 |
| 保加利亚 | -243 | 1,629 | 5,390 | 5,417 | 2,069 | 2,042 | 5,916 | -1,503 | 8,887 |
| 比利时 | 2,362 | 4,533 | 3,590 | 9,840 | 2,578 | 15,328 | 2,346 | 2,835 | 3,034 |
| 冰岛 | -- | -5 | -- | -- | -- | -- | -- | -- | -- |
| 波黑 | 151 | 6 | 4 | 6 | -- | -- | 162 | 85 | -- |
| 波兰 | 1,037 | 1,674 | 4,866 | 750 | 1,834 | 4,417 | 2,510 | -2,411 | -433 |

## 附表 1 续 3

单位：万美元

| 国家（地区） | 2009 年 | 2010 年 | 2011 年 | 2012 年 | 2013 年 | 2014 年 | 2015 年 | 2016 年 | 2017 年 |
|---|---|---|---|---|---|---|---|---|---|
| 丹麦 | 264 | 161 | 589 | 514 | 2,739 | 5,723 | -2,416 | 12,573 | 1,521 |
| 德国 | 17,921 | 41,235 | 51,238 | 79,933 | 91,081 | 143,892 | 40,963 | 238,058 | 271,585 |
| 俄罗斯联邦 | 34,822 | 56,772 | 71,581 | 78,462 | 102,225 | 63,356 | 296,086 | 129,307 | 154,842 |
| 法国 | 4,519 | 2,641 | 348,232 | 15,393 | 26,044 | 40,554 | 32,788 | 149,957 | 95,215 |
| 芬兰 | 111 | 1,804 | 156 | 136 | 852 | 1,042 | 3,868 | 3,667 | 2,347 |
| 格鲁吉亚 | 778 | 4,057 | 80 | 6,874 | 10,962 | 22,435 | 4,398 | 2,077 | 3,846 |
| 黑山 | -- | -- | -- | -- | -- | -- | -- | -- | 1,665 |
| 荷兰 | 10,145 | 6,453 | 16,786 | 44,245 | 23,842 | 102,997 | 1,346,284 | 116,972 | -22,312 |
| 捷克 | 1,560 | 211 | 884 | 1,802 | 1,784 | 246 | -1,741 | 185 | 7,295 |
| 克罗地亚 | 26 | 3 | 5 | 5 | -- | 355 | -- | 22 | 3,184 |
| 拉脱维亚 | -3 | -- | -- | -- | -- | -- | 45 | -- | 8 |
| 立陶宛 | -- | -- | -- | 100 | 551 | -- | -- | 225 | -- |
| 列支敦士登 | 7 | 355 | -- | -- | -- | 363 | 64 | 370 | -- |
| 卢森堡 | 227,049 | 320,719 | 126,500 | 113,301 | 127,521 | 457,837 | -1,145,317 | 160,188 | 135,340 |
| 罗马尼亚 | 529 | 1,084 | 30 | 2,541 | 217 | 4,225 | 6,332 | 1,588 | 1,586 |
| 马耳他 | 22 | -237 | 27 | -- | 12 | 193 | 503 | 15,480 | 167 |
| 马其顿 | -- | -- | -- | 6 | -- | -- | -1 | -- | -- |
| 挪威 | 360 | 13,473 | 1,857 | 849 | 19,629 | 5,860 | -167,589 | -85,123 | -54,921 |
| 葡萄牙 | -- | -- | -- | 515 | 1,494 | 387 | 1,072 | 1,137 | 104 |
| 瑞典 | 810 | 136,723 | 4,901 | 28,522 | 17,082 | 13,001 | 31,719 | 12,768 | 129,026 |
| 瑞士 | 2,099 | 2,725 | 1,719 | 864 | 12,826 | 3,364 | 24,677 | 6,806 | 751,418 |
| 塞尔维亚 | -- | 210 | 21 | 210 | 1,150 | 1,169 | 763 | 3,079 | 7,921 |
| 斯洛伐克 | 26 | 46 | 594 | 219 | 33 | 4,566 | -- | -- | 68 |
| 斯洛文尼亚 | -- | -- | -- | -- | -- | -- | -- | 2,186 | 39 |
| 乌克兰 | 3 | 150 | 77 | 207 | 1,014 | 472 | -76 | 192 | 475 |
| 西班牙 | 5,986 | 2,926 | 13,974 | 4,624 | -14,575 | 9,235 | 14,967 | 12,541 | 5,879 |
| 希腊 | -- | -- | 43 | 88 | 190 | -- | -137 | 2,939 | 2,857 |
| 匈牙利 | 821 | 37,010 | 1,161 | 4,140 | 2,567 | 3,402 | 2,320 | 5,746 | 6,559 |
| 亚美尼亚 | -- | -- | -- | -- | -- | -- | -- | -- | 395 |
| 意大利 | 4,605 | 1,327 | 22,483 | 11,858 | 3,126 | 11,302 | 9,101 | 63,344 | 42,454 |
| 英国 | 19,217 | 33,033 | 141,970 | 277,473 | 141,958 | 149,890 | 184,816 | 148,039 | 206,630 |
| **拉丁美洲** | **732,790** | **1,053,827** | **1,193,582** | **616,974** | **1,435,895** | **1,054,739** | **1,261,036** | **2,722,705** | **1,407,659** |
| 阿根廷 | -2,282 | 2,723 | 18,515 | 74,325 | 22,141 | 26,992 | 20,832 | 18,152 | 21,479 |
| 安提瓜和巴布达 | -- | -- | 101 | -- | -- | -- | -- | 40 | -- |
| 巴巴多斯 | 87 | -211 | -- | 81 | 92 | -167 | -28 | 1,441 | 1,610 |
| 巴哈马 | 100 | -- | -- | -- | -- | -- | -- | 658 | 24 |
| 巴拉圭 | 647 | 2,783 | 557 | 142 | 18 | -- | -- | -- | -- |
| 巴拿马 | 1,369 | 2,606 | 116 | 72 | 18,768 | 481 | 2,382 | 3,738 | 5,774 |
| 巴西 | 11,627 | 48,746 | 12,640 | 19,410 | 31,093 | 73,000 | -6,328 | 12,477 | 42,627 |
| 玻利维亚 | 1,801 | 306 | 867 | 4,321 | 1,440 | 2,453 | 3,432 | 5,538 | -2,628 |
| 伯利兹 | -- | -8 | -- | -- | 35 | 35 | -- | -- | -- |

## 附表 1　续 4

单位：万美元

| 国家（地区） | 2009年 | 2010年 | 2011年 | 2012年 | 2013年 | 2014年 | 2015年 | 2016年 | 2017年 |
|---|---|---|---|---|---|---|---|---|---|
| 多米尼加 | 6 | -- | -- | -- | -- | -- | -- | -- | -- |
| 多米尼克 | -- | -- | 50 | -- | 30 | -- | -- | -- | -- |
| 厄瓜多尔 | 1,790 | 2,206 | -3,506 | 31,139 | 47,060 | 13,781 | 11,811 | 7,789 | -13,110 |
| 哥伦比亚 | 574 | 694 | 3,325 | 8,351 | 1,793 | 18,310 | 370 | -284 | 1,372 |
| 哥斯达黎加 | -- | 8 | 1 | -- | 117 | -19 | 384 | 136 | 1,024 |
| 格林纳达 | -- | -- |  | -- | -- | -- | -- | 10 | 11 |
| 古巴 | 1,293 | -1,635 | 7,671 | -557 | -2,437 | -2,222 | 4,243 | 974 | -650 |
| 圭亚那 | -- | 2,837 | 20 | 9,884 | 3,500 | 408 | -389 | 651 | 2,251 |
| 洪都拉斯 | -- | -- | -- | -- | -- | -- | -- | 2,771 | -- |
| 开曼群岛 | 536,630 | 349,613 | 493,646 | 82,743 | 925,340 | 419,172 | 1,021,303 | 1,352,283 | -660,596 |
| 秘鲁 | 5,849 | 13,903 | 21,425 | -4,937 | 11,460 | 4,507 | -17,776 | 6,737 | 9,826 |
| 墨西哥 | 82 | 2,673 | 4,154 | 10,042 | 4,973 | 14,057 | -628 | 21,184 | 17,133 |
| 尼加拉瓜 | -- | -- | -- | -- | 217 | 101 | 55 | 101 | 1 |
| 圣卢西亚 | -- | -- | -- | -- | -- | -- | 15 | 75 | 329 |
| 圣文森特和格林纳丁斯 | -946 | 905 | -- | -- | -- | 332 | 303 | -253 | 337 |
| 苏里南 | 110 | 635 | -- | -3,323 | 2,900 | -1,690 | 2,009 | 343 | 5,253 |
| 特立尼达和多巴哥 | -- | -- | 10 | 19 | 23 | 3,625 | 915 | 210 | 1,240 |
| 危地马拉 | -- | -- | -- | -- | -- | 63 | -- | -- | -- |
| 委内瑞拉 | 11,572 | 9,439 | 8,177 | 154,176 | 42,556 | 11,608 | 28,830 | -9,986 | 27,448 |
| 乌拉圭 | 498 | 36 | 36 | 950 | 967 | 108 | 3,615 | 4,927 | -1,422 |
| 牙买加 | -- | 221 | 3,545 | 3,586 | 474 | 11,132 | -- | 41,864 | 8,246 |
| 英属安圭拉 | -- | -- | -- | -- | -- | -- | 100 | 584 | -- |
| 英属维尔京群岛 | 161,205 | 611,976 | 620,833 | 223,928 | 322,156 | 457,043 | 184,900 | 1,228,849 | 1,930,117 |
| 智利 | 778 | 3,371 | 1,399 | 2,622 | 1,179 | 1,629 | 685 | 21,696 | 9,963 |
| **北美洲** | **152,193** | **262,144** | **248,132** | **488,200** | **490,101** | **920,766** | **1,071,848** | **2,035,096** | **649,827** |
| 百慕大群岛 | 6 | 17,086 | 11,583 | 3,899 | 1,893 | 70,769 | 112,698 | 49,865 | -24,805 |
| 加拿大 | 61,313 | 114,229 | 55,407 | 79,516 | 100,865 | 90,384 | 156,283 | 287,150 | 32,083 |
| 美国 | 90,874 | 130,829 | 181,142 | 404,785 | 387,343 | 759,613 | 802,867 | 1,698,081 | 642,549 |
| **大洋洲** | **247,998** | **188,896** | **331,823** | **241,510** | **366,032** | **433,695** | **387,109** | **521,177** | **510,539** |
| 澳大利亚 | 243,643 | 170,170 | 316,529 | 217,298 | 345,798 | 404,911 | 340,131 | 418,688 | 424,196 |
| 巴布亚新几内亚 | 480 | 533 | 1,665 | 2,569 | 4,302 | 3,037 | 4,177 | -4,368 | 10,161 |
| 斐济 | 240 | 557 | 1,963 | 6,832 | 5,832 | -3,716 | 1,240 | 4,461 | 1,706 |
| 库克群岛 | -- | -- | -- | 12 | 17 | -27 | -- | -- | -- |
| 马绍尔群岛 | 2,670 | 1,318 | -2,743 | -- | -1,210 | 0 | -5,682 | 260 | 798 |
| 密克罗尼西亚 | -- | -- | -289 | 341 | 46 | 339 | 355 | 0 | -1,474 |
| 帕劳 | -- | 50 | 57 | -- | -- | 51 | 150 | 50 | 8 |
| 萨摩亚 | 63 | 9,893 | 11,773 | 4,759 | -7,793 | 3,484 | 9,586 | 10,924 | 12,840 |
| 汤加 | -- | -- | -- | -- | -- | 10 | 98 | 35 | 112 |
| 瓦努阿图 | -- | -- | 79 | 293 | -- | 604 | 2,245 | 542 | 2,532 |
| 新西兰 | 902 | 6,375 | 2,789 | 9,406 | 19,040 | 25,002 | 34,809 | 90,585 | 59,661 |

## 附表 2　2009–2017 分年度中国对外直接投资存量情况表（分国家地区）

单位：万美元

| 国家（地区） | 2009 年 | 2010 年 | 2011 年 | 2012 年 | 2013 年 | 2014 年 | 2015 年 | 2016 年 | 2017 年 |
|---|---|---|---|---|---|---|---|---|---|
| **合计** | **24,575,538** | **31,721,059** | **42,478,067** | **53,194,058** | **66,047,840** | **88,264,242** | **109,786,459** | **135,739,045** | **180,903,652** |
| **亚洲** | **18,554,720** | **22,814,597** | **30,343,470** | **36,440,706** | **44,740,828** | **60,096,561** | **76,890,132** | **90,944,547** | **113,932,379** |
| 阿富汗 * | 18,132 | 16,859 | 46,513 | 48,274 | 48,742 | 51,849 | 41,993 | 44,050 | 40,364 |
| 阿拉伯联合酋长国 | 44,029 | 76,429 | 117,450 | 133,678 | 151,457 | 233,345 | 460,284 | 488,830 | 537,283 |
| 阿曼 | 797 | 2,111 | 2,938 | 3,335 | 17,473 | 18,972 | 20,077 | 8,663 | 9,904 |
| 巴基斯坦 | 145,809 | 182,801 | 216,299 | 223,361 | 234,309 | 373,682 | 403,593 | 475,911 | 571,584 |
| 巴勒斯坦 | -- | -- | -- | 2 | 4 | 4 | 4 | 23 | 4 |
| 巴林 | 87 | 87 | 102 | 680 | 146 | 376 | 387 | 3,736 | 7,437 |
| 朝鲜 * | 26,152 | 24,010 | 31,261 | 42,236 | 58,551 | 61,157 | 62,500 | 67,915 | 60,653 |
| 东帝汶 | 745 | 745 | 745 | 745 | 905 | 1,578 | 10,028 | 14,794 | 17,417 |
| 菲律宾 | 14,259 | 38,734 | 49,427 | 59,314 | 69,238 | 75,994 | 71,105 | 71,893 | 81,960 |
| 哈萨克斯坦 | 151,621 | 159,054 | 285,845 | 625,139 | 695,669 | 754,107 | 509,546 | 543,227 | 756,145 |
| 韩国 | 121,780 | 63,725 | 158,268 | 308,190 | 196,308 | 277,157 | 369,804 | 423,724 | 598,347 |
| 吉尔吉斯斯坦 | 28,372 | 39,432 | 52,505 | 66,219 | 88,582 | 98,419 | 107,059 | 123,782 | 129,938 |
| 柬埔寨 * | 63,326 | 112,977 | 175,744 | 231,768 | 284,857 | 322,228 | 367,586 | 436,858 | 544,873 |
| 卡塔尔 | 3,628 | 7,705 | 13,018 | 22,066 | 25,402 | 35,387 | 44,993 | 102,565 | 110,549 |
| 科威特 | 588 | 5,087 | 9,286 | 8,284 | 8,939 | 34,591 | 54,362 | 57,810 | 93,623 |
| 老挝 | 53,567 | 84,575 | 127,620 | 192,784 | 277,092 | 449,099 | 484,171 | 550,014 | 665,495 |
| 黎巴嫩 * | 157 | 201 | 201 | 301 | 369 | 378 | 378 | 301 | 201 |
| 马尔代夫 | -- | -- | -- | -- | 165 | 237 | 237 | 3,578 | 6,743 |
| 马来西亚 * | 47,989 | 70,880 | 79,762 | 102,613 | 166,818 | 178,563 | 223,137 | 363,396 | 491,470 |
| 蒙古 * | 124,166 | 143,552 | 188,662 | 295,403 | 335,396 | 376,246 | 376,006 | 383,859 | 362,280 |
| 孟加拉 | 6,030 | 6,758 | 7,668 | 11,725 | 15,868 | 16,024 | 18,843 | 22,517 | 32,907 |
| 缅甸 | 92,988 | 194,675 | 218,152 | 309,372 | 356,968 | 392,557 | 425,873 | 462,042 | 552,453 |
| 尼泊尔 * | 1,413 | 1,594 | 2,480 | 3,358 | 7,531 | 13,834 | 29,193 | 24,705 | 22,762 |
| 日本 * | 69,286 | 110,563 | 136,622 | 161,991 | 189,824 | 254,703 | 303,820 | 318,401 | 319,734 |
| 塞浦路斯 | 136 | 136 | 9,090 | 9,495 | 17,126 | 10,717 | 10,915 | 11,005 | 71,869 |
| 沙特阿拉伯 * | 71,089 | 76,056 | 88,314 | 120,586 | 174,706 | 198,743 | 243,439 | 260,729 | 203,827 |
| 斯里兰卡 | 1,581 | 7,274 | 16,258 | 17,858 | 29,265 | 36,391 | 77,251 | 72,891 | 72,835 |
| 塔吉克斯坦 | 16,279 | 19,163 | 21,674 | 47,612 | 59,941 | 72,896 | 90,909 | 116,703 | 161,609 |
| 台湾地区 | 13 | 1,819 | 2,935 | 13,532 | 34,927 | 59,862 | 96,905 | 98,272 | 127,247 |
| 泰国 * | 44,788 | 108,000 | 130,726 | 212,693 | 247,243 | 307,947 | 344,012 | 453,348 | 535,847 |

## 附表 2　续 1

单位：万美元

| 国家（地区） | 2009 年 | 2010 年 | 2011 年 | 2012 年 | 2013 年 | 2014 年 | 2015 年 | 2016 年 | 2017 年 |
|---|---|---|---|---|---|---|---|---|---|
| 土耳其 | 38,617 | 40,363 | 40,648 | 50,251 | 64,231 | 88,181 | 132,884 | 106,138 | 130,135 |
| 土库曼斯坦 | 20,797 | 65,848 | 27,648 | 28,777 | 25,323 | 44,760 | 13,304 | 24,908 | 34,272 |
| 文莱 * | 1,737 | 4,566 | 6,613 | 6,635 | 7,212 | 6,955 | 7,352 | 20,377 | 22,067 |
| 乌兹别克斯坦 | 8,522 | 8,300 | 15,647 | 14,618 | 19,782 | 39,209 | 88,204 | 105,771 | 94,607 |
| 新加坡 | 485,732 | 606,910 | 1,060,269 | 1,238,333 | 1,475,070 | 2,063,995 | 3,198,491 | 3,344,564 | 4,456,809 |
| 叙利亚 | 849 | 1,661 | 1,483 | 1,446 | 641 | 1,455 | 1,100 | 1,031 | 1,031 |
| 也门 * | 14,930 | 18,466 | 19,145 | 22,130 | 54,911 | 55,507 | 45,330 | 3,921 | 61,255 |
| 伊拉克 * | 2,258 | 48,345 | 60,591 | 75,432 | 31,706 | 37,584 | 38,812 | 55,781 | 41,437 |
| 伊朗 * | 21,780 | 71,516 | 135,156 | 207,046 | 285,120 | 348,415 | 294,919 | 333,081 | 362,350 |
| 以色列 * | 1,137 | 2,187 | 2,388 | 3,846 | 3,405 | 8,665 | 31,718 | 422,988 | 414,869 |
| 印度 * | 22,127 | 47,980 | 65,738 | 116,910 | 244,698 | 340,721 | 377,047 | 310,751 | 474,733 |
| 印度尼西亚 * | 79,906 | 115,044 | 168,791 | 309,804 | 465,665 | 679,350 | 812,514 | 954,554 | 1,053,880 |
| 约旦 | 1,054 | 1,263 | 1,281 | 2,254 | 2,343 | 3,098 | 3,255 | 3,949 | 6,440 |
| 越南 * | 72,850 | 98,660 | 129,066 | 160,438 | 216,672 | 286,565 | 337,356 | 498,363 | 496,536 |
| 中国澳门 | 183,723 | 222,929 | 267,589 | 292,927 | 340,914 | 393,074 | 573,912 | 678,339 | 968,029 |
| 中国香港 * | 16,449,894 | 19,905,557 | 26,151,852 | 30,637,245 | 37,709,314 | 50,991,983 | 65,685,524 | 78,074,489 | 98,126,568 |
| **非洲** | **933,227** | **1,304,212** | **1,624,432** | **2,172,971** | **2,618,577** | **3,235,006** | **3,469,440** | **3,987,747** | **4,329,650** |
| 阿尔及利亚 * | 75,126 | 93,726 | 105,945 | 130,533 | 149,721 | 245,157 | 253,155 | 255,248 | 183,366 |
| 埃及 * | 28,507 | 33,672 | 40,317 | 45,919 | 51,113 | 65,711 | 66,315 | 88,891 | 83,484 |
| 埃塞俄比亚 * | 28,344 | 36,806 | 42,679 | 60,655 | 77,184 | 91,462 | 113,013 | 200,065 | 197,556 |
| 安哥拉 | 19,554 | 35,177 | 40,059 | 124,510 | 163,474 | 121,404 | 126,829 | 163,321 | 226,016 |
| 贝宁 | 5,401 | 3,933 | 4,003 | 4,760 | 4,991 | 6,917 | 8,731 | 10,251 | 10,437 |
| 博茨瓦纳 * | 11,925 | 17,852 | 20,038 | 22,015 | 23,090 | 26,213 | 32,108 | 43,750 | 29,687 |
| 布基纳法索 | -- | -- | -- | -- | 434 | 878 | -- | 20 | 20 |
| 布隆迪 | 464 | 651 | 720 | 870 | 979 | 1,324 | 1,237 | 1,242 | 1,029 |
| 赤道几内亚 | 6,150 | 8,625 | 9,868 | 40,464 | 26,085 | 20,820 | 23,163 | 23,659 | 39,597 |
| 多哥 * | 3,302 | 5,811 | 6,715 | 9,838 | 12,309 | 13,581 | 12,882 | 11,857 | 11,285 |
| 厄立特里亚 * | 960 | 1,254 | 1,431 | 10,378 | 10,455 | 10,671 | 11,941 | 37,845 | 21,655 |
| 佛得角 | 504 | 458 | 458 | 1,160 | 1,523 | 1,518 | 1,518 | 1,523 | 1,463 |
| 冈比亚 | 119 | 119 | 119 | 119 | 119 | 124 | 124 | 384 | 536 |
| 刚果（布） | 11,517 | 13,588 | 14,240 | 50,490 | 69,543 | 98,876 | 108,867 | 78,291 | 112,606 |
| 刚果（金） | 39,743 | 63,092 | 70,926 | 97,049 | 109,176 | 216,867 | 323,935 | 351,498 | 388,411 |
| 吉布提 | 703 | 1,247 | 1,813 | 1,799 | 3,055 | 4,008 | 6,046 | 12,540 | 23,286 |
| 几内亚 | 12,932 | 13,641 | 16,843 | 23,467 | 33,858 | 41,907 | 38,272 | 41,774 | 7,639 |
| 几内亚（比绍） | 2,700 | 2,700 | 2,700 | 2,700 | 2,700 | 6,682 | 6,906 | 7,016 | 67,545 |
| 加纳 * | 18,504 | 20,200 | 27,015 | 50,527 | 83,484 | 105,669 | 127,449 | 195,827 | 157,536 |
| 加蓬 | 10,005 | 12,534 | 12,710 | 12,847 | 16,848 | 18,041 | 24,442 | 25,683 | 38,535 |
| 津巴布韦 | 9,975 | 13,454 | 57,644 | 87,467 | 152,083 | 169,558 | 179,892 | 183,900 | 174,834 |
| 喀麦隆 | 2,505 | 5,961 | 6,154 | 7,950 | 14,840 | 17,784 | 20,734 | 36,674 | 42,436 |
| 科摩罗 | 405 | 404 | 404 | 454 | 454 | 454 | 453 | 453 | 453 |

## 附表2 续2

单位：万美元

| 国家（地区） | 2009年 | 2010年 | 2011年 | 2012年 | 2013年 | 2014年 | 2015年 | 2016年 | 2017年 |
|---|---|---|---|---|---|---|---|---|---|
| 科特迪瓦 | 3,765 | 3,299 | 3,467 | 4,004 | 3,500 | 6,429 | 12,678 | 17,966 | 30,368 |
| 肯尼亚 | 12,036 | 22,158 | 30,883 | 40,273 | 63,590 | 85,371 | 109,904 | 110,270 | 154,345 |
| 莱索托 | 832 | 888 | 891 | 913 | 913 | 1,107 | 1,115 | 663 | 653 |
| 利比里亚 | 5,639 | 8,167 | 11,474 | 15,437 | 19,610 | 22,965 | 28,899 | 29,730 | 31,963 |
| 利比亚 | 4,269 | 3,219 | 6,778 | 6,519 | 10,882 | 10,894 | 10,577 | 21,112 | 36,675 |
| 卢旺达 | 2,880 | 4,163 | 5,852 | 6,354 | 7,333 | 11,072 | 12,357 | 8,936 | 9,925 |
| 马达加斯加 * | 19,622 | 22,987 | 25,363 | 27,455 | 28,610 | 35,261 | 34,770 | 29,763 | 76,630 |
| 马拉维 | 1,454 | 3,240 | 3,007 | 4,930 | 25,382 | 25,762 | 25,815 | 25,905 | 29,112 |
| 马里 | 4,472 | 4,777 | 16,006 | 21,143 | 31,667 | 34,286 | 30,733 | 32,001 | 39,486 |
| 毛里求斯 * | 24,284 | 28,329 | 60,594 | 70,080 | 84,959 | 57,971 | 109,658 | 117,620 | 96,087 |
| 毛里塔尼亚 | 3,129 | 4,588 | 7,471 | 10,615 | 10,828 | 10,095 | 10,583 | 19,336 | 23,585 |
| 摩洛哥 | 4,878 | 5,585 | 8,948 | 9,522 | 10,296 | 11,444 | 15,629 | 16,270 | 31,821 |
| 莫桑比克 | 7,496 | 7,524 | 9,807 | 33,691 | 50,809 | 65,386 | 72,452 | 78,226 | 87,291 |
| 纳米比亚 | 4,618 | 4,711 | 6,021 | 9,453 | 34,945 | 98,184 | 38,044 | 45,357 | 48,047 |
| 南非 * | 230,686 | 415,298 | 405,973 | 477,507 | 440,040 | 595,402 | 472,297 | 650,084 | 747,277 |
| 南苏丹 | -- | -- | 5 | 1,090 | 2,647 | 1,926 | 3,598 | 3,703 | 4,768 |
| 尼日尔 | 18,420 | 37,936 | 42,957 | 12,533 | 24,187 | 19,808 | 56,544 | 52,530 | 66,565 |
| 尼日利亚 | 102,596 | 121,085 | 141,561 | 194,987 | 214,607 | 232,301 | 237,676 | 254,168 | 286,153 |
| 塞拉利昂 * | 5,123 | 4,148 | 5,223 | 5,771 | 10,836 | 14,774 | 19,630 | 18,882 | 18,422 |
| 塞内加尔 | 2,607 | 4,503 | 4,520 | 10,222 | 8,325 | 13,001 | 12,602 | 14,959 | 21,430 |
| 塞舌尔 * | 700 | 1,936 | 2,380 | 7,719 | 10,347 | 11,440 | 16,011 | 24,665 | 23,127 |
| 圣多美和普林西比 | -- | 31 | 31 | 38 | 38 | 38 | 38 | 38 | 38 |
| 苏丹 | 56,389 | 61,336 | 152,564 | 123,660 | 150,704 | 174,712 | 180,936 | 110,434 | 120,156 |
| 坦桑尼亚 | 28,179 | 30,751 | 40,707 | 54,080 | 71,646 | 88,518 | 113,887 | 119,199 | 128,030 |
| 突尼斯 * | 227 | 253 | 629 | 569 | 1,386 | 1,456 | 2,084 | 1,630 | 1,508 |
| 乌干达 * | 5,856 | 11,368 | 12,621 | 14,110 | 38,376 | 46,410 | 72,215 | 100,647 | 57,594 |
| 赞比亚 | 84,397 | 94,373 | 119,984 | 199,811 | 216,432 | 227,199 | 233,802 | 268,716 | 296,344 |
| 乍得 | 7,657 | 8,000 | 10,812 | 19,412 | 32,126 | 40,461 | 42,272 | 39,664 | 41,225 |
| 中非 * | 1,671 | 4,654 | 5,102 | 5,102 | 6,038 | 5,708 | 4,622 | 3,561 | 1,612 |
| **欧洲** | **867,678** | **1,571,031** | **2,445,003** | **3,697,512** | **5,316,156** | **6,939,987** | **8,367,897** | **8,720,192** | **11,085,468** |
| 阿尔巴尼亚 * | 435 | 443 | 443 | 443 | 703 | 703 | 695 | 727 | 478 |
| 阿塞拜疆 * | 1,200 | 1,238 | 3,006 | 3,168 | 3,834 | 5,521 | 6,370 | 2,842 | 2,799 |
| 爱尔兰 | 10,682 | 13,991 | 15,683 | 19,377 | 32,325 | 24,972 | 24,832 | 57,377 | 88,263 |
| 爱沙尼亚 | 750 | 750 | 750 | 350 | 350 | 350 | 350 | 350 | 362 |
| 奥地利 | 155 | 201 | 2,454 | 7,946 | 7,666 | 20,170 | 32,799 | 53,051 | 85,149 |
| 白俄罗斯 | 449 | 2,371 | 2,907 | 7,747 | 11,590 | 25,752 | 47,589 | 49,793 | 54,841 |
| 保加利亚 | 231 | 1,860 | 7,256 | 12,674 | 14,985 | 17,027 | 23,597 | 16,607 | 25,046 |
| 比利时 * | 5,691 | 10,101 | 14,050 | 23,069 | 31,501 | 49,347 | 51,953 | 54,403 | 47,923 |

## 附表 2　续 3

单位：万美元

| 国家（地区） | 2009 年 | 2010 年 | 2011 年 | 2012 年 | 2013 年 | 2014 年 | 2015 年 | 2016 年 | 2017 年 |
|---|---|---|---|---|---|---|---|---|---|
| 冰岛 | 5 | -- | -- | -- | -- | -- | 110 | 110 | 1,400 |
| 波黑 * | 592 | 598 | 601 | 607 | 613 | 613 | 775 | 860 | 434 |
| 波兰 | 12,030 | 14,031 | 20,126 | 20,811 | 25,704 | 32,935 | 35,211 | 32,132 | 40,552 |
| 丹麦 | 4,079 | 4,247 | 4,913 | 5,324 | 8,437 | 20,815 | 8,217 | 22,611 | 22,883 |
| 德国 | 108,224 | 150,229 | 240,144 | 310,435 | 397,938 | 578,550 | 588,176 | 784,175 | 1,216,320 |
| 俄罗斯联邦 | 222,037 | 278,756 | 376,364 | 488,849 | 758,161 | 869,463 | 1,401,963 | 1,297,951 | 1,387,160 |
| 法国 * | 22,103 | 24,362 | 372,389 | 395,077 | 444,794 | 844,488 | 572,355 | 511,617 | 570,271 |
| 芬兰 | 904 | 2,725 | 3,100 | 3,403 | 4,255 | 5,899 | 9,507 | 21,170 | 21,307 |
| 格鲁吉亚 | 7,533 | 13,017 | 10,935 | 17,808 | 33,075 | 54,564 | 53,375 | 55,023 | 56,817 |
| 荷兰 * | 33,587 | 48,671 | 66,468 | 110,792 | 319,309 | 419,408 | 2,006,713 | 2,058,774 | 1,852,900 |
| 黑山 | 32 | 32 | 32 | 32 | 32 | 32 | 32 | 443 | 3,945 |
| 捷克 * | 4,934 | 5,233 | 6,683 | 20,245 | 20,468 | 24,269 | 22,431 | 22,777 | 16,490 |
| 克罗地亚 | 810 | 813 | 818 | 863 | 831 | 1,187 | 1,182 | 1,199 | 3,908 |
| 拉脱维亚 | 54 | 54 | 54 | 54 | 54 | 54 | 94 | 94 | 102 |
| 立陶宛 | 393 | 393 | 393 | 697 | 1,248 | 1,248 | 1,248 | 1,529 | 1,713 |
| 列支敦士登 | 36 | 391 | 391 | 391 | 391 | 1,240 | 1,304 | 1,674 | 1,616 |
| 卢森堡 | 248,438 | 578,675 | 708,197 | 897,789 | 1,042,376 | 1,566,677 | 773,988 | 877,660 | 1,393,615 |
| 罗马尼亚 * | 9,334 | 12,495 | 12,583 | 16,109 | 14,513 | 19,137 | 36,480 | 39,150 | 31,007 |
| 马耳他 | 503 | 266 | 337 | 337 | 349 | 542 | 1,045 | 16,364 | 16,498 |
| 马其顿 | 20 | 20 | 20 | 26 | 209 | 211 | 211 | 210 | 203 |
| 摩尔多瓦 | 78 | 78 | 78 | 211 | 387 | 387 | 211 | 387 | 387 |
| 挪威 | 1,295 | 14,776 | 16,659 | 18,813 | 477,171 | 522,350 | 347,129 | 264,197 | 208,345 |
| 葡萄牙 | 502 | 2,137 | 3,313 | 4,038 | 5,532 | 6,069 | 7,142 | 8,774 | 11,023 |
| 瑞典 * | 11,189 | 147,912 | 153,122 | 240,817 | 273,771 | 301,292 | 338,196 | 355,368 | 730,742 |
| 瑞士 | 3,030 | 5,854 | 9,194 | 10,132 | 29,654 | 38,766 | 60,415 | 57,621 | 811,173 |
| 塞尔维亚 | 268 | 484 | 505 | 647 | 1,854 | 2,971 | 4,979 | 8,268 | 17,002 |
| 塞尔维亚和黑山 | -- | -- | -- | -- | -- | -- | -- | -- | -- |
| 斯洛伐克 | 936 | 982 | 2,578 | 8,601 | 8,277 | 12,779 | 12,779 | 8,277 | 8,345 |
| 斯洛文尼亚 | 500 | 500 | 500 | 500 | 500 | 500 | 500 | 2,686 | 2,725 |
| 乌克兰 * | 2,079 | 2,229 | 2,929 | 3,314 | 5,198 | 6,341 | 6,890 | 6,671 | 6,265 |
| 西班牙 * | 20,523 | 24,776 | 38,931 | 43,725 | 31,571 | 42,453 | 60,801 | 73,647 | 69,263 |
| 希腊 | 168 | 423 | 463 | 598 | 11,979 | 12,085 | 11,948 | 4,808 | 18,222 |
| 匈牙利 * | 9,741 | 46,570 | 47,535 | 50,741 | 53,235 | 55,635 | 57,111 | 31,370 | 32,786 |
| 亚美尼亚 | 132 | 132 | 132 | 132 | 751 | 751 | 751 | 751 | 2,996 |
| 意大利 | 19,168 | 22,380 | 44,909 | 57,393 | 60,775 | 71,969 | 93,197 | 155,484 | 190,379 |
| 英国 | 102,828 | 135,835 | 253,058 | 893,427 | 1,179,790 | 1,280,465 | 1,663,246 | 1,761,210 | 2,031,817 |
| **拉丁美洲** | **3,059,548** | **4,387,564** | **5,517,175** | **6,821,163** | **8,609,593** | **10,611,114** | **12,631,893** | **20,715,257** | **38,689,230** |
| 阿根廷 * | 16,905 | 21,899 | 40,525 | 89,719 | 165,820 | 179,152 | 194,892 | 194,366 | 153,954 |
| 安提瓜和巴布达 | 125 | 125 | 484 | 544 | 630 | 630 | 630 | 670 | 670 |
| 巴巴多斯 | 600 | 388 | 313 | 395 | 497 | 330 | 289 | 8,772 | 11,730 |
| 巴哈马 | 160 | 160 | 160 | 60 | 60 | 60 | 60 | 16,060 | 16,063 |
| 巴拉圭 * | 1,125 | 3,907 | 4,465 | 4,606 | 4,624 | 4,791 | 4,791 | 4,791 | 4,606 |
| 巴拿马 | 8,109 | 23,658 | 33,078 | 19,662 | 47,864 | 20,493 | 22,815 | 26,885 | 35,878 |
| 巴西 * | 36,089 | 92,365 | 107,179 | 144,951 | 173,358 | 283,289 | 225,712 | 296,251 | 320,554 |
| 玻利维亚 | 5,565 | 6,485 | 6,632 | 15,619 | 11,892 | 13,217 | 31,746 | 37,068 | 41,349 |

## 附表 2 续 4

单位：万美元

| 国家（地区） | 2009 年 | 2010 年 | 2011 年 | 2012 年 | 2013 年 | 2014 年 | 2015 年 | 2016 年 | 2017 年 |
|---|---|---|---|---|---|---|---|---|---|
| 伯利兹 | 8 | -- | -- | -- | 35 | 70 | 70 | 70 | -- |
| 多米尼加 | 12 | 12 | 12 | 112 | 100 | 101 | 101 | 101 | 1 |
| 多米尼克 | 70 | 415 | 815 | 815 | 845 | 315 | 315 | 315 | 315 |
| 厄瓜多尔 | 10,660 | 12,958 | 9,524 | 40,763 | 100,879 | 94,460 | 105,635 | 118,012 | 103,244 |
| 哥伦比亚 * | 2,050 | 2,297 | 5,980 | 34,615 | 36,869 | 54,730 | 55,443 | 36,245 | 35,787 |
| 哥斯达黎加 | 200 | 208 | 209 | 209 | 326 | 398 | 782 | 820 | 2,602 |
| 格林纳达 | 765 | 1,452 | 1,454 | 1,454 | 1,454 | 2,367 | 2,367 | 2,377 | 2,507 |
| 古巴 | 8,532 | 6,898 | 14,637 | 13,569 | 11,134 | 6,255 | 12,062 | 13,150 | 11,500 |
| 圭亚那 * | 14,961 | 18,317 | 13,513 | 15,188 | 22,518 | 24,757 | 25,601 | 25,668 | 11,069 |
| 洪都拉斯 * | -- | -- | -- | -- | -- | -- | -- | 2,771 | 116 |
| 开曼群岛 * | 1,357,707 | 1,725,627 | 2,169,232 | 3,007,200 | 4,232,406 | 4,423,672 | 6,240,408 | 10,420,893 | 24,968,219 |
| 秘鲁 | 28,454 | 65,449 | 80,224 | 75,287 | 86,778 | 90,798 | 70,549 | 75,978 | 83,943 |
| 墨西哥 | 17,390 | 15,287 | 26,388 | 36,848 | 40,987 | 54,121 | 52,476 | 57,860 | 89,802 |
| 尼加拉瓜 | -- | -- | -- | -- | 217 | 318 | 367 | 467 | 314 |
| 萨尔瓦多 | -- | -- | -- | -- | -- | 1 | 1 | 1 | 1 |
| 圣卢西亚 | -- | -- | -- | -- | -- | -- | 15 | 144 | 473 |
| 圣文森特和格林纳丁斯 | 2,303 | 3,619 | 3,620 | 3,620 | 3,620 | 3,900 | 4,204 | 3,952 | 4,288 |
| 苏里南 | 6,880 | 7,884 | 7,884 | 4,561 | 11,193 | 9,393 | 11,352 | 12,508 | 16,439 |
| 特立尼达和多巴哥 | 80 | 80 | 90 | 109 | 386 | 102,531 | 60,463 | 60,666 | 62,177 |
| 危地马拉 * | -- | -- | -- | -- | -- | 99 | 99 | 112 | 74 |
| 委内瑞拉 | 27,196 | 41,652 | 50,100 | 204,276 | 236,338 | 249,323 | 280,029 | 274,171 | 320,725 |
| 乌拉圭 | 715 | 751 | 815 | 1,765 | 2,593 | 21,081 | 18,273 | 22,559 | 19,868 |
| 牙买加 | 216 | 437 | 3,907 | 7,493 | 7,968 | 18,837 | 22,568 | 83,919 | 111,412 |
| 英属安圭拉 | -- | -- | -- | -- | -- | -- | 100 | 684 | 719 |
| 英属维尔京群岛 * | 1,506,069 | 2,324,276 | 2,926,141 | 3,085,095 | 3,390,298 | 4,932,041 | 5,167,214 | 8,876,589 | 12,206,075 |
| 智利 | 6,602 | 10,958 | 9,794 | 12,628 | 17,904 | 19,583 | 20,464 | 40,362 | 52,757 |
| **北美洲** | **518,470** | **782,926** | **1,347,243** | **2,550,299** | **2,860,974** | **4,795,149** | **5,217,926** | **7,547,246** | **8,690,597** |
| 百慕大群岛 * | 17,594 | 35,267 | 75,184 | 337,250 | 51,399 | 215,144 | 286,106 | 216,649 | 858,811 |
| 加拿大 * | 167,034 | 260,260 | 372,756 | 505,072 | 619,619 | 778,908 | 851,625 | 1,272,599 | 1,093,686 |
| 美国 | 333,842 | 487,399 | 899,303 | 1,707,977 | 2,189,956 | 3,801,097 | 4,080,195 | 6,057,998 | 6,738,100 |
| **大洋洲** | **641,895** | **860,729** | **1,200,744** | **1,511,407** | **1,901,712** | **2,586,425** | **3,209,171** | **3,824,056** | **4,176,327** |
| 澳大利亚 * | 586,310 | 786,775 | 1,104,125 | 1,387,305 | 1,744,968 | 2,388,226 | 2,837,385 | 3,335,056 | 3,617,531 |
| 巴布亚新几内亚 | 31,511 | 32,326 | 34,152 | 36,548 | 42,230 | 46,002 | 191,183 | 186,988 | 210,121 |
| 斐济 | 3,300 | 3,943 | 6,107 | 17,091 | 20,841 | 11,998 | 9,792 | 14,850 | 15,670 |
| 基里巴斯 | -- | -- | -- | ‘-- | 82 | 82 | 293 | 293 | 293 |
| 库克群岛 | -- | -- | -- | 12 | 29 | 7 | 7 | 7 | 7 |
| 马绍尔群岛 * | 8,086 | 7,352 | 10,737 | 11,687 | 11,687 | 11,687 | 6,005 | 6,541 | 6,068 |
| 密克罗尼西亚 | 725 | 725 | 436 | 777 | 823 | 1,162 | 1,517 | 3,466 | 1,954 |
| 帕劳 | 852 | 902 | 959 | 959 | 959 | 1,010 | 1,160 | 1,210 | 1,218 |
| 萨摩亚 | 240 | 10,133 | 22,979 | 26,601 | 18,808 | 22,308 | 30,691 | 54,685 | 62,755 |
| 汤加 | 711 | 711 | 711 | 711 | 711 | 721 | 819 | 844 | 956 |
| 瓦努阿图 | 775 | 1,284 | 1,992 | 2,331 | 6,401 | 6,981 | 9,447 | 9,869 | 10,576 |
| 新西兰 | 9,385 | 15,911 | 18,546 | 27,385 | 54,173 | 96,241 | 120,872 | 210,247 | 249,180 |
| 大洋洲其他国家地区 | -- | 667 | -- | -- | -- | -- | -- | -- | -- |

注："*"表示该国家（地区）2017年末存量数据中包含对以往历史数据进行调整。

## 附表 3　2009–2017 各年中国对外直接投资流量行业分布情况表

单位：万美元

| 行业分类 | 2009 年 | 2010 年 | 2011 年 | 2012 年 | 2013 年 | 2014 年 | 2015 年 | 2016 年 | 2017 年 |
|---|---|---|---|---|---|---|---|---|---|
| A 农／林／牧／渔业 | 34,279 | 53,398 | 79,775 | 146,138 | 181,313 | 203,543 | 257,208 | 328,715 | 250,769 |
| B 采矿业 | 1,334,309 | 571,486 | 1,444,595 | 1,354,380 | 2,480,779 | 1,654,939 | 1,125,261 | 193,020 | -370,152 |
| C 制造业 | 224,097 | 466,417 | 704,118 | 866,741 | 719,715 | 958,360 | 1,998,629 | 2,904,872 | 2,950,737 |
| D 电力／热力／燃气及水的生产和供应业 | 46,807 | 100,643 | 187,543 | 193,534 | 68,043 | 176,463 | 213,507 | 353,599 | 234,401 |
| E 建筑业 | 36,022 | 162,826 | 164,817 | 324,536 | 436,430 | 339,600 | 373,501 | 439,248 | 652,772 |
| F 批发和零售业 | 613,575 | 672,878 | 1,032,412 | 1,304,854 | 1,464,682 | 1,829,071 | 1,921,785 | 2,089,417 | 2,631,102 |
| G 交通运输／仓储和邮政业 | 206,752 | 565,545 | 256,392 | 298,814 | 330,723 | 417,472 | 272,682 | 167,881 | 546,792 |
| H 住宿和餐饮业 | 7,487 | 21,820 | 11,693 | 13,663 | 8,216 | 24,474 | 72,319 | 162,549 | -18,509 |
| I 信息传输／软件和信息技术服务业 | 27,813 | 50,612 | 77,646 | 124,014 | 140,088 | 316,965 | 682,037 | 1,866,022 | 443,024 |
| J 金融业 | 873,374 | 862,739 | 607,050 | 1,007,084 | 1,510,532 | 1,591,782 | 2,424,553 | 1,491,809 | 1,878,544 |
| K 房地产业 | 93,814 | 161,308 | 197,442 | 201,813 | 395,251 | 660,457 | 778,656 | 1,524,674 | 679,506 |
| L 租赁和商务服务业 | 2,047,378 | 3,028,070 | 2,559,726 | 2,674,080 | 2,705,617 | 3,683,060 | 3,625,788 | 6,578,157 | 5,427,321 |
| M 科学研究和技术服务业 | 77,573 | 101,886 | 70,658 | 147,850 | 179,221 | 166,879 | 334,540 | 423,806 | 239,065 |
| N 水利／环境和公共设施管理业 | 434 | 7,198 | 25,529 | 3,357 | 14,489 | 55,139 | 136,773 | 84,705 | 21,892 |
| O 居民服务／修理和其他服务业 | 26,773 | 32,105 | 32,863 | 89,040 | 112,918 | 165,175 | 159,948 | 542,429 | 186,526 |
| P 教育 | 245 | 200 | 2,008 | 10,283 | 3,566 | 1,355 | 6,229 | 28,452 | 13,372 |
| Q 卫生和社会工作 | 191 | 3,352 | 639 | 538 | 1,703 | 15,338 | 8,387 | 48,719 | 35,267 |
| R 文化／体育和娱乐业 | 1,976 | 18,648 | 10,498 | 19,634 | 31,085 | 51,915 | 174,751 | 386,869 | 26,401 |
| S 公共管理／社会保障和社会组织 | -- | -- | -- | -- | -- | -- | 160 | -- | -- |
| **合计** | **5,652,899** | **6,881,131** | **7,465,404** | **8,780,353** | **10,784,371** | **12,311,986** | **14,566,715** | **19,614,943** | **15,828,830** |

## 附表 4　2009-2017 各年末中国对外直接投资存量行业分布情况表

单位：万美元

| 行业分类 | 2009 年 | 2010 年 | 2011 年 | 2012 年 | 2013 年 | 2014 年 | 2015 年 | 2016 年 | 2017 年 |
|---|---|---|---|---|---|---|---|---|---|
| A 农／林／牧／渔业 | 202,844 | 261,208 | 341,664 | 496,443 | 717,912 | 969,179 | 1,147,580 | 1,488,502 | 1,656,194 |
| B 采矿业 | 4,057,969 | 4,466,064 | 6,699,537 | 7,478,420 | 10,617,092 | 12,372,524 | 14,238,131 | 15,236,959 | 15,767,026 |
| C 制造业 | 1,359,155 | 1,780,166 | 2,696,443 | 3,414,007 | 4,197,684 | 5,235,194 | 7,852,826 | 10,811,271 | 14,030,075 |
| D 电力／热力／燃气及水的生产和供应业 | 225,561 | 341,068 | 714,056 | 899,210 | 1,119,660 | 1,504,089 | 1,566,310 | 2,282,141 | 2,499,090 |
| E 建筑业 | 341,322 | 617,328 | 805,110 | 1,285,604 | 1,944,574 | 2,258,325 | 2,712,412 | 3,241,975 | 3,770,399 |
| F 批发和零售业 * | 3,569,499 | 4,200,645 | 4,909,363 | 6,821,188 | 8,764,768 | 10,295,680 | 12,194,086 | 16,916,820 | 22,642,713 |
| G 交通运输／仓储和邮政业 | 1,663,133 | 2,318,780 | 2,526,131 | 2,922,653 | 3,222,778 | 3,468,163 | 3,990,552 | 4,142,202 | 5,476,795 |
| H 住宿和餐饮业 | 24,329 | 44,986 | 60,386 | 76,327 | 94,743 | 130,704 | 223,334 | 419,407 | 351,305 |
| I 信息传输／软件和信息技术服务业 * | 196,724 | 840,624 | 955,324 | 481,971 | 738,440 | 1,232,599 | 2,092,752 | 6,480,151 | 21,889,737 |
| J 金融业 | 4,599,403 | 5,525,321 | 6,739,329 | 9,645,337 | 11,707,983 | 13,762,485 | 15,966,010 | 17,734,245 | 20,279,304 |
| K 房地产业 * | 534,343 | 726,642 | 898,616 | 958,141 | 1,542,126 | 2,464,903 | 3,349,305 | 4,610,471 | 5,375,505 |
| L 租赁和商务服务业 | 7,294,900 | 9,724,605 | 14,229,002 | 17,569,795 | 19,573,354 | 32,244,392 | 40,956,771 | 47,399,432 | 61,577,349 |
| M 科学研究和技术服务业 | 287,413 | 396,712 | 438,838 | 679,276 | 866,973 | 1,087,324 | 1,443,083 | 1,972,019 | 2,168,399 |
| N 水利／环境和公共设施管理业 | 106,508 | 113,343 | 240,196 | 7,056 | 34,242 | 133,365 | 254,191 | 357,469 | 238,996 |
| O 居民服务／修理和其他服务业 * | 96,137 | 322,974 | 161,558 | 358,124 | 768,855 | 904,271 | 1,427,660 | 1,690,188 | 1,901,733 |
| P 教育 | 2,123 | 2,394 | 6,657 | 16,479 | 20,105 | 18,464 | 28,662 | 72,372 | 328,616 |
| Q 卫生和社会工作 | 610 | 3,616 | 1,715 | 4,676 | 6,484 | 23,060 | 17,536 | 92,137 | 138,880 |
| R 文化／体育和娱乐业 | 13,565 | 34,583 | 54,142 | 79,351 | 110,067 | 159,522 | 325,098 | 791,284 | 811,536 |
| S 公共管理／社会保障和社会组织 | -- | -- | -- | -- | -- | -- | 160 | -- | -- |
| **合计** | **24,575,538** | **31,721,059** | **42,478,067** | **53,194,058** | **66,047,840** | **88,264,242** | **109,786,459** | **135,739,045** | **180,903,652** |

注：带 * 行数据表示 2017 年末存量中包含对以往历史数据进行调整。

## 附表 5 2009–2017 各年中国对外非金融类直接投资流量情况表（分省市区）

单位：万美元

| 省、市、自治区 | 2009 年 | 2010 年 | 2011 年 | 2012 年 | 2013 年 | 2014 年 | 2015 年 | 2016 年 | 2017 年 |
|---|---|---|---|---|---|---|---|---|---|
| **一、中央合计** | **3,819,275** | **4,243,698** | **4,502,314** | **4,352,693** | **5,632,449** | **5,247,617** | **2,781,752** | **3,071,936** | **5,327,185** |
| **二、地方合计** | **960,250** | **1,774,542** | **2,356,036** | **3,420,576** | **3,641,489** | **5,472,587** | **9,360,410** | **15,051,198** | **8,623,101** |
| 北京市 | 45,185 | 76,614 | 117,503 | 168,855 | 413,010 | 727,353 | 1,228,033 | 1,557,362 | 665,126 |
| 天津市 | 20,992 | 34,132 | 40,706 | 67,495 | 112,020 | 414,637 | 252,654 | 1,794,146 | 230,502 |
| 河北省 | 21,993 | 53,237 | 46,363 | 57,809 | 92,757 | 121,865 | 94,030 | 301,285 | 165,276 |
| 山西省 | 33,295 | 7,926 | 18,319 | 30,966 | 56,483 | 30,491 | 18,611 | 56,957 | 37,072 |
| 内蒙古自治区 | 15,547 | 8,042 | 12,825 | 51,845 | 40,880 | 110,969 | 40,447 | 175,210 | 54,879 |
| 辽宁省 | 75,786 | 193,566 | 114,384 | 276,260 | 129,499 | 147,902 | 212,204 | 186,291 | 117,182 |
| 其中：大连市 | 46,384 | 163,229 | 74,591 | 203,087 | 104,450 | 57,481 | 134,920 | 105,469 | 44,146 |
| 吉林省 | 29,814 | 21,340 | 20,493 | 29,641 | 75,240 | 33,310 | 65,823 | 20,525 | 22,698 |
| 黑龙江省 | 12,131 | 23,780 | 23,834 | 72,405 | 77,338 | 65,531 | 42,388 | 118,259 | 51,382 |
| 上海市 | 120,869 | 158,468 | 183,802 | 331,618 | 267,524 | 499,225 | 2,318,288 | 2,396,772 | 1,299,029 |
| 江苏省 | 85,061 | 137,119 | 225,383 | 313,050 | 302,001 | 406,983 | 725,000 | 1,220,196 | 435,784 |
| 浙江省 | 70,226 | 267,915 | 185,287 | 236,023 | 255,276 | 386,170 | 710,816 | 1,231,398 | 1,066,004 |
| 其中：宁波市 | 21,097 | 39,460 | 75,573 | 63,839 | 84,468 | 103,663 | 251,456 | 569,627 | 146,771 |
| 安徽省 | 5,782 | 81,365 | 53,089 | 71,043 | 91,055 | 38,029 | 206,747 | 103,181 | 186,239 |
| 福建省 | 36,582 | 53,495 | 53,028 | 85,705 | 95,249 | 105,064 | 275,743 | 411,919 | 282,522 |
| 其中：厦门市 | 12,389 | 22,881 | 15,276 | 23,400 | 26,463 | 26,523 | 99,523 | 186,768 | 109,178 |
| 江西省 | 2,265 | 9,470 | 18,833 | 37,316 | 38,091 | 73,853 | 100,457 | 96,962 | 59,762 |
| 山东省 | 70,441 | 189,001 | 247,339 | 345,621 | 426,472 | 391,590 | 710,983 | 1,302,379 | 787,518 |
| 其中：青岛市 | 10,472 | 46,197 | 23,466 | 91,985 | 102,267 | 121,749 | 127,774 | 524,943 | 128,767 |
| 河南省 | 12,075 | 11,864 | 28,251 | 34,117 | 58,971 | 54,692 | 131,284 | 412,543 | 182,337 |
| 湖北省 | 4,116 | 8,061 | 70,903 | 49,687 | 52,011 | 67,161 | 63,596 | 131,896 | 132,030 |
| 湖南省 | 100,568 | 27,477 | 117,628 | 99,499 | 56,970 | 78,449 | 112,370 | 209,601 | 163,789 |
| 广东省 | 92,298 | 159,977 | 363,350 | 528,821 | 594,288 | 1,089,671 | 1,226,250 | 2,296,230 | 1,177,199 |
| 其中：深圳市 | 41,447 | 60,878 | 113,306 | 336,833 | 300,814 | 598,933 | 645,920 | 1,168,393 | 656,778 |
| 广西壮族自治区 | 8,169 | 18,682 | 16,714 | 27,240 | 8,134 | 22,864 | 45,091 | 143,087 | 63,666 |
| 海南省 | 6,072 | 22,179 | 121,999 | 32,012 | 81,731 | 88,708 | 120,119 | 47,966 | 314,964 |
| 重庆市 | 4,747 | 36,109 | 40,125 | 52,960 | 34,655 | 76,676 | 149,638 | 181,496 | 502,827 |
| 四川省 | 10,740 | 69,097 | 56,341 | 59,509 | 58,447 | 138,223 | 118,730 | 141,201 | 176,569 |
| 贵州省 | 522 | 289 | 2,033 | 2,025 | 20,815 | 8,764 | 6,539 | 7,467 | 3,658 |
| 云南省 | 27,008 | 51,339 | 24,845 | 104,046 | 83,036 | 126,195 | 94,648 | 156,211 | 147,382 |
| 西藏自治区 | -- | 29 | 216 | 2 | 22 | 385 | 29,681 | 2,314 | 22,777 |
| 陕西省 | 22,462 | 26,055 | 44,816 | 60,784 | 30,789 | 41,411 | 62,408 | 79,687 | 126,055 |
| 甘肃省 | 1,852 | 10,176 | 64,917 | 138,209 | 43,182 | 27,321 | 12,293 | 77,049 | 48,403 |
| 青海省 | 209 | 138 | 173 | 1,280 | 3,596 | 1,601 | 7,826 | 8,164 | 1,133 |
| 宁夏回族自治区 | 1,509 | 711 | 1,295 | 6,421 | 8,626 | 33,883 | 108,959 | 57,750 | 9,723 |
| 新疆维吾尔自治区 | 18,057 | 4,776 | 31,474 | 43,123 | 31,579 | 54,832 | 61,077 | 117,150 | 78,481 |
| 新疆生产建设兵团 | 3,877 | 12,111 | 9,768 | 5,189 | 1,742 | 8,780 | 7,679 | 8,544 | 11,131 |
| **合计** | **4,779,525** | **6,018,240** | **6,858,350** | **7,773,269** | **9,273,938** | **10,720,204** | **12,142,162** | **18,123,134** | **13,950,286** |

## 附表 6　2009–2017 各年末中国对外非金融类直接投资存量情况表（分省市区）

单位：万美元

| 省、市、自治区 | 2009 年 | 2010 年 | 2011 年 | 2012 年 | 2013 年 | 2014 年 | 2015 年 | 2016 年 | 2017 年 |
|---|---|---|---|---|---|---|---|---|---|
| **一、中央合计** | **16,014,326** | **20,178,790** | **27,246,046** | **31,142,414** | **37,850,016** | **50,958,051** | **59,372,681** | **65,599,697** | **87,878,206** |
| **二、地方合计** | **3,961,809** | **6,016,948** | **8,492,697** | **12,406,307** | **16,490,005** | **23,543,706** | **34,447,768** | **52,405,103** | **72,746,142** |
| 北京市 | 375,865 | 480,882 | 603,380 | 757,792 | 1,276,456 | 2,848,870 | 3,879,895 | 5,438,141 | 6,484,394 |
| 天津市 | 58,116 | 96,729 | 138,678 | 211,513 | 359,331 | 923,379 | 1,094,193 | 2,622,543 | 2,353,886 |
| 河北省 | 88,692 | 137,724 | 195,470 | 238,710 | 349,045 | 453,094 | 572,481 | 862,739 | 1,110,454 |
| 山西省 | 53,339 | 63,654 | 83,021 | 106,047 | 153,865 | 170,579 | 211,051 | 316,180 | 256,219 |
| 内蒙古自治区 | 40,100 | 47,055 | 56,517 | 122,260 | 167,880 | 239,148 | 313,155 | 496,332 | 540,581 |
| 辽宁省 | 149,230 | 340,696 | 435,698 | 695,281 | 773,117 | 925,619 | 1,131,945 | 1,321,896 | 1,325,072 |
| 其中：大连市 | 83,094 | 247,520 | 296,903 | 480,316 | 529,818 | 589,730 | 709,425 | 813,447 | 699,531 |
| 吉林省 | 70,767 | 89,958 | 111,548 | 145,396 | 213,924 | 243,138 | 313,412 | 338,712 | 398,703 |
| 黑龙江省 | 106,235 | 128,044 | 172,792 | 252,993 | 335,010 | 402,167 | 421,397 | 574,078 | 407,097 |
| 上海市 | 358,937 | 609,433 | 637,473 | 1,395,106 | 1,784,361 | 2,548,479 | 5,836,165 | 8,405,445 | 11,200,433 |
| 江苏省 | 249,872 | 388,814 | 570,194 | 783,185 | 1,116,311 | 1,560,997 | 2,261,424 | 3,494,674 | 4,031,748 |
| 浙江省 | 295,923 | 584,528 | 718,913 | 854,864 | 1,098,848 | 1,537,359 | 2,236,478 | 3,268,220 | 9,839,463 |
| 其中：宁波市 | 65,048 | 106,430 | 187,524 | 212,067 | 323,064 | 451,785 | 674,225 | 1,177,975 | 1,216,413 |
| 安徽省 | 27,594 | 110,842 | 165,408 | 237,120 | 379,559 | 426,945 | 626,696 | 581,850 | 904,994 |
| 福建省 | 158,800 | 196,773 | 244,754 | 323,701 | 396,778 | 487,290 | 820,253 | 1,113,362 | 1,266,592 |
| 其中：厦门市 | 38,813 | 60,443 | 80,557 | 99,578 | 109,623 | 133,149 | 243,270 | 424,477 | 458,536 |
| 江西省 | 12,905 | 22,136 | 39,751 | 78,934 | 119,180 | 201,352 | 259,524 | 356,964 | 408,974 |
| 山东省 | 262,255 | 495,823 | 862,620 | 1,197,009 | 1,604,738 | 1,970,097 | 2,730,544 | 4,119,316 | 4,778,766 |
| 其中：青岛市 | 46,487 | 123,774 | 149,036 | 245,339 | 322,806 | 447,530 | 585,277 | 1,169,864 | 1,309,321 |
| 河南省 | 57,655 | 70,689 | 97,460 | 144,188 | 195,352 | 249,444 | 399,496 | 869,289 | 977,567 |
| 湖北省 | 9,992 | 17,794 | 88,351 | 137,579 | 173,318 | 228,305 | 286,068 | 418,263 | 562,511 |
| 湖南省 | 204,782 | 271,626 | 329,577 | 413,331 | 454,724 | 551,500 | 810,442 | 1,017,435 | 1,044,607 |
| 广东省 | 954,523 | 1,162,951 | 1,798,111 | 2,517,617 | 3,423,375 | 4,947,939 | 6,865,495 | 12,504,278 | 18,971,365 |
| 其中：深圳市 | 473,986 | 615,287 | 832,918 | 1,320,198 | 1,856,799 | 2,966,948 | 3,868,694 | 8,525,620 | 14,308,973 |
| 广西壮族自治区 | 30,111 | 52,505 | 68,701 | 86,688 | 106,168 | 147,792 | 184,597 | 343,295 | 376,545 |
| 海南省 | 11,260 | 33,566 | 165,262 | 332,820 | 343,423 | 375,642 | 489,395 | 500,865 | 1,115,541 |
| 重庆市 | 30,323 | 65,565 | 110,572 | 170,951 | 193,959 | 265,660 | 390,825 | 636,560 | 1,046,638 |
| 四川省 | 53,524 | 125,352 | 192,478 | 224,573 | 265,593 | 352,409 | 465,901 | 584,727 | 760,956 |
| 贵州省 | 2,229 | 2,035 | 4,952 | 8,746 | 32,708 | 34,178 | 42,894 | 48,017 | 49,892 |
| 云南省 | 94,784 | 155,504 | 182,914 | 295,805 | 386,567 | 514,204 | 602,619 | 681,510 | 755,796 |
| 西藏自治区 | 152 | 180 | 377 | 1,033 | 1,227 | 1,610 | 31,441 | 7,975 | 59,988 |
| 陕西省 | 41,518 | 69,786 | 113,806 | 179,387 | 200,287 | 246,511 | 285,525 | 361,166 | 422,009 |
| 甘肃省 | 61,085 | 71,158 | 133,950 | 268,562 | 315,985 | 320,403 | 321,156 | 407,739 | 471,826 |
| 青海省 | 751 | 890 | 1,304 | 3,149 | 9,062 | 10,132 | 22,292 | 27,027 | 59,829 |
| 宁夏回族自治区 | 3,979 | 4,672 | 5,956 | 11,934 | 19,624 | 49,733 | 160,026 | 247,420 | 210,646 |
| 新疆维吾尔自治区 | 51,601 | 68,983 | 103,390 | 145,444 | 174,951 | 234,030 | 296,592 | 400,533 | 505,564 |
| 新疆生产建设兵团 | 44,910 | 50,598 | 59,319 | 64,589 | 65,279 | 75,701 | 84,391 | 38,552 | 47,486 |
| **合计** | **19,976,135** | **26,195,738** | **35,738,743** | **43,548,721** | **54,340,021** | **74,501,757** | **93,820,449** | **118,004,800** | **160,624,348** |

## 附表 7　2009—2017 各年中国对欧盟直接投资流量情况表

单位：万美元

| 国家 | 2009 年 | 2010 年 | 2011 年 | 2012 年 | 2013 年 | 2014 年 | 2015 年 | 2016 年 | 2017 年 |
|---|---|---|---|---|---|---|---|---|---|
| 爱尔兰 | -95 | 3,288 | 1,693 | 4,888 | 11,702 | 3,711 | 1,430 | 33,193 | 24,134 |
| 奥地利 | -- | 46 | 2,022 | 5,343 | 15 | 4,371 | 10,432 | 19,172 | 41,219 |
| 保加利亚 | -243 | 1,629 | 5,390 | 5,417 | 2,069 | 2,042 | 5,916 | -1,503 | 8,887 |
| 比利时 | 2,362 | 4,533 | 3,590 | 9,840 | 2,578 | 15,328 | 2,346 | 2,835 | 3,034 |
| 波兰 | 1,037 | 1,674 | 4,866 | 750 | 1,834 | 4,417 | 2,510 | -2,411 | -433 |
| 丹麦 | 264 | 161 | 589 | 514 | 2,739 | 5,723 | -2,416 | 12,573 | 1,521 |
| 德国 | 17,921 | 41,235 | 51,238 | 79,933 | 91,081 | 143,892 | 40,963 | 238,058 | 271,585 |
| 法国 | 4,519 | 2,641 | 348,232 | 15,393 | 26,044 | 40,554 | 32,788 | 149,957 | 95,215 |
| 芬兰 | 111 | 1,804 | 156 | 136 | 852 | 1,042 | 3,868 | 3,667 | 2,347 |
| 荷兰 | 10,145 | 6,453 | 16,786 | 44,245 | 23,842 | 102,997 | 1,346,284 | 116,972 | -22,312 |
| 捷克 | 1,560 | 211 | 884 | 1,802 | 1,784 | 246 | -1,741 | 185 | 7,295 |
| 克罗地亚 | 26 | 3 | 5 | 5 | -- | 355 | -- | 22 | 3,184 |
| 拉脱维亚 | -3 | -- | -- | -- | -- | -- | 45 | -- | 8 |
| 立陶宛 | -- | -- | -- | 100 | 551 | -- | -- | 225 | -- |
| 卢森堡 | 227,049 | 320,719 | 126,500 | 113,301 | 127,521 | 457,837 | -1,145,317 | 160,188 | 135,340 |
| 罗马尼亚 | 529 | 1,084 | 30 | 2,541 | 217 | 4,225 | 6,332 | 1,588 | 1,586 |
| 马耳他 | 22 | -237 | 27 | -- | 12 | 193 | 503 | 15,480 | 167 |
| 葡萄牙 | -- | -- | -- | 515 | 1,494 | 387 | 1,072 | 1,137 | 104 |
| 瑞典 | 810 | 136,723 | 4,901 | 28,522 | 17,082 | 13,001 | 31,719 | 12,768 | 129,026 |
| 塞浦路斯 | -- | -- | 8,954 | 348 | 7,634 | -- | 176 | 525 | 60,341 |
| 斯洛伐克 | 26 | 46 | 594 | 219 | 33 | 4,566 | -- | -- | 68 |
| 斯洛文尼亚 | -- | -- | -- | -- | -- | -- | -- | 2,186 | 39 |
| 西班牙 | 5,986 | 2,926 | 13,974 | 4,624 | -14,575 | 9,235 | 14,967 | 12,541 | 5,879 |
| 希腊 | -- | -- | 43 | 88 | 190 | -- | -137 | 2,939 | 2,857 |
| 匈牙利 | 821 | 37,010 | 1,161 | 4,140 | 2,567 | 3,402 | 2,320 | 5,746 | 6,559 |
| 意大利 | 4,605 | 1,327 | 22,483 | 11,858 | 3,126 | 11,302 | 9,101 | 63,344 | 42,454 |
| 英国 | 19,217 | 33,033 | 141,970 | 277,473 | 141,958 | 149,890 | 184,816 | 148,039 | 206,630 |
| **合计** | **296,643** | **596,309** | **756,083** | **611,990** | **452,350** | **978,716** | **547,978** | **999,426** | **1,026,736** |

注：欧盟 2012 年及以前年度合计数据不包括对克罗地亚投资数据。

## 附表 8　2009–2017 各年末中国对欧盟直接投资存量情况表

单位：万美元

| 国家 | 2009 年 | 2010 年 | 2011 年 | 2012 年 | 2013 年 | 2014 年 | 2015 年 | 2016 年 | 2017 年 |
|---|---|---|---|---|---|---|---|---|---|
| 爱尔兰 | 10,682 | 13,991 | 15,683 | 19,377 | 32,325 | 24,972 | 24,832 | 57,377 | 88,263 |
| 爱沙尼亚 | 750 | 750 | 750 | 350 | 350 | 350 | 350 | 350 | 362 |
| 奥地利 | 155 | 201 | 2,454 | 7,946 | 7,666 | 20,170 | 32,799 | 53,051 | 85,149 |
| 保加利亚 | 231 | 1,860 | 7,256 | 12,674 | 14,985 | 17,027 | 23,597 | 16,607 | 25,046 |
| 比利时 * | 5,691 | 10,101 | 14,050 | 23,069 | 31,501 | 49,347 | 51,953 | 54,403 | 47,923 |
| 波兰 | 12,030 | 14,031 | 20,126 | 20,811 | 25,704 | 32,935 | 35,211 | 32,132 | 40,552 |
| 丹麦 | 4,079 | 4,247 | 4,913 | 5,324 | 8,437 | 20,815 | 8,217 | 22,611 | 22,883 |
| 德国 | 108,224 | 150,229 | 240,144 | 310,435 | 397,938 | 578,550 | 588,176 | 784,175 | 1,216,320 |
| 法国 * | 22,103 | 24,362 | 372,389 | 395,077 | 444,794 | 844,488 | 572,355 | 511,617 | 570,271 |
| 芬兰 | 904 | 2,725 | 3,100 | 3,403 | 4,255 | 5,899 | 9,507 | 21,170 | 21,307 |
| 荷兰 * | 33,587 | 48,671 | 66,468 | 110,792 | 319,309 | 419,408 | 2,006,713 | 2,058,774 | 1,852,900 |
| 捷克 * | 4,934 | 5,233 | 6,683 | 20,245 | 20,468 | 24,269 | 22,431 | 22,777 | 16,490 |
| 克罗地亚 | 810 | 813 | 818 | 863 | 831 | 1,187 | 1,182 | 1,199 | 3,908 |
| 拉脱维亚 | 54 | 54 | 54 | 54 | 54 | 54 | 94 | 94 | 102 |
| 立陶宛 | 393 | 393 | 393 | 697 | 1,248 | 1,248 | 1,248 | 1,529 | 1,713 |
| 卢森堡 | 248,438 | 578,675 | 708,197 | 897,789 | 1,042,376 | 1,566,677 | 773,988 | 877,660 | 1,393,615 |
| 罗马尼亚 * | 9,334 | 12,495 | 12,583 | 16,109 | 14,513 | 19,137 | 36,480 | 39,150 | 31,007 |
| 马耳他 | 503 | 20 | 337 | 337 | 349 | 542 | 1,045 | 16,364 | 16,498 |
| 葡萄牙 | 502 | 2,137 | 3,313 | 4,038 | 5,532 | 6,069 | 7,142 | 8,774 | 11,023 |
| 瑞典 * | 11,189 | 147,912 | 153,122 | 240,817 | 273,771 | 301,292 | 338,196 | 355,368 | 730,742 |
| 塞浦路斯 | 136 | 136 | 9,090 | 9,495 | 17,126 | 10,717 | 10,915 | 11,005 | 71,869 |
| 斯洛伐克 | 936 | 982 | 2,578 | 8,601 | 8,277 | 12,779 | 12,779 | 8,277 | 8,345 |
| 斯洛文尼亚 | 500 | 500 | 500 | 500 | 500 | 500 | 500 | 2,686 | 2,725 |
| 西班牙 * | 20,523 | 24,776 | 38,931 | 43,725 | 31,571 | 42,453 | 60,801 | 73,647 | 69,263 |
| 希腊 | 168 | 423 | 463 | 598 | 11,979 | 12,085 | 11,948 | 4,808 | 18,222 |
| 匈牙利 * | 9,741 | 46,570 | 47,535 | 50,741 | 53,235 | 55,635 | 57,111 | 31,370 | 32,786 |
| 意大利 | 19,168 | 22,380 | 44,909 | 57,393 | 60,775 | 71,969 | 93,197 | 155,484 | 190,379 |
| 英国 | 102,828 | 135,835 | 253,058 | 893,427 | 1,179,792 | 1,280,465 | 1,663,246 | 1,761,210 | 2,031,817 |
| **合计** | **627,783** | **1,250,502** | **2,029,079** | **3,153,824** | **4,009,661** | **5,421,040** | **6,446,013** | **6,983,669** | **8,601,478** |

注：欧盟 2012 年及以前年度合计数据不包括对克罗地亚投资数据。

## 附表 9　2009–2017 各年中国对东南亚国家联盟直接投资流量情况表

单位：万美元

| 国家 | 2009 年 | 2010 年 | 2011 年 | 2012 年 | 2013 年 | 2014 年 | 2015 年 | 2016 年 | 2017 年 |
|---|---|---|---|---|---|---|---|---|---|
| 菲律宾 | 4,024 | 24,409 | 26,719 | 7,490 | 5,440 | 22,495 | -2,759 | 3,221 | 10,884 |
| 柬埔寨 | 21,583 | 46,651 | 56,602 | 55,966 | 49,933 | 43,827 | 41,968 | 62,567 | 74,424 |
| 老挝 | 20,324 | 31,355 | 45,852 | 80,882 | 78,148 | 102,690 | 51,721 | 32,758 | 121,995 |
| 马来西亚 | 5,378 | 16,354 | 9,513 | 19,904 | 61,638 | 52,134 | 48,891 | 182,996 | 172,214 |
| 缅甸 | 37,670 | 87,561 | 21,782 | 74,896 | 47,533 | 34,313 | 33,172 | 28,769 | 42,818 |
| 泰国 | 4,977 | 69,987 | 23,011 | 47,860 | 75,519 | 83,946 | 40,724 | 112,169 | 105,759 |
| 文莱 | 581 | 1,653 | 2,011 | 99 | 852 | -328 | 392 | 14,210 | 7,136 |
| 新加坡 | 141,425 | 111,850 | 326,896 | 151,875 | 203,267 | 281,363 | 1,045,248 | 317,186 | 631,990 |
| 印度尼西亚 | 22,609 | 20,131 | 59,219 | 136,129 | 156,338 | 127,198 | 145,057 | 146,088 | 168,225 |
| 越南 | 11,239 | 30,513 | 18,919 | 34,943 | 48,050 | 33,289 | 56,017 | 127,904 | 76,440 |
| **合计** | **269,810** | **440,464** | **590,524** | **610,044** | **726,718** | **780,927** | **1,460,431** | **1,027,868** | **1,411,885** |

## 附表 10　2009–2017 各年末中国对东南亚国家联盟直接投资存量情况表

单位：万美元

| 国家 | 2009 年 | 2010 年 | 2011 年 | 2012 年 | 2013 年 | 2014 年 | 2015 年 | 2016 年 | 2017 年 |
|---|---|---|---|---|---|---|---|---|---|
| 菲律宾 | 14,259 | 38,734 | 49,427 | 59,314 | 69,238 | 75,994 | 71,105 | 71,893 | 81,960 |
| 柬埔寨 * | 63,326 | 112,977 | 175,744 | 231,768 | 284,857 | 322,228 | 367,586 | 436,858 | 544,873 |
| 老挝 | 53,567 | 84,575 | 127,620 | 192,784 | 277,092 | 449,099 | 484,171 | 550,014 | 665,495 |
| 马来西亚 * | 47,989 | 70,880 | 79,762 | 102,613 | 166,818 | 178,563 | 223,137 | 363,396 | 491,470 |
| 缅甸 | 92,988 | 194,675 | 218,152 | 309,372 | 356,968 | 392,557 | 425,873 | 462,042 | 552,453 |
| 泰国 | 44,788 | 108,000 | 130,726 | 212,693 | 247,243 | 307,947 | 344,012 | 453,348 | 535,847 |
| 文莱 * | 1,737 | 4,566 | 6,613 | 6,635 | 7,212 | 6,955 | 7,352 | 20,377 | 22,067 |
| 新加坡 | 485,732 | 606,910 | 1,060,269 | 1,238,333 | 1,475,070 | 2,063,995 | 3,198,491 | 3,344,564 | 4,456,809 |
| 印度尼西亚 * | 79,906 | 115,044 | 168,791 | 309,804 | 465,665 | 679,350 | 812,514 | 954,554 | 1,053,880 |
| 越南 * | 72,850 | 98,660 | 129,066 | 160,438 | 216,672 | 286,565 | 337,356 | 498,363 | 496,536 |
| **合计** | **957,142** | **1,435,021** | **2,146,170** | **2,823,754** | **3,566,835** | **4,763,253** | **6,271,597** | **7,155,409** | **8,901,390** |

注："*"表示该国家（地区）2017 年末存量数据中包含对以往历史数据进行调整。

## 附表 11　2017 年中国企业对“一带一路”沿线国家地区投资情况

单位：万美元

| 国家（地区） | 2017 年流量 | 2017 年底存量 |
|---|---|---|
| **合计** | **2,017,476** | **15,439,775** |
| 阿尔巴尼亚 * | 21 | 478 |
| 阿富汗 * | 543 | 40,364 |
| 阿拉伯联合酋长国 | 66,123 | 537,283 |
| 阿曼 | 1,273 | 9,904 |
| 阿塞拜疆 * | -20 | 2,799 |
| 埃及 * | 9,276 | 83,484 |
| 爱沙尼亚 | 12 | 362 |
| 巴基斯坦 | 67,819 | 571,584 |
| 巴勒斯坦 | -- | 4 |
| 巴林 | 3,696 | 7,437 |
| 白俄罗斯 | 14,272 | 54,841 |
| 保加利亚 | 8,887 | 25,046 |
| 波黑 * | -- | 434 |
| 波兰 | -433 | 40,552 |
| 东帝汶 | 1,952 | 17,417 |
| 俄罗斯联邦 | 154,842 | 1,387,160 |
| 菲律宾 | 10,884 | 81,960 |
| 格鲁吉亚 | 3,846 | 56,817 |
| 哈萨克斯坦 | 207,047 | 756,145 |
| 黑山 | 1,665 | 3,945 |
| 吉尔吉斯斯坦 | 12,370 | 129,938 |
| 柬埔寨 * | 74,424 | 544,873 |
| 捷克 * | 7,295 | 16,490 |
| 卡塔尔 | -2,663 | 110,549 |
| 科威特 | 17,508 | 93,623 |
| 克罗地亚 | 3,184 | 3,908 |
| 拉脱维亚 | 8 | 102 |
| 老挝 | 121,995 | 665,495 |
| 黎巴嫩 * | -- | 201 |
| 立陶宛 | -- | 1,713 |
| 罗马尼亚 * | 1,586 | 31,007 |

## 附表 11 续表

单位：万美元

| 国家（地区） | 2017 年流量 | 2017 年底存量 |
|---|---|---|
| 马尔代夫 | 3,195 | 6,743 |
| 马来西亚 * | 172,214 | 491,470 |
| 马其顿 | -- | 203 |
| 蒙古 * | -2,789 | 362,280 |
| 孟加拉 | 9,903 | 32,907 |
| 缅甸 | 42,818 | 552,453 |
| 摩尔多瓦 | -- | 387 |
| 尼泊尔 * | 755 | 22,762 |
| 塞尔维亚 | 7,921 | 17,002 |
| 沙特阿拉伯 * | -34,518 | 203,827 |
| 斯里兰卡 | -2,527 | 72,835 |
| 斯洛伐克 | 68 | 8,345 |
| 斯洛文尼亚 | 39 | 2,725 |
| 塔吉克斯坦 | 9,501 | 161,609 |
| 泰国 | 105,759 | 535,847 |
| 土耳其 | 19,091 | 130,135 |
| 土库曼斯坦 | 4,672 | 34,272 |
| 文莱 * | 7,136 | 22,067 |
| 乌克兰 * | 475 | 6,265 |
| 乌兹别克斯坦 | -7,575 | 94,607 |
| 新加坡 | 631,990 | 4,456,809 |
| 匈牙利 * | 6,559 | 32,786 |
| 叙利亚 | 53 | 1,031 |
| 亚美尼亚 | 395 | 2,996 |
| 也门 * | 2,725 | 61,255 |
| 伊拉克 * | -881 | 41,437 |
| 伊朗 * | -36,829 | 362,350 |
| 以色列 * | 14,737 | 414,869 |
| 印度 * | 28,998 | 474,733 |
| 印度尼西亚 * | 168,225 | 1,053,880 |
| 约旦 | 1,516 | 6,440 |
| 越南 * | 76,440 | 496,536 |

注：“*”表示该国家（地区）2017 年末存量数据中包含对以往历史数据进行调整。

## 附表 12　按 2017 年末对外直接投资存量排序中国非金融类跨国公司 100 强

| 序号 | 公司名称 |
| --- | --- |
| 1 | 中国移动通信集团有限公司 |
| 2 | 中国石油天然气集团有限公司 |
| 3 | 中国联合网络通信集团有限公司 |
| 4 | 中国海洋石油总公司 |
| 5 | 中国石油化工集团公司 |
| 6 | 招商局集团有限公司 |
| 7 | 华润（集团）有限公司 |
| 8 | 中国化工集团公司 |
| 9 | 中国中化集团公司 |
| 10 | 中国铝业集团有限公司 |
| 11 | 国家电网公司 |
| 12 | 中国建筑工程总公司 |
| 13 | 中国远洋海运集团有限公司 |
| 14 | 中国五矿集团有限公司 |
| 15 | 中粮集团有限公司 |
| 16 | 中国国新控股有限责任公司 |
| 17 | 北京控股集团有限公司 |
| 18 | 上海实业（集团）有限公司 |
| 19 | 广州越秀集团有限公司 |
| 20 | 中国交通建设集团有限公司 |
| 21 | 中国民生投资股份有限公司 |
| 22 | 中国电力建设集团有限公司 |
| 23 | 广东粤海控股集团有限公司 |
| 24 | 中国长江三峡集团有限公司 |
| 25 | 浙江吉利控股集团有限公司 |
| 26 | 中国中信集团有限公司 |
| 27 | 兖州煤业股份有限公司 |
| 28 | 海航集团有限公司 |
| 29 | 国家电力投资集团公司 |
| 30 | 华为技术有限公司 |
| 31 | 联想集团有限公司 |
| 32 | 天津渤海租赁有限公司 |
| 33 | 万科企业股份有限公司 |

## 附表 12 续 1

| 序号 | 公司名称 |
|---|---|
| 34 | 中国兵器工业集团有限公司 |
| 35 | 中国航空（集团）有限公司 |
| 36 | 光明食品（集团）有限公司 |
| 37 | 巨人网络集团股份有限公司 |
| 38 | 中国旅游集团公司 |
| 39 | 中国保利集团公司 |
| 40 | 中国华能集团公司 |
| 41 | 中国有色矿业集团有限公司 |
| 42 | 中国宝武钢铁集团有限公司 |
| 43 | 青岛海尔股份有限公司 |
| 44 | 中国航空工业集团公司 |
| 45 | 上海国际港务（集团）股份有限公司 |
| 46 | 中国国际海运集装箱（集团）股份有限公司 |
| 47 | 深业集团有限公司 |
| 48 | 中国建材集团有限公司 |
| 49 | 中国中钢集团有限公司 |
| 50 | 苏州卿峰投资管理有限公司 |
| 51 | 中兴通讯股份有限公司 |
| 52 | 中国建银投资有限责任公司 |
| 53 | 安徽省外经建设（集团）有限公司 |
| 54 | 美的集团股份有限公司 |
| 55 | 中国中铁股份有限公司 |
| 56 | 洛阳栾川钼业集团股份有限公司 |
| 57 | 紫光集团有限公司 |
| 58 | 中国铁建股份有限公司 |
| 59 | 中国中车集团公司 |
| 60 | 中国机械工业集团有限公司 |
| 61 | 三一重工股份有限公司 |
| 62 | 上海云钜创业投资有限公司 |
| 63 | 南光（集团）有限公司 |
| 64 | 金川集团股份有限公司 |
| 65 | 上海汽车集团股份有限公司 |
| 66 | 苏宁云商集团股份有限公司 |

## 附表 12　续 2

| 序号 | 公司名称 |
| --- | --- |
| 67 | 中国电信集团公司 |
| 68 | 河钢集团有限公司 |
| 69 | 中国黄金集团公司 |
| 70 | 上海复星医药（集团）股份有限公司 |
| 71 | 中国广核集团有限公司 |
| 72 | 湖南华菱钢铁集团有限责任公司 |
| 73 | 中国铁路总公司 |
| 74 | 中国能源建设集团有限公司 |
| 75 | 日产（中国）投资有限公司 |
| 76 | 绿地控股集团有限公司 |
| 77 | 中国节能环保集团有限公司 |
| 78 | 南山集团有限公司 |
| 79 | 中国华电集团公司 |
| 80 | 东风汽车公司 |
| 81 | 金地（集团）股份有限公司 |
| 82 | 中国华信能源有限公司 |
| 83 | 渝商投资集团股份有限公司 |
| 84 | 电信科学技术研究院 |
| 85 | 鞍钢集团有限公司 |
| 86 | 上海闪胜集成电路有限公司 |
| 87 | 中国通用技术（集团）控股有限责任公司 |
| 88 | 紫金矿业集团股份有限公司 |
| 89 | 北京首旅酒店（集团）股份有限公司 |
| 90 | 汉能控股集团有限公司 |
| 91 | 内蒙古伊利实业集团股份公司 |
| 92 | 中联重科股份有限公司 |
| 93 | 大连万达集团股份有限公司 |
| 94 | 中国航天科工集团有限公司 |
| 95 | 三胞集团有限公司 |
| 96 | 中国林业集团有限公司 |
| 97 | 中国南方航空集团公司 |
| 98 | 新疆金风科技股份有限公司 |
| 99 | 华侨城集团公司 |
| 100 | 福耀玻璃工业集团股份有限公司 |

# 附　录
# 对外直接投资统计制度

中华人民共和国商务部
国　家　统　计　局
国家外汇管理局

2016 年 12 月

# 一、总说明

## （一）调查目的

为准确、及时、全面地反映我国对外直接投资的实际情况，科学、有效地组织全国对外直接投资统计工作，充分发挥统计咨询、监督作用，依照《中华人民共和国统计法》，特制定本制度。对外直接投资统计的基本任务是通过统计调查、统计分析和提供统计资料，全面、准确、及时地反映我国对外直接投资的全貌，为国家分析境外投资发展趋势，监测宏观运行，制定促进导向政策和实施监督管理，以及建立我国资本项目预警机制提供依据。

## （二）统计调查范围

1．本制度适用于所有发生对外直接投资活动的境内机构和个人（以下简称境内投资者）；

2．本制度所称对外直接投资是指我国境内投资者以现金、实物、无形资产等方式在国外及港澳台地区设立、参股、兼并、收购国（境）外企业，拥有该企业10%或以上的股权，并以拥有或控制企业的经营管理权为核心的经济活动。

3．对外直接投资统计的范围主要包括境内投资者通过直接投资方式在境外拥有或控制10%或以上投票权或其他等价利益的各类公司型和非公司型的境外直接投资企业（以下简称境外企业）。

4．境外企业按设立的方式主要分为境外子公司、联营公司和分支机构。

## （三）主要调查内容

对外直接投资统计的内容主要包括：境内投资者的基本情况；境外企业的基本情况；对外直接投资流量、存量情况；成员企业间债务工具情况；对外直接投资收入情况；通过境外企业再投资情况；境外企业返程投资情况；文化及相关产业对外投资情况；境外主要矿产资源情况；主要国际产能合作领域情况；对外直接投资月度投资情况；对外投资并购情况；农业对外投资合作情况；境外经济贸易合作区情况等。

对外直接投资统计的指标主要包括：对外直接投资额；对外直接投资流量；年末对外直接投资存量；反向投资额；股权；收益再投资；债务工具；资产总额；负债总额；所有者权益；实收资本；销售（营业）收入；利润总额；年末从业人数；境内投资者通过境外企业实现的出口额；境内投资者通过境外企业实现的进口额；对所在国家（地区）缴纳的税金总额等。

### （四）统计调查方法

本制度采用全面调查的方法。

### （五）调查频率及调查时间

本制度采用定期填报统计报表方式，收集、整理统计资料。调查表分为年度报表和月度报表。其中月度报表调查时间为 1 日至当月最后一日，年度报表调查时间是 1 月 1 日至 12 月 31 日。

### （六）组织方式和渠道

1. 对外直接投资统计实行统一领导，分级管理，逐级报送。

(1) 商务部根据国家统计局的统一要求，负责全国对外直接投资的统计工作，管理各省、自治区、直辖市及计划单列市商务主管部门和中央企业的对外直接投资统计工作，综合编制、汇总全国对外直接投资统计资料。

(2) 国家外汇管理局（以下简称外汇局）负责全国金融业的对外直接投资统计工作，管理金融业境内投资者的对外直接投资统计工作，综合编制、汇总并向商务部提供金融领域的对外直接投资统计资料。

(3) 各省级商务主管部门负责本行政区域内对外直接投资统计工作，管理本行政区域内非金融业境内投资者（不包括该行政区域内中央管理的企业，下同）的对外直接投资统计工作，综合编制、汇总并向商务部报送本行政区域内的对外直接投资统计资料。

(4) 境内投资者负责管理本单位的对外直接投资统计工作，按照本制度规定的表式搜集其境外直接投资企业的统计资料，综合编制、汇总并向省级商务主管部门、商务部或外汇局报送本单位的统计资料。

(5) 商务部负责对各省级商务主管部门和中央企业的对外直接投资统计工作进行年度考核，以保证对外直接投资统计数据的全面性、完整性和及时性。

2. 商务部、国家统计局和外汇局根据需要对重点统计调查项目采取典型调查方式，收集、整理统计资料，具体办法另文制定。

对外直接投资统计报表报送渠道：

(1) 境内投资者为中央企业、单位的，直接向商务部报送统计报表。

(2) 境内投资者为金融企业（包括银行、保险公司、证券公司、基金公司、信托公司、财务公司等）的，直接向外汇局报送统计报表。

（3）其他境内投资者向所在地商务主管部门报送统计报表。

（4）各省级商务主管部门汇总本行政区域内（不包括中央企业）的统计资料并上报商务部，同时抄送同级统计部门。

（5）外汇局负责收集、审核、汇总金融业境内投资者的统计资料，向商务部提供金融部分对外直接投资统计资料。

（6）商务部负责汇总全行业对外直接投资统计资料并报国家统计局，同时共享外汇局使用。

（7）境内投资者对外直接投资涉及的所有境外企业均按（1）、（2）、（3）渠道报送。

### （七）填报要求

1. 各级商务主管部门和有关企业、单位须根据对外直接投资统计工作的需要及工作量，配备统计人员（专职或兼职），提供必要的经费及办公设备。

2. 拒绝提供对外直接投资统计资料或者经催报后仍未按时提供统计资料的境内投资者，其行为将被纳入对外投资合作领域不良信用记录并在商务部网站进行公示。

3. 逢国家法定的节假日，统计报表的报送时间顺延。

4. 本制度使用的国别（地区）统计代码，按海关总署制定的《国别（地区）统计代码》执行。

5. 境内投资者所属行业类别按《国民经济行业分类》（GB/T 4754-2011）执行，境外企业所属行业类别参照执行。

6. 境内投资者所属企业登记注册类型按国家统计局、国家工商行政管理总局2011年发布的《关于划分企业登记注册类型的规定》执行。

7. 境内投资者所属企业所有制性质按国家统计局2005年发布的《关于统计上对公有和非公有控股经济的分类办法》执行。

8. 文化及相关产业分类按照国家统计局2012年发布的《文化及相关产业分类》执行。

9. 统一社会信用代码以有关登记管理部门颁发的《统一社会信用代码证书》或相关证明为准。

### （八）统计资料公布方式

1. 对外直接投资统计数据采取定期公布制度。对外投资合作业务管理中使用的以及对外提供的统计资料，以商务部、国家统计局和外汇局公布的统计资料为准。

2. 年度统计数据由商务部、国家统计局和外汇局于次年9月30日前以统计公报形式对外公布，月度统计数据由商务部于月后30日内通过政府网站或新闻发布会形式对外公布，并自公布之日起10日内报国家统计局备案。每年1季度，商务部根据月度统计数据生成年度对外直接投资统计初步数据，同比计算基期为上年度统计初步数据。

3. 对外公布的对外直接投资月度统计数据包括商务部根据上年度收益再投资测算的月度收益再投资，商务部根据测算比例将月度收益再投资分摊到有关行业、地区、省份等。

4. 商务部、国家统计局和外汇局可根据对外直接投资实际情况对本年月度数据及上年度年报数据予以调整，年度最终数据以统计公报公布的数据为准。

# 二、统计报表目录

| 表号 | 表名 | 报告期别 | 统计范围 | 报送、提供单位 | 报送、提供日期及方式 | 页码 |
|---|---|---|---|---|---|---|
| （一）综合报表 | | | | | | |
| FDI 金融 N1 表 | 金融业境内投资者对外直接投资流量和存量（按国别地区分组） | 年报 | 全部金融业境内投资者 | 国家外汇管理局 | 年后 7 月 20 日前向商务部提供，纸介质 | 11 |
| FDI 金融 N2 表 | 金融业境内投资者对外直接投资流量和存量（按国民经济行业分组） | 年报 | 同上 | 同上 | 同上 | 12 |
| FDI 金融 N3 表 | 金融业境内投资者拥有的境外企业基本情况 | 年报 | 同上 | 同上 | 同上 | 13 |
| FDI 金融 Y1 表 | 金融业对外直接投资情况（按国别地区分组） | 月报 | 同上 | 同上 | 月后 15 日前向商务部提供，纸介质 | 14 |
| FDI 金融 Y2 表 | 金融业对外直接投资情况（按国民经济行业分组） | 月报 | 同上 | 同上 | 同上 | 15 |
| （二）基层报表 | | | | | | |
| FDIN1 表 | 境内投资者基本情况 | 年报 | 全部非金融业境内投资者 | 非金融业境内投资者 | 年后 6 月 20 日前报省级商务主管部门或商务部，网络传输 | 16 |
| FDIN2 表 | 境外企业基本情况 | 年报 | 同上 | 同上 | 同上 | 17 |
| FDIN3 表 | 对外直接投资流量、存量情况 | 年报 | 同上 | 同上 | 同上 | 18 |
| FDIN4 表 | 成员企业间债务工具情况 | 年报 | 同上 | 同上 | 同上 | 19 |
| FDIN5 表 | 对外直接投资收入情况 | 年报 | 同上 | 同上 | 同上 | 20 |
| FDIN6 表 | 境内投资者通过境外企业再投资情况 | 年报 | 同上 | 同上 | 同上 | 21 |
| FDIN7 表 | 境外企业返程投资情况 | 年报 | 同上 | 同上 | 同上 | 22 |
| FDIN8 表 | 文化及相关产业对外投资基本情况 | 年报 | 同上 | 同上 | 同上 | 23 |
| FDIN9 表 | 境外主要矿产资源情况 | 年报 | 同上 | 同上 | 同上 | 25 |
| FDIN10 表 | 主要国际产能合作领域情况 | 年报 | 同上 | 同上 | 同上 | 26 |
| FDIY1 表 | 对外直接投资月度情况（按出资方式分组） | 月报 | 同上 | 同上 | 月后 10 日前报省级商务主管部门或商务部，网络传输 | 28 |
| FDIY2 表 | 对外直接投资月度情况（按投资构成分组） | 月报 | 同上 | 同上 | 同上 | 29 |
| FDIY3 表 | 对外投资并购基本事项 | 月报 | 同上 | 同上 | 同上 | 30 |
| FDIY4 表 | 农业对外投资合作情况 | 月报 | 同上 | 同上 | 同上 | 31 |
| FDIY5 表 | 境外经济贸易合作区情况 | 月报 | 同上 | 同上 | 同上 | 32 |

# 三、调查表式（略）

# 四、主要指标解释及概念界定

## （一）主要指标解释

1. 对外直接投资

对外直接投资是指我国企业、团体等（以下简称境内投资者）在国外及港澳台地区以现金、实物、无形资产等方式投资，并以控制国（境）外企业的经营管理权为核心的经济活动。对外直接投资的内涵主要体现在一经济体通过投资于另一经济体而实现其持久利益的目标。

2. 直接投资企业

指境内投资者直接拥有或控制10%或以上投票权（对公司型企业）或其他等价利益的境外企业。境外企业按设立方式主要分为子公司、联营公司和分支机构。

（1）子公司

境内投资者拥有该境外企业50%以上的股东或成员表决权，并具有该境外企业行政、管理或监督机构主要成员的任命权或罢免权。

（2）联营公司：境内投资者拥有该境外企业10% － 50%的股东或成员表决权。

（3）分支机构：即境内投资者在国（境）外的非公司型企业。

3. **成员企业**：指企业间互相不持有股份，但为同一企业所影响，则这些企业称为成员企业。只要企业间存在直接或间接地有一个共同的母公司，这些企业即成为成员企业。

例如：中国 A 企业在中国香港设立直接投资企业 B，在美国设立了境外企业 C，企业 C 和 B 互为成员企业。

4. **境外成员企业**：指与境内投资者互为成员企业的境外企业。

例如：中国 A 企业在中国内地设立了 B 企业，又在英国投资了企业 C，企业 C 是中国企业 B

的境外成员企业。

5. 对外直接投资额

指境内投资者在报告期内直接向其境外企业实现的投资，包括股权投资、收益再投资以及债务工具三部分。

金融业的对外直接投资仅包括股权投资和收益再投资。

（1）股权投资：指境内投资者在其境外分支机构投入的股本金，或在其境外子公司和联营公司的股份。

股权：等于报告年度末境外企业资产负债表中“股本”项乘以中方所占投资份额（或股权比重），当期股权的减少记作当期负流量。

新增股权：等于报告年度境外企业股本增加额乘以中方股权份额，其中包括境内投资者当年实际缴付的股本和由投资收益转增的股本。股权增加额为该企业年末、年初资产负债表“股本”项目相减之差。

（2）收益再投资：指境外子公司或联营公司未作为红利分配但应归属于境内投资者的利润部分，以及境外分支机构未汇给境内投资者的利润部分。

当期收益再投资：等于报告年度境外企业资产负债表中按中方股权比例计算的未分配利润期末数与期初数的差额，当期利润再投资为负数记入当期负流量。

收益再投资：等于报告年度境外企业资产负债表中按中方股权比例计算的未分配利润期末数，未分配利润期末数为负数不计入对外直接投资存量。

（3）债务工具：指境内投资者和境外子公司、分支机构以及联营公司之间的债务交易等，包括境内投资者与境外子公司、联营公司和分支机构的借贷款、应收和应付款项、债务证券等。境内投资者与境外成员企业间的贷款往来亦纳入此范畴。

境内投资者当期提供给境外子公司、联营公司、分支机构、境外成员企业贷款记作当期对外直接投资流量和存量的增加；境外子公司、联营公司、境外成员企业归还当期或以前年度境内投资者记作当期对外直接投资的负流量，同时应调减当期存量。

境内投资者与境外子公司、联营公司、分支机构间当期新增应收和应付款项的净值记作当期对外直接投资的流量的增加或减少；期末应收和应付款项的净值记作对外直接投资的存量的增加或减少。

6. **反向投资额**：指境外企业对境内投资者持股比例低于10%的投资。

7. **返程投资**：指境内投资者将本地资金通过各种渠道流到国（境）外，再以直接投资（控股≥10%）的形式将这些资金返回到本地经济体。

8. **当期对外直接投资总额**：等于报告期境外企业新增股权加上当期收益再投资，加上对境内投资者的新增债务工具（包括贷款、应收款等）。

9. **当期对外直接投资流量**：等于当期对外直接投资总额，减去当期境外企业对境内投资者的反向投资。

10. **年末对外直接投资总额**：等于报告期境外企业资产负债表中按中方投资比例计算的股本期末数加上按中方投资比例计算的未分配利润期末数，加上期末对境内投资者的债务工具（指境内投资者对境外企业提供贷款、应收款等）。

11. **年末对外直接投资存量**：等于年末对外直接投资总额减去境外企业累计对境内投资者的反向投资。

12. **资产总额**：指企业拥有的流动资产、固定资产、无形资产、长期投资、在建工程、其他资产等用货币计量的价值总和。

13. **负债总额**：反映报告期末企业承担的能够以货币计量、需要以资产或者劳务偿付的债务，包括流动负债、长期负债和其他负债。

14. **所有者权益**：指所有者在企业资产中享有的经济利益（按股比计算），其金额为资产减去负债后的余额，包括实收资本（或者股本）、资本公积、盈余公积和未分配利润等。

15. **实收资本**：指投资者按照企业章程，或合同、协议的约定，实际投入企业的资本。

16. **销售（营业）收入**：指企业在销售商品或提供劳务等经营业务中实现的营业收入，包括主营业务收入和其他业务收入。

17. **利润总额**：是企业在报告期的经营成果，包括营业利润、投资净收益和营业外收支净额。

18. **年末从业人员数**：指报告年度末在境（内）外企业从事一定的劳动并取得劳动报酬或其他形式劳动报酬的全部人员数。

境外企业与中国境内有对外劳务合作经营资质的企业签订用工合同的相关从业人员不纳入境外企业年末从业人员统计。

19. **通过境外企业实现的货物出口总值**：指通过境外企业在报告年度内出口的各种货物价值的总和。不仅包括境外企业与境内母公司及其他境内企业的中国出口货物成交，也包括通过境外企业的营销网络而促成的出口货物金额。

20. **通过境外企业实现的货物进口总值**：指通过境外企业在报告年度内进口的各种货物价值的总和。

21. **对所在国家（地区）上缴税金总额**：指境外企业按照投资所在国家或者地区的法律规定实际缴纳的各项税金之和。

22. **对外直接投资收入**：是境内投资者对外直接投资回报的一部分，包括权益投资所得加上境内投资者与对外直接投资企业间的债务收入。

23. **权益收入**：即境内投资者投资境外企业股权部分的回报，是境内投资者在境外企业当期所得的占比（基于股权比例），包括红利和再投资收益。

24. **债务收入**：即来源于境内投资者与境外企业及境外成员企业间贷款、贸易信贷和其他债务形式的利息收入。

25. **通过境外企业再投资**：指我国境内投资者通过对外直接投资企业向第三地转移投资方式而在最终目的地国家形成的各类投资。第三地是指中国大陆和对外直接投资的首个目的地以外的国家（地区），包括投资企业延伸链条的所有国家（地区）。

26. **并购**：是兼并和收购的总称。 兼并指境内投资者（或通过其直接投资设立的境外企业）在国（境）外合并其他境外独立企业的行为。收购指境内投资者（或通过其直接投资设立的境外企业）在国（境）外用现金或者有价证券等方式购买境外实体企业（包括项目）的股票或者资产，以获得对该企业（或项目）的全部资产或者某项资产的所有权，或对该企业的控制权。

并购事项的统计界定：

（1）境内投资者直接与卖方签订并购境外实体企业（或项目）协议以及实施并购的行为活动纳入并购事项统计。

（2）境内投资者通过其境外企业与卖方签订并购企业（或项目）协议以及实施并购的行为活动纳入并购事项统计。

（3）境内投资者之间的境外企业股权转让不纳入并购事项统计。

上述（1）中所涉及并购企业（或项目）的最终控股比例不得小于10%；（2）中所涉及并购事项不受最终控股比例限制。

27. **实际交易额**：指根据收购协议境内投资者（或其境外企业）实际支付给卖方的各种资金总和。

28. **从业人员期末人数**：指报告期末在境外企业从事一定的劳动并取得劳动报酬的全部人员数量。

29. **农业对外投资合作**：指境内投资者通过直接投资或再投资方式拥有、控制国（境）外农业类境外企业或项目的活动。

30. **自有资金**：是指境内投资者（或境外企业）为进行生产经营活动所经常持有，可以自行支配使用并毋须偿还的那部分资金。

31. **文化及相关产业**：依据国家统计局《文化及相关产业分类(2012)》，指为社会公众提供文化产品和文化相关产品的生产活动的集合。具体范围包括：

（1）以文化为核心内容，为直接满足人们的精神需要而进行的创作、制造、传播、展示等文化产品（包括货物和服务）的生产活动；

（2）为实现文化产品生产所必需的辅助生产活动；

（3）作为文化产品实物载体或制作（使用、传播、展示）工具的文化用品的生产活动（包括制造和销售）；

（4）为实现文化产品生产所需专用设备的生产活动（包括制造和销售）。

32. **剩余经济可采储量**：是指经过经济评价认定、在评价期内具有商业效益的可采储量，扣减报告期末累计开采量的剩余值。

33. **权益产量**等于中方所占份额百分比乘以总产量。

## （二）主要概念界定

### 1. 装备制造业的界定

装备制造业是指为国民经济各部门简单再生产和扩大再生产提供技术装备的各制造工业的总称，其产业范围包括机械工业（含航空、航天、船舶和兵器等制造行业）和电子工业中的投资类产品。包括通用设备制造业、专用设备制造业、金属制品业、汽车制造业、铁路／船舶／航空航天和其他运输设备制造业、电气机械和器材制造业、计算机／通信和其他电子设备制造业、仪器仪表制造业等。

### 2. 各类投资额的界定

（1）属直接投资类境外企业，如未对第三地发生转移投资，境内投资者对境外企业的各类投资额按对外直接投资统计口径计算；如对第三地境外企业发生了投资，应予以抵扣。

（2）属通过境外企业再投资类境外企业，境内投资者对境外企业各类投资额包括来自境外母公司、投资链条公司（包括中国境内企业和个人）以及包括在当地融资的各种投资而形成的境外企业的股本、收益再投资（未分配利润）、资本公积、长期借款和公司债券等。

### 3. 境外企业年度生产能力界定

境外钢铁企业按年度钢铁厂钢材产量计算，单位万吨；

水泥企业按年度各种水泥的累计产量计算，单位万吨；

平板玻璃生产企业按各种玻璃的产量计算，单位万重量箱；

电力生产企业按发电装机容量计算，单位万千瓦；

汽车生产企业分别按乘用车（包括轿车、MPV、SUV、交叉型乘用车）、载货汽车（包括重型、中型、轻型、微型载货车）、客车（包括大、中、轻型客车）和其他汽车（半挂牵引车等）年度生产数量计算，单位辆。

### 4. 统计原则的界定

（1）国家（地区）的统计界定

对外直接投资的国家（地区）按首个投资目的国家（地区）进行统计。如果直接投资的首个流入国家（地区）是英属维尔京、开曼群岛、百慕大群岛，需将下一个实体境外企业（有雇员、办公室）存在的国家（地区）作为直接投资的国家（地区）进行统计，但当下属实体企业是中国大陆企业时，应将英属维尔京、开曼群岛、百慕大群岛作为首个投资目的国家（地区）进行统计。

（2）境内投资者与境外企业的行业分类的界定

境内投资者根据中华人民共和国《国民经济行业分类》(GB/T 4754-2011，见附录一)，按销售收入份额最大的产品的所属行业确定其行业类别。

境外企业分类参照中华人民共和国《国民经济行业分类》(GB/T 4754-2011)执行。

（3）货币转换和计价原则

境内投资者调查表(FDIN1表)，填报的内容以人民币为货币单位；其余报表的金额单位均以美元作为统一货币单位。以非美元计价的，须按照国家外汇管理局制定的《各种货币对美元内部统一折算率表》规定的折算率折合为美元。

经营活动有关指标(如：营业收入、出口总值、进口总值等)按实际交易价即以市场价值作为计价基础；资产、负债、权益等存量指标按帐面价值计算。

（4）报告年份的界定

本制度各项统计报表数据均按日历年度上报；以财政年度反映的境外企业的数据须调整为日历年度或按最近一期财政年度报表的数据填报，并在报表中加以说明。

（5）分支机构的统计界定

境内投资者在国（境）外设立的机构有下列情形之一的，纳入对外直接投资分支机构统计范畴：

A. 有独立财务帐户并在当地有登记。

B. 在当地拥有土地、建筑物等不可移动资产所有权（不包括本国政府在当地拥有的土地和建筑如大使馆、领事馆、军事基地、科研设施、信息或移民部门、援助机构等）。

C. 境内投资者直接承担国（境）外工程项目建设，在项目所在国设立一年以上的办公室（注册或非注册）并存在完整、独立的活动帐户。

如境内投资者在国(境)外承担的水坝、电站、桥梁等大型工程建设项目，大多数情况下，由未在当地登记的办公室（经理办、代表处、项目部）实施和管理项目，已构成生产经营属性，属于国际标准意义的直接投资活动。

D. 拥有移动设备（如船舶、航空器、天然气和石油钻探设备、铁路车辆等）并经营至少一年。

（6）其他统计界定

A. 凡境内投资者在境外企业中拥有或控制10%或以上的投票权(对公司型企业)或其他等价利

益（对非公司型企业）的投资，均计入对外直接投资统计。

B. 子公司获得由境内直接投资者担保的借款，不计入对外直接投资统计。

C. 参加国际组织的投资不计入对外直接投资统计。

D. 以提供技术并收取管理费的跨境服务不计入对外直接投资统计。

E. 境外企业若被其他国家企业收（并）购，记作境内投资者对外直接投资的减少。

F. 若境外企业中有多家境内投资者，且均拥有10%以上的股份，可作为上报单位分别报送按股权比例计算的相应指标。

G. 境外企业对境内投资者投资控股比例大于或等于10%不计入反向投资。

H. 报告年度通过追加投资等方式达到控制企业10%或以上的投票权的境外企业纳入报告年度的对外直接投资统计，追加投资金额记作当期的对外直接投资的增加，期末对外直接投资存量按其持股比例计算的所有者权益部分计算。

I. 境内投资者之间以股权置换的方式获得境外企业10%以上股权记入当期对外直接投资的增加，由于股权置换而丧失或减少境外企业股权，记入当期对外直接投资的减少。

J. 境内银行（或存款公司）放在其境外支行或子公司内的存款不属于直接投资。

K. 境内银行（或存款公司）通过境外支行或子公司吸收的存款不属于直接投资。

L. 境内保险公司在境外设立的保险公司的技术储备（即：为防范现有风险的实际储备，提前支付的保费，赢利保险业务储备，以及未决索赔的准备金）不属于直接投资。

## 五、附录（略）

# 2017 Statistical Bulletin of China's Outward Foreign Direct Investment

Ministry of Commerce of the People's Republic of China
National Bureau of Statistics
State Administration of Foreign Exchange

Translator:
NKU Ge Shunqi Chen Liming

# 2017 Statistical Bulletin of China's Outward Foreign Direct Investment

In 2017, the global economy and trade in goods both recorded the fastest growth rate since 2011, while the global foreign direct investment outflow was $1.43 trillion, showing a declining trend for two years. To further guide and regulate the direction of foreign investment, promote sustainable, lawful and healthy development of foreign investment, and effectively prevent various risks, the Chinese government increased the censorship about the authenticity and compliance towards outward foreign investment in 2017, and this made the market entities became more mature and returned to rationality. Although China's foreign direct investment showed a negative growth for the first time, it still ranked the third globally with $158.29 billion.

## 1.Overview of China's Outward FDI

1.1 China's outward FDI net flows (hereinafter referred to as "flows") in 2017 reached $158.29 billion, declined by 19.3% compared with the previous year. Among the flows, $67.99 billion were incremental equity investment; $69.64 billion were reinvested earnings and $20.66 billion were debt instrument investment, accounting for 42.9%, 44% and 13.1% of the total respectively.

By the end of 2017, 25.5 thousand Chinese domestic investors had established 39.2 thousand FDI enterprises[①] (hereinafter referred to as "overseas enterprises") in 189 countries (regions) globally[②]. The year-end total assets of overseas enterprises were $6 trillion. The accumulated outward FDI net stock (hereinafter referred to as "stock") reached $1809.04 billion. Among the stock, $873.09 billion were equity

① FDI enterprises refer to foreign enterprises that are directly owned or have 10% (or above) voting rights or equivalents controlled by domestic investors.

② FDI countries (regions) are accounted as the first country (region) invested by domestic investors.

investment, $685.86 billion were reinvested earnings and $250.09 billion were debt instrument investment, accounting for 48.3%, 37.9% and 13.8% of the total respectively.

**Table 1 Structure of China's Outward FDI Flows and Stock, 2017**

(Billions of US Dollars)

| Indicator / Category | Flows | | | Stock | |
|---|---|---|---|---|---|
| | Amount | Year-on Year Growth Rate (%) | Share (%) | Amount | Share (%) |
| **Total** | **158.29** | **-19.3** | **100.0** | **1809.04** | **100.0** |
| Financial Sector | 18.79 | 25.9 | 11.9 | 202.79 | 11.2 |
| Non-financial Sector | 139.50 | -23.0 | 88.1 | 1606.25 | 88.8 |

Note: 1. The financial sector refers to domestic investor's outward FDI in the overseas financial sector and the non-financial sector refers to domestic investor's outward FDI in the overseas non-financial sector.
2. Data on flows in the non-financial sector and that in MOFCOM 2017 Express ($120.08 billion) mainly differed in the reinvested earnings.

The World Investment Report 2018 by UNCTAD showed that global FDI outflows reached $1.43 trillion in the year 2017, with the year-end stock of $30.84 trillion. Based on this report, China's outward FDI flows and stock in 2017 accounted for 11.1% and 5.9% of the global total respectively. China ranked the third among all countries (regions) in terms of outward FDI flows, decreased by 2.4 percentage points compared to the previous year. In terms of stock, China jumped from 6th in 2016 to the 2nd place, increased by 0.7 percentage points compared with the previous year.

**Figure 1 Outward FDI Flows of China and Other Major Countries (Regions), 2017**

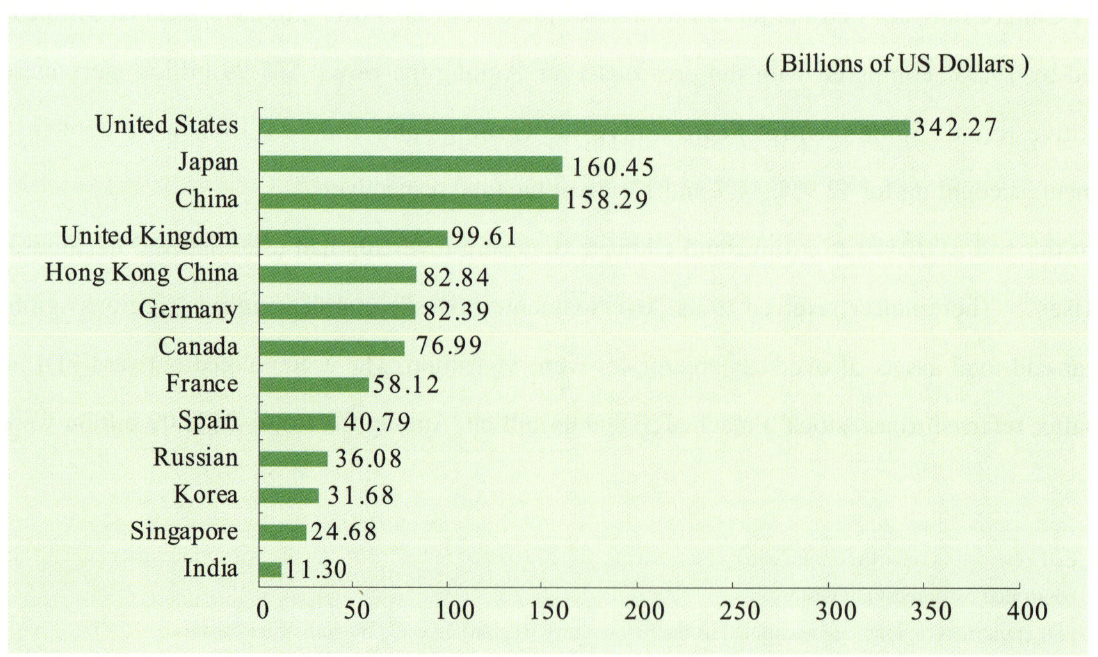

**Figure 2 Outward FDI Stock of China and Other Major Countries (Regions), 2017**

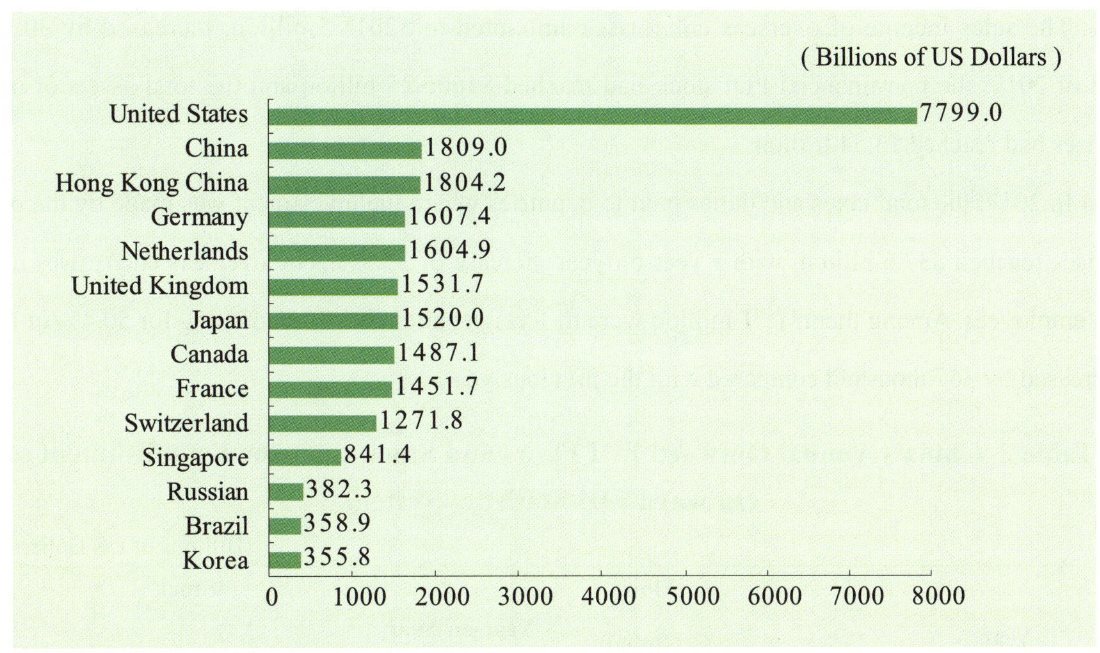


Note: Data on China's outward FDI in 2017 is based on Statistical Bulletin of China's Outward Foreign Direct Investment, and data on other countries (regions) is based on the World Investment Report 2018 by UNCTAD.

1.2 In the year 2017, China's financial outward FDI flows reached $18.79 billion, with a year-on-year growth rate of 25.9%. Among the flows, $13.5 billion went to the monetary financial services sector (the former banking industry), taking up a share of 71.8%.

By the end of 2017, the stock of financial outward FDI had reached $202.79 billion, among which $118.25 billion had gone to the monetary financial services category, $5.92 billion had gone to insurance industry, $8.72 billion had gone to capital market services (the former securities industry) and $69.9 billion had fallen under other financial industries, accounting for 58.3%, 2.9%, 4.3% and 34.5% of the total respectively.

By the end of 2017, China's state-owned commercial banks ③ had established 88 branch offices, 57 affiliated institutions in 46 countries and regions including the United States, Japan, the United Kingdom, etc. These overseas enterprises had employed 51 thousand staffs, 47 thousand of whom had been of foreign nationalities, taking up a share of 92.2%. By the end of 2017, China had established 9 overseas insurance agencies.

③ China's state-owned banks include Bank of China, Agricultural Bank of China, Industrial and Commercial Bank of China, China Construction Bank and Bank of Communications.

1.3 The non-financial outward FDI flows reached $139.5 billion in 2017, with a year-on-year decrease of 23%. The sales income of overseas enterprises amounted to $2018.5 billion, increased by 30.7%. By the end of 2017, the non-financial FDI stock had reached $1606.25 billion and the total assets of overseas enterprises had reached $3.54 trillion.

1.4 In 2017, the total taxes and duties paid to countries where the investment was made by the overseas enterprises reached $37.6 billion, with a year-on-year increase of 35.5%. The overseas enterprises had 3.39 million employees. Among them, 1.71 million were of foreign nationalities, accounting for 50.4% of the total and increased by 367 thousand compared with the previous year.

**Table 2 China's Annual Outward FDI Flows and Stock since the Establishment of Outward FDI Statistics System**

(Billions of US Dollars)

| Year | Flows | | | Stock | |
|---|---|---|---|---|---|
| | Amount | Global Ranking | Year-on-Year Growth Rate (%) | Amount | Global Ranking |
| 2002 | 2.70 | 26 | | 29.90 | 25 |
| 2003 | 2.85 | 21 | 5.6 | 33.20 | 25 |
| 2004 | 5.50 | 20 | 93.0 | 44.80 | 27 |
| 2005 | 12.26 | 17 | 122.9 | 57.20 | 24 |
| 2006 | 21.16 | 13 | 43.8 | 90.63 | 23 |
| 2007 | 26.51 | 17 | 25.3 | 117.91 | 22 |
| 2008 | 55.91 | 12 | 110.9 | 183.97 | 18 |
| 2009 | 56.53 | 5 | 1.1 | 245.75 | 16 |
| 2010 | 68.81 | 5 | 21.7 | 317.21 | 17 |
| 2011 | 74.65 | 6 | 8.5 | 424.78 | 13 |
| 2012 | 87.80 | 3 | 17.6 | 531.94 | 13 |
| 2013 | 107.84 | 3 | 22.8 | 660.48 | 11 |
| 2014 | 123.12 | 3 | 14.2 | 882.64 | 8 |
| 2015 | 145.67 | 2 | 18.3 | 1097.86 | 8 |
| 2016 | 196.15 | 2 | 34.7 | 1357.39 | 6 |
| 2017 | 158.29 | 3 | -19.3 | 1809.04 | 2 |

Note: 1. Data for 2002-2005 includes only non-financial outward FDI, and data for 2006-2017 includes outward FDI in all industries.

2. Annual growth rate for the year 2006 refers to that of the non-financial outward FDI.

## 2.The Flows and Stock of China's Outward FDI

### 2.1 Characteristics of China's Outward FDI Flows in 2017

#### 2.1.1 Flow declined for the first time and foreign investment returned to rationality.

In 2017, the global economic growth rate reached 3%, and the trade in goods increased by 4.7%, both of which recorded the fastest growth rate since 2011. Global foreign direct investment, however, fell for two consecutive years in 2016 and 2017. In 2017, cross-border M&A and declared greenfield investment fell by 22% and 14% respectively. Since the end of 2016, the Chinese government increased the censorship about the authenticity an compliance towards outward foreign investment at this stage, and this made the market entities have become more mature and return to rationality. The growth rate of Chinese enterprises' foreign investment has slowed down and the structure has been further optimized. In 2017, China's foreign direct investment reached $158.29 billion, with a year-on-year decrease of 19.3%. The quantity of China's outward FDI flows ranked third in the world, only behind the United States ($342.27 billion) and Japan ($160.45 billion).

Since authorities in China released the annual data in 2003, China's outward FDI declined for the first time in 2017, but its amount, $158.29 billion, was still the second highest amount historically (second only to year 2016) and 58.6 times to the flows in 2002, with its global share being more than 10% for two consecutive years. The influence of China's foreign investment in global FDI has continued to expand. From the perspective of two-way investment, China's foreign direct investment flows have been higher than inward foreign investment ($136.32 billion) for three consecutive years.

The average annual growth rate reached 31.2% between 2002 and 2017. In the past five years (2013-2017), China's outward FDI totaled $731.07 billion, accounting for 40.4% of the total foreign direct investment stock.

**Figure 3 Outward FDI flows of China, 2002 – 2017**

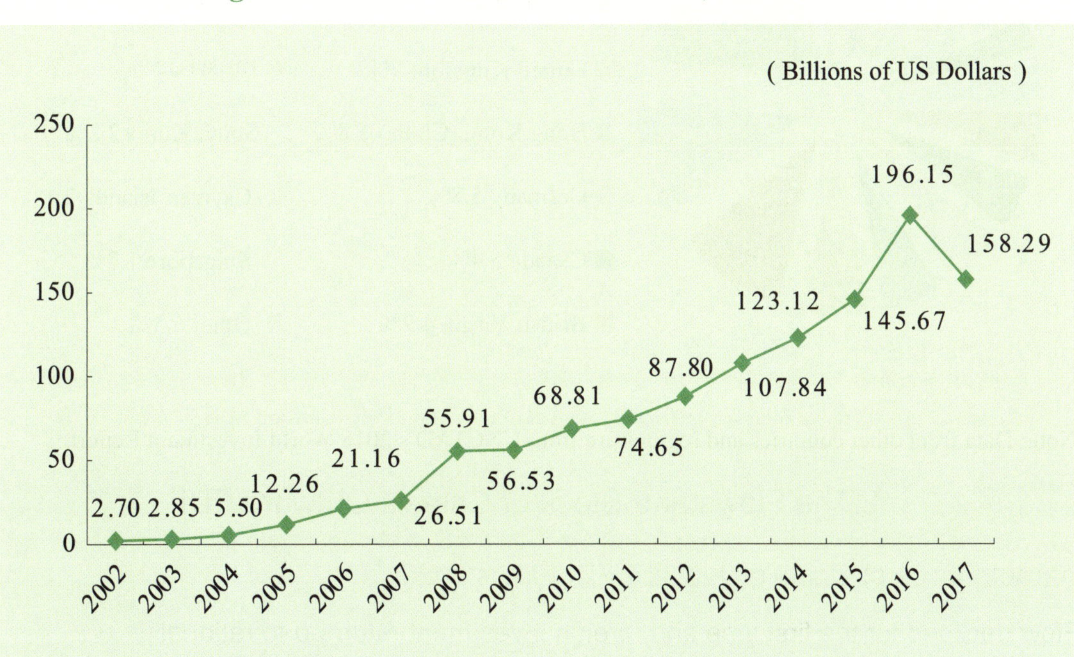


Note: Data source is Statistical Bulletin of China's Outward Foreign Direct Investment.

**Figure 4 Rankings of China's OFDI in the World, 2002-2017**

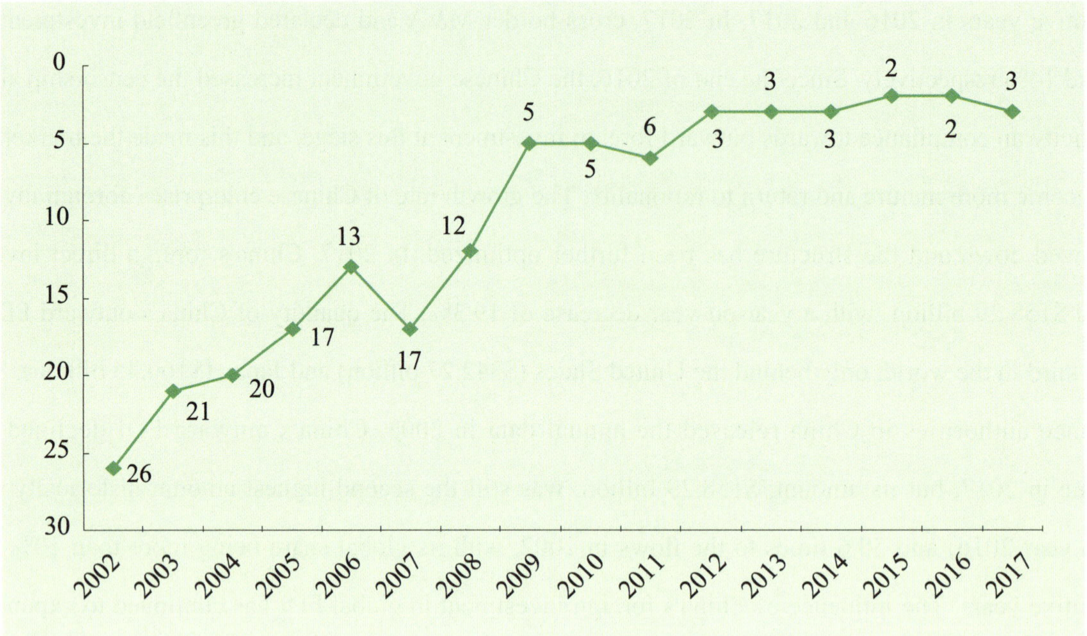


**Figure 5 Share of FDI Flows from Major Global Economies**

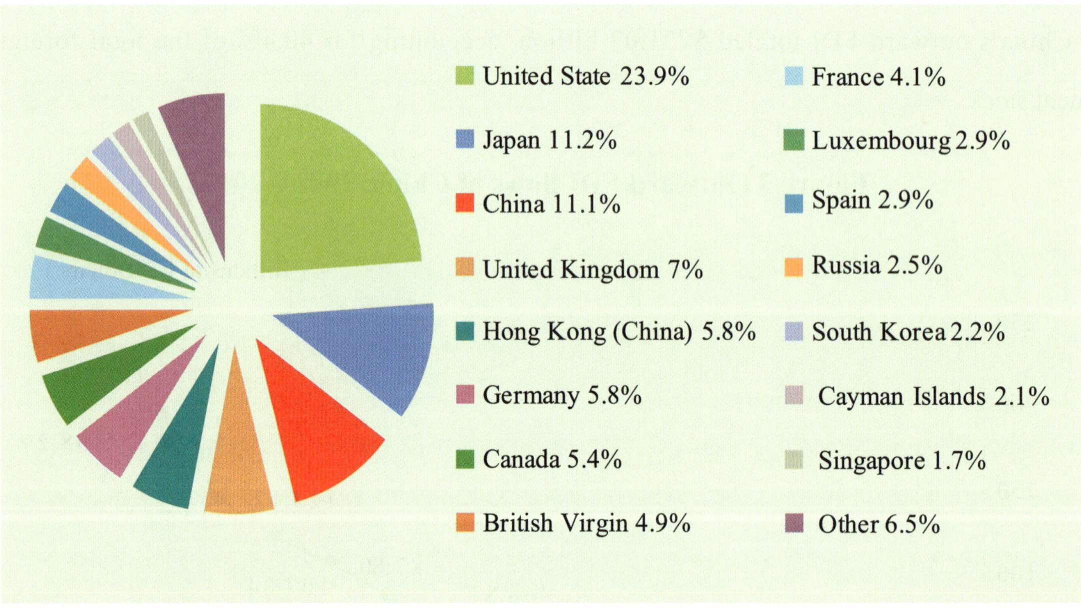


Note: Data from other countries and regions are from UNCTAD's 2018 World Investment Report.

**Figure 6 OFDI and FDI Comparison in China, 2009-2017**

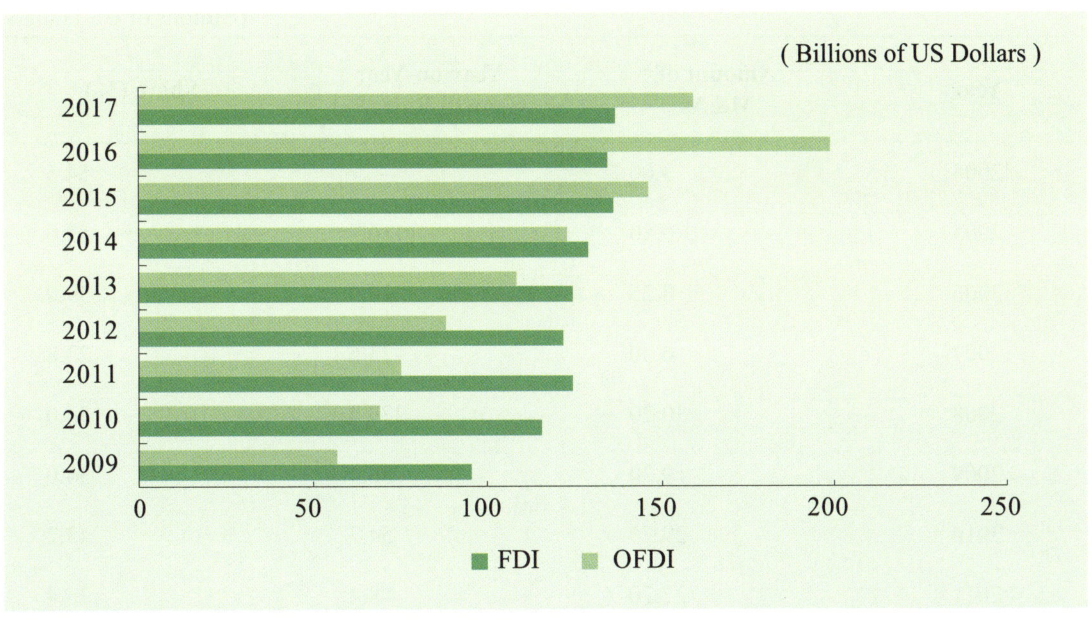


Note: Data from other countries and regions are from UNCTAD's 2018 World Investment Report.

### 2.1.2 Foreign mergers and acquisitions were extensive, and the scale of overseas financing reached record high.

In 2017, Chinese enterprises were still active in outward M&A, conducted 431 M&As in 56 countries (regions), with an actual transaction amount of $119.62 billion. In particular, $33.47 billion were direct investment④, accounting for 28% of the M&A amount and 21.1% of China's total outward FDI in that year, and $86.15 billion were overseas financing, an increase of more than 70% than previous year, accounting for 72% of the M&A amount and being the record high in terms of enterprise oversea financing. China National Chemical Corporation's acquisition of 98.06% of Swiss Syngenta's equity with $42.1 billion is the largest overseas M&A by Chinese companies' "going global" in 2017, and the second largest cross-border M&A project globally of the year.

④ Direct investment refers to domestic investors' or their overseas enterprises' M&As, which are financed by domestic investor's own funds and domestic bank loans (excluding loans guaranteed by domestic investors.)

**Table 3 China's M&As via Direct Investment, 2004-2017**

(Billions of US Dollars)

| Year | Amount of M&As | Year-on-Year Growth Rate (%) | Share (%) |
|---|---|---|---|
| 2004 | 3.00 | —— | 54.5 |
| 2005 | 6.50 | 116.7 | 53.0 |
| 2006 | 8.25 | 26.9 | 39.0 |
| 2007 | 6.30 | -23.6 | 23.8 |
| 2008 | 30.20 | 379.4 | 54.0 |
| 2009 | 19.20 | -36.4 | 34.0 |
| 2010 | 29.70 | 54.7 | 43.2 |
| 2011 | 27.20 | -8.4 | 36.4 |
| 2012 | 43.40 | 59.6 | 31.4 |
| 2013 | 52.90 | 21.9 | 31.3 |
| 2014 | 56.90 | 7.6 | 26.4 |
| 2015 | 54.44 | -4.3 | 25.6 |
| 2016 | 135.33 | 148.6 | 44.1 |
| 2017 | 119.62 | -11.6 | 21.1 |

Note: The amount of M&As from 2012 to 2017 includes overseas financing and the share refers to the proportion of direct investment in total flows.

In 2017, Chinese enterprises' M&As were carried out in 18 industrial categories, including manufacturing, mining, production and supply of electricity, heat, gas and water, etc. In terms of the amount of M&As, the manufacturing industry was $60.72 billion, twice that of the previous year, ranking first, involving 163 projects. The mining industry was $11.41 billion, increased by 52.1% year-on-year, ranking second. CNPC and Huaxin Group acquired a 12% stake in Abu Dhabi National Oil Company, the largest M&A project in the field in that year. Production and supply of electricity, heat, gas and water industry reached $12.65 billion, up 12.8% year-on-year, ranking third; State Grid Corporation's acquisition of Brazil's CPFL project is the largest M&A project in the field in that year.

## Table 4 Industrial Distributions of China's M&As, 2017

| Industry | Number of M&As | Amount (Billions of US Dollars) | Share (%) |
|---|---|---|---|
| Manufacturing | 163 | 60.72 | 50.8 |
| Mining | 22 | 11.41 | 9.5 |
| Production and Supply of Electricity, Heat, Gas and Water | 30 | 10.19 | 8.5 |
| Hotels and Catering services | 1 | 6.50 | 5.4 |
| Leasing and business services | 38 | 6.31 | 5.3 |
| Information Transmission, Software and IT Services | 42 | 6.12 | 5.1 |
| Transportation, Storage and Postal Services | 13 | 5.58 | 4.7 |
| Financial Services | 4 | 3.42 | 2.9 |
| Wholesale and Retail Trade | 45 | 3.12 | 2.6 |
| Real Estate | 9 | 2.52 | 2.1 |
| Public Health and Social Work | 5 | 1.17 | 1.0 |
| Scientific Research and Technical Services | 28 | 1.12 | 0.9 |
| Agriculture, Forestry, Animal Husbandry and Fishery | 13 | 0.81 | 0.7 |
| Culture, Sports and Entertainment | 5 | 0.58 | 0.5 |
| Water Conservancy, Environment and Public Facility Management | 3 | 0.03 | -- |
| Construction | 3 | 0.02 | -- |
| Resident Services, Repair and Other Services | 4 | 0.01 | -- |
| Education | 3 | 0.01 | -- |
| **Total** | **431** | **119.62** | **100.0** |

In 2017, Chinese enterprises' M&As were carried out in 56 countries (regions). Top ten countries (regions) in terms of actual transaction amount were the Switzerland, USA, Germany, Brazil, UK, Indonesia, Hong Kong China, Australia, United Arab Emirates and Singapore.

**Figure 7 Top 10 Countries (Regions) in Chinese enterprises' M&As, 2017**

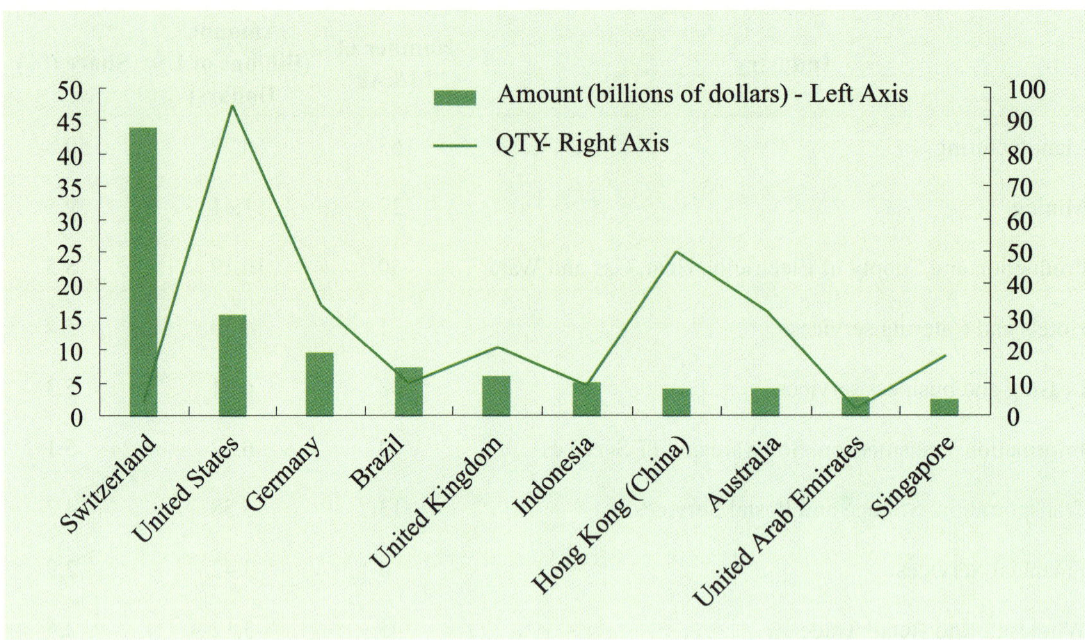


In 2017, Chinese companies took 76 M&As among countries along the "Belt and Road", amounting to $16.28 billion and accounting for 13.6% of total M&A. Among them, Indonesia, the United Arab Emirates, Singapore, India, Israel, Russia and other countries have attracted more than $1 billion in Chinese M&A investment.

### 2.1.3 RMB outward investment was active, and income reinvestment accounts for 40% of the total.

In 2017, 20% of China's foreign direct investment flows were in RMB, involving more than 800 companies in China, mainly forming investment in equity and debt instruments for overseas companies. In terms of the composition of foreign direct investment flows, the newly added equity investment in 2017 was $67.99 billion, accounting for 42.9% of the total flows; the debt instrument investment (only involving foreign non-financial enterprises) was $20.66 billion, accounting for 13.1%; 2017 China overseas enterprises operated well, over 70% of which made profit or kept even. The income of the year was $69.64 billion, a year-on-year increase of 127%, accounting for 44% of China's foreign direct investment flows during the same period.

## Table 5 Structure of China's Outward FDI Flows, 2006-2017

(Billions of US Dollars)

| Year | Flows | Incremental Equity | | Reinvested Earnings | | Debt Instrument Investment | |
|---|---|---|---|---|---|---|---|
| | | Amount | Share (%) | Amount | Share (%) | Amount | Share (%) |
| 2006 | 21.16 | 5.17 | 24.4 | 6.65 | 31.4 | 9.34 | 44.2 |
| 2007 | 26.51 | 8.69 | 32.8 | 9.79 | 36.9 | 8.03 | 30.3 |
| 2008 | 55.91 | 28.36 | 50.7 | 9.89 | 17.7 | 17.66 | 31.6 |
| 2009 | 56.53 | 17.25 | 30.5 | 16.13 | 28.5 | 23.15 | 41.0 |
| 2010 | 68.81 | 20.64 | 30.0 | 24.01 | 34.9 | 24.16 | 35.1 |
| 2011 | 74.65 | 31.38 | 42.0 | 24.46 | 32.8 | 18.81 | 25.2 |
| 2012 | 87.80 | 31.14 | 35.5 | 22.47 | 25.6 | 34.19 | 38.9 |
| 2013 | 107.84 | 30.73 | 28.5 | 38.32 | 35.5 | 38.79 | 36.0 |
| 2014 | 123.12 | 55.73 | 45.3 | 44.40 | 36.1 | 22.99 | 18.6 |
| 2015 | 145.67 | 96.71 | 66.4 | 37.91 | 26.0 | 11.05 | 7.6 |
| 2016 | 196.15 | 114.13 | 58.2 | 30.66 | 15.6 | 51.36 | 26.2 |
| 2017 | 158.29 | 67.99 | 42.9 | 69.64 | 44.0 | 20.66 | 13.1 |

Note: Data for 2002-2005 includes only non-financial outward FDI, and data for 2006-2017 includes outward FDI in all industries.

## Figure 8 Structure of China's Outward FDI, 2006-2017 (%)

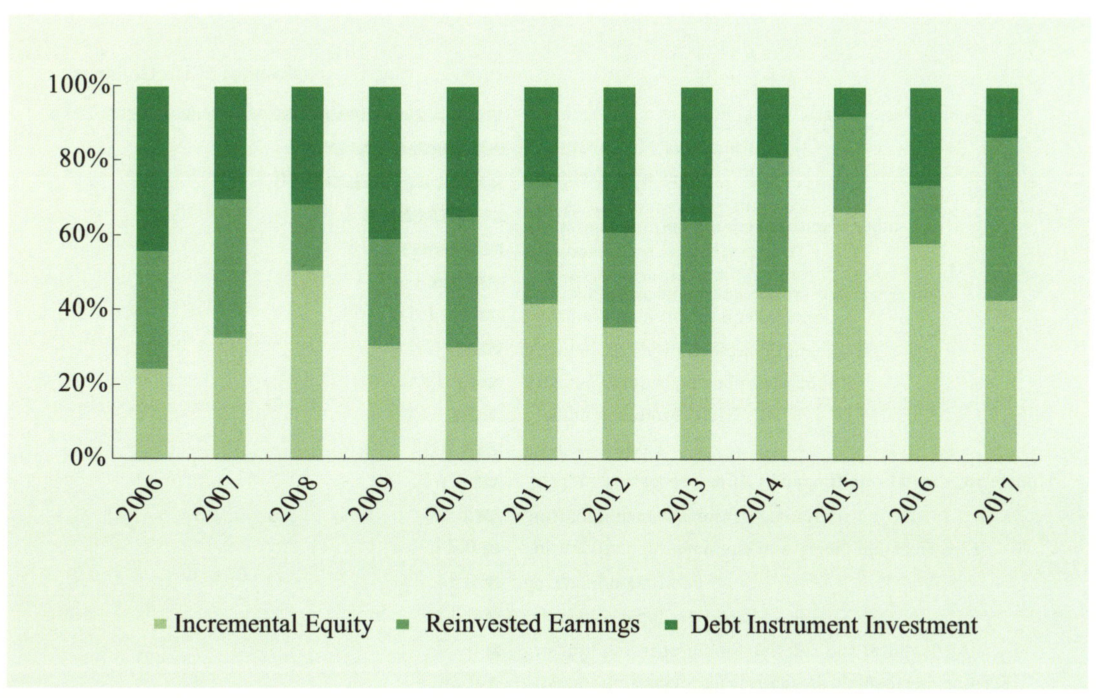

### 2.1.4 Eighty percent of the investment flows to the four major areas: business services, manufacturing, wholesale and retail, and financial service. The flow in mining industry was negative for the first time.

In 2017, China's outward foreign direct investment covered 18 industries in the national economy. Among them, flows in four industries exceeded $10 billion (two fewer compared to that of previous year), the rental and business services industry remained the first, and the manufacturing industry remained second.

The investment in the **leasing and business services** industry was $54.27 billion, down 17.5% year-on-year, accounting for 34.3% of the total flow in that year. The investment is mainly distributed in Hong Kong China, British Virgin, Singapore, the United States, the United Kingdom and other countries (regions).

The **Manufacturing** sector received $29.51 billion, accounting for 18.6% of the total flows, with a year-on-year increase of 1.6%. These investments mainly went to the chemical raw materials and chemical manufacturing, automotive manufacturing, computer/communication and other electronic equipment manufacturing, pharmaceutical manufacturing, railway/ship/aerospace and other transportation equipment manufacturing, non-metallic mineral products, special equipment manufacturing, rubber and plastic products, metal products, textile, non-ferrous metal smelting and rolling processing industry, etc. Among them, $11.03 billion went to the **equipment manufacturing industries**, down 22.6% year-on-year, and accounting for 37.4% of total investment in the manufacturing sector.

**Figure 9 China's OFDI flows in Manufacturing Main Secondary Category, 2017**

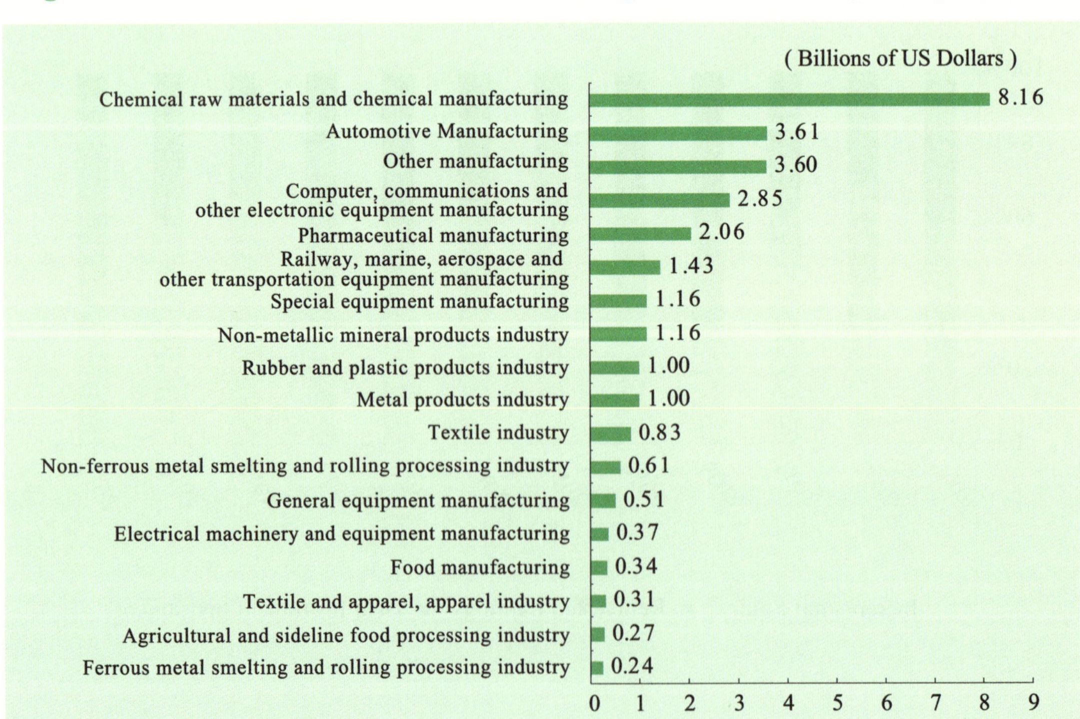

The **Wholesale and retail trade** sector received $ 26.31 billion, with a year-on-year increase of 25.9%, accounting for 16.6% of the total flows.

The **Financial Services** sector received $18.79 billion, accounting for 11.9% of the total flow, with a year-on-year increase of 25.9%. In 2017, financial institutions were active in outward foreign direct investment. The accumulated outward foreign direct investment reached $17.3 billion. Among them, $16.3 billion went to overseas financial enterprises and $1 billion went to overseas non-financial enterprises, accounting for 94.2% and 5.8% respectively. About $2.49 billion flowed to overseas financial enterprises from non-financial institutions in China.

The **Real estate** sector received $ 6.8 billion, with a year-on-year decrease of 55.1%, accounting for 4.3% of the total flows.

The **Construction** sector received $6.53 billion, with a year-on-year increase of 48.7%, accounting for 4.1% of the total flows.

The **Transportation, Storage and Postal Services** sector received $5.47 billion, with a year-on-year increase of 225.6%, accounting for 3.4% of the total flows.

The **Information Transmission, Software and IT services** sector received $4.43 billion, with a year-on-year decrease of 76.3%, accounting for 2.8% of the total flows.

The investment in the **Mining** industry was negative for the first time (-$3.7 billion), mainly due to the increase in the amount of returning domestically-invested entity shareholder loans by foreign-invested enterprises (i.e., returning investment).

**Table 6 Sectoral Distribution of China's Outward Foreign Direct Investment, 2017**

(Billions of US Dollars)

| Industry | Flows | Year-on-Year Growth Rate (%) | Share (%) |
|---|---|---|---|
| **Total** | **158.29** | **-19.3** | **100.0** |
| Leasing and business services | 54.27 | -17.5 | 34.3 |
| Manufacturing | 29.51 | 1.6 | 18.6 |
| Wholesale and retail trade | 26.31 | 25.9 | 16.6 |
| Financial industry | 18.79 | 25.9 | 11.9 |
| Real estate industry | 6.80 | -55.1 | 4.3 |
| Construction industry | 6.53 | 48.7 | 4.1 |
| Transportation, warehousing and postal services | 5.47 | 225.6 | 3.4 |
| Information transmission, software and information technology services | 4.43 | -76.3 | 2.8 |
| Agriculture, forestry, animal husbandry and fishery | 2.51 | -23.7 | 1.6 |
| Scientific research and technical services | 2.39 | -43.6 | 1.5 |
| Electricity, heat, gas and water production and supply | 2.34 | -33.9 | 1.5 |
| Resident services, repairs and other services | 1.87 | -65.5 | 1.2 |
| Health and social work | 0.35 | -28.6 | 0.2 |
| Culture, sports and entertainment | 0.26 | -93.3 | 0.2 |
| Water, environmental and public facilities management | 0.22 | -73.8 | 0.1 |
| Education | 0.13 | -53.6 | 0.1 |
| Accommodation and catering industry | -0.19 | —— | -0.1 |
| Mining industry | -3.70 | —— | -2.3 |

### 2.1.5 Investment in Europe and Africa increased rapidly while there was a large decline in investment in Americas.

In 2017, flows of direct investment to **Europe** reached \$18.46 billion, a record high, with a year-on-year increase of 72.7%, accounting for 11.7% of total foreign direct investment flows, up 6.3 percentage points from the previous year. Six countries have a flow of more than \$1 billion, including Switzerland (\$7.51 billion), Germany (\$2.72 billion), the United Kingdom (\$2.07 billion), the Russian Federation (\$1.55 billion), Luxembourg (\$1.35 billion), and Sweden (\$1.29 billion). The investment in the EU was \$10.27 billion, a year-on-year increase of 2.7%.

The investment in **Africa** reached \$4.1 billion, a year-on-year increase of 70.8%, accounting for 2.6% of total foreign direct investment flows. The flows mainly went to Angola, Kenya, Congo (DRC), South Africa,

Zambia, Guinea, Congo (Brazzaville), Sudan, Ethiopia, Nigeria, Tanzania, etc.

The investment in **North America** was $6.5 billion, with a year-on-year decrease of 68.1%, accounting for 4.1% of total foreign direct investment flows. Among them, the investment in the United States was $6.43 billion, down 62.1% year-on-year; Canada was $320 million, down 88.9% year-on-year.

The investment in **Latin America** was $14.08 billion, down 48.3% year-on-year, accounting for 8.9% of total foreign direct investment flows. The flow mainly went to the British Virgin Islands ($19.3 billion), Brazil ($430 million), Venezuela ($270 million), and Argentina ($210 million).

The investment in the **Asian** region was $110.04 billion, down 15.5% year-on-year, accounting for 69.5% of the foreign direct investment flows of the year. Among them, investment in Hong Kong China was $91.15 billion, down 20.2% year-on-year, accounting for 82.8% of investment in Asia; investment in 10 ASEAN countries was $14.12 billion, up 37.4% year-on-year, accounting for 12.8% of investment in Asia.

The investment in **Oceania** for $5.11 billion, down 1.9% year-on-year, accounting for 3.2% of foreign direct investment flows that year. Mainly to Australia, New Zealand, Samoa, Papua New Guinea and other countries.

**Table 7 Regional Distribution of China's Outward Foreign Direct Investment, 2017**

(Billions of US Dollars)

| Continent | Amount | Year-on Year Growth Rate (%) | Share (%) |
|---|---|---|---|
| Europe | 18.5 | 72.7 | 11.7 |
| Africa | 4.1 | 70.8 | 2.6 |
| Oceania | 5.1 | -1.9 | 3.2 |
| Asia | 110.0 | -15.5 | 69.5 |
| Latin America | 14.1 | -48.3 | 8.9 |
| North America | 6.5 | -68.1 | 4.1 |
| **Total** | **158.3** | **-19.3** | **100.0** |

**Table 8 Top 20 Countries (regions) of China's Outward Foreign Direct Investment, 2017**

(Billions of US Dollars)

| Rank | Country/Region | Amout | Share (%) |
|---|---|---|---|
| 1 | Hong Kong China | 91.15 | 57.6 |
| 2 | The British Virgin Islands | 19.30 | 12.2 |
| 3 | Switzerland | 7.51 | 4.7 |
| 4 | United States | 6.42 | 4.0 |
| 5 | Singapore | 6.31 | 4.0 |
| 6 | Australia | 4.24 | 2.7 |
| 7 | Germany | 2.72 | 1.7 |
| 8 | Kazakhstan | 2.07 | 1.3 |
| 9 | United Kingdom | 2.07 | 1.3 |
| 10 | Malaysia | 1.72 | 1.1 |
| 11 | Indonesia | 1.68 | 1.1 |
| 12 | The Russian Federation | 1.55 | 1.0 |
| 13 | Luxembourg | 1.35 | 0.8 |
| 14 | Sweden | 1.29 | 0.8 |
| 15 | Laos | 1.22 | 0.8 |
| 16 | Thailand | 1.06 | 0.7 |
| 17 | France | 0.95 | 0.6 |
| 18 | Vietnam | 0.76 | 0.5 |
| 19 | Cambodia | 0.74 | 0.5 |
| 20 | Pakistan | 0.68 | 0.4 |
| | **Total** | **154.79** | **97.8** |

2.1.6 Investment in countries along the "Belt and Road" has increased by 30%, covering a wide range of sectors.

In 2017, Chinese investors made direct investment in nearly 3,000 overseas enterprises in 57 countries along the "Belt and Road", involving 17 major sectors of the national economy. The cumulative investment was $20.17 billion, a year-on-year increase of 31.5%. accounting for 12.7% of China's Outward foreign direct investment flows. The investment mainly went to Singapore, Kazakhstan, Malaysia, Indonesia, Russia, Laos, Thailand, Vietnam, Cambodia, Pakistan, United Arab Emirates, etc. In the past five years, China has invested a total of $80.73 billion in the countries along the route.

**Figure 10 China's Investment in Countries along the "Belt and Road", 2013-2017**

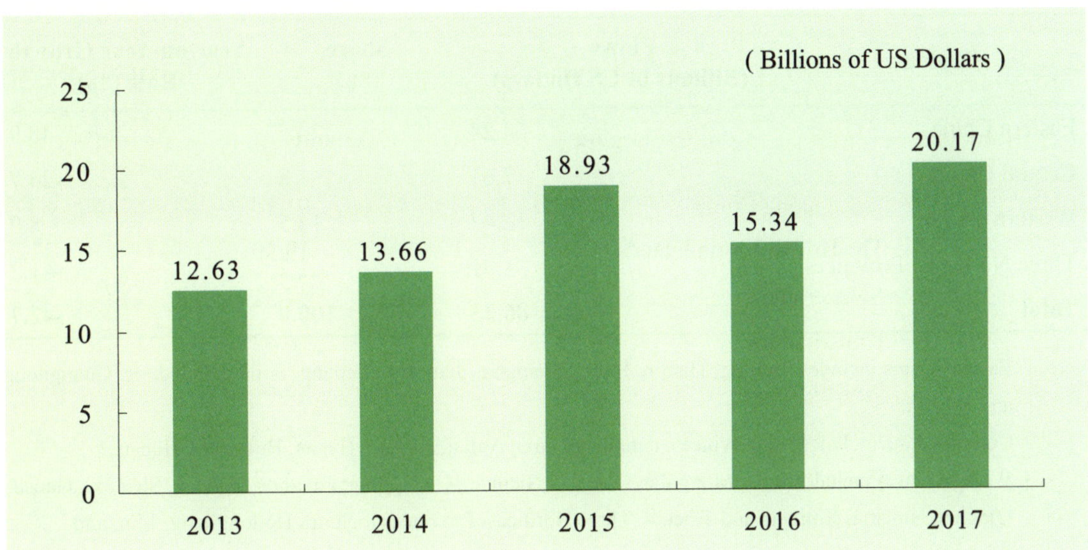


### 2.1.7 Local foreign investment fell more than the whole country, while investment from central enterprises and units increased by a large margin.

In 2017, China's local non-financial outward FDI flows reached $86.23 billion, with a year-on-year decrease of 42.7%, accounting for 61.8% of China's total non-financial outward FDI flows. In particular, $64.24 billion were from eastern China, accounting for 74.5% of the total local investment flows and with a year-on-year decrease of 48.9%. A $12.47 billion were from western China, accounting for 14.5% of the total local investment flows and with a year-on-year increase of 8.0%. A $7.61 billion were from central China, accounting for 8.8% of the total local investment flows and with a year-on-year decrease of 24.7%. A $1.91 billion were from three provinces in northeast China, accounting for 2.2% of the total local investment flows and with a year-on-year decrease of 41.2%. Shanghai, Guangdong, Zhejiang, Shandong, Beijing, Chongqing, Jiangsu, Hainan, Fujian, Tianjin were the top 10 provinces (municipalities) in terms of local outward FDI flows, from which a total of $67.63 billion outward FDI flows were achieved, accounting for 78.4% of China's total local outward FDI flows.

In 2017, driven by large-scale M&As and capital increase projects, central enterprises and units ⑤ invested $53.27 billion in foreign investment, an increase of 73.4%.

⑤ Central enterprises and units refer to domestic investors beyond the jurisdiction of local statistical administrations.

### Table 9 Regional Distribution of China's Local Outward FDI Flows, 2017

| Region | Flows (Billions of US Dollars) | Share (%) | Year-on-Year Growth Rate (%) |
|---|---|---|---|
| Eastern China | 64.24 | 74.5 | -48.9 |
| Central China | 7.61 | 8.8 | -24.7 |
| Western China | 12.47 | 14.5 | 8.0 |
| Three Northeast Provinces | 1.91 | 2.2 | -41.2 |
| **Total** | **86.23** | **100.0** | **-42.7** |

Note: 1. Eastern China includes: Beijing, Tianjin, Hebei, Shanghai, Jiangsu, Zhejiang, Fujian, Shandong, Guangdong, and Hainan.

2. Central China includes six provinces, namely, Shanxi, Anhui, Jiangxi, Henan, Hubei and Hunan.

3. Western China includes Inner Mongolia, Guangxi, Sichuan, Chongqing, Guizhou, Yunnan, Shannxi, Gansu, Qinghai, Ningxia, Xinjiang and Tibet. 4. Three Northeast Provinces includes Heilongjiang, Jilin, and Liaoning.

### Table 10 Top Ten Provinces (Municipalities) in Terms of Local Outward FDI Flows, 2017

| No. | Province (Municipality) | Flows (Billions of US Dollars) | Year-on-Year Growth Rate (%) |
|---|---|---|---|
| 1 | Shanghai | 12.99 | 15.1 |
| 2 | Guangdong | 11.77 | 13.6 |
| 3 | Zhejiang | 10.66 | 12.4 |
| 4 | Shandong | 7.88 | 9.1 |
| 5 | Beijing | 6.65 | 7.7 |
| 6 | Chongqing | 5.03 | 5.8 |
| 7 | Jiangsu | 4.36 | 5.1 |
| 8 | Hainan | 3.15 | 3.6 |
| 9 | Fujian | 2.83 | 3.3 |
| 10 | Tianjin | 2.31 | 2.7 |
|  | **Total** | **67.63** | **78.4** |

#### 2.1.8 Investment from public holdings is slightly higher than that from the non-public holdings.

In 2017, among China's foreign non-financial investment flows, non-public economic holdings from domestic investors invested $67.94 billion, accounting for 48.7%; public holdings investment were $71.56 billion, accounting for 51.3%.

Figure 11 Share of Public Holdings and Non-public Holdings in China, 2017

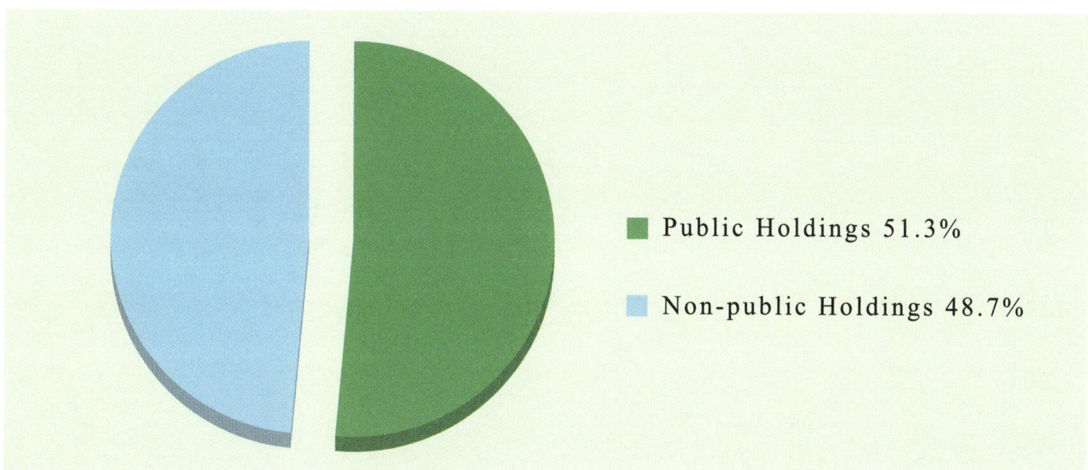


## 2.2 Characteristics of China's Outward FDI Stock by the End of 2017

### 2.2.1 The global ranking and share of China's outward FDI stock.

By the end of 2017, China's outward FDI stock had reached $1809.04 billion, increased by $451.65 billion compared with the previous year[⑥] and was 60.5 times the stock by the end of 2002. It accounted for 5.9% of the global stock, increased from 0.4% in 2002. It ranked second globally, only second to the United State ($7.8 trillion), up from 25th in 2002. In terms of scale, the stock from China by the end of 2017 were only equivalent to 23.2% of the United States and closer to the others in top six: Hong Kong, Germany, the Netherlands, and the United Kingdom.

Figure 12 China's Outward FDI Stock, 2002 -2017

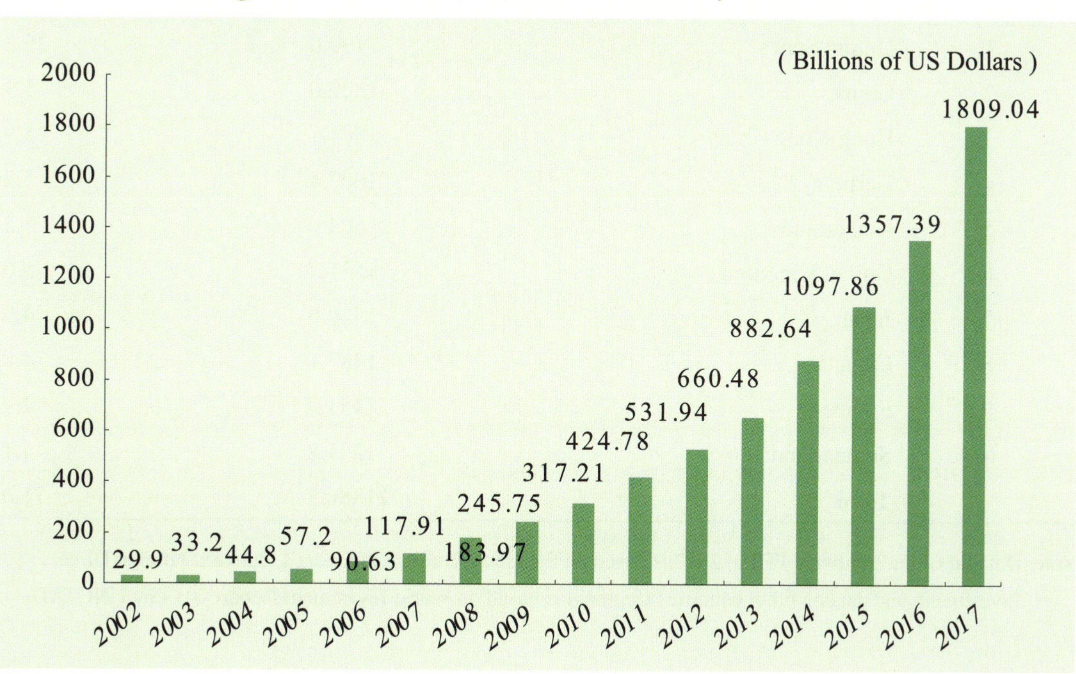


⑥ The stock data by the end of 2017 included outward investment by Chinese natural persons.

**Figure 13 Global Ranking of China's Outward FDI Stock, 2002 -2017**

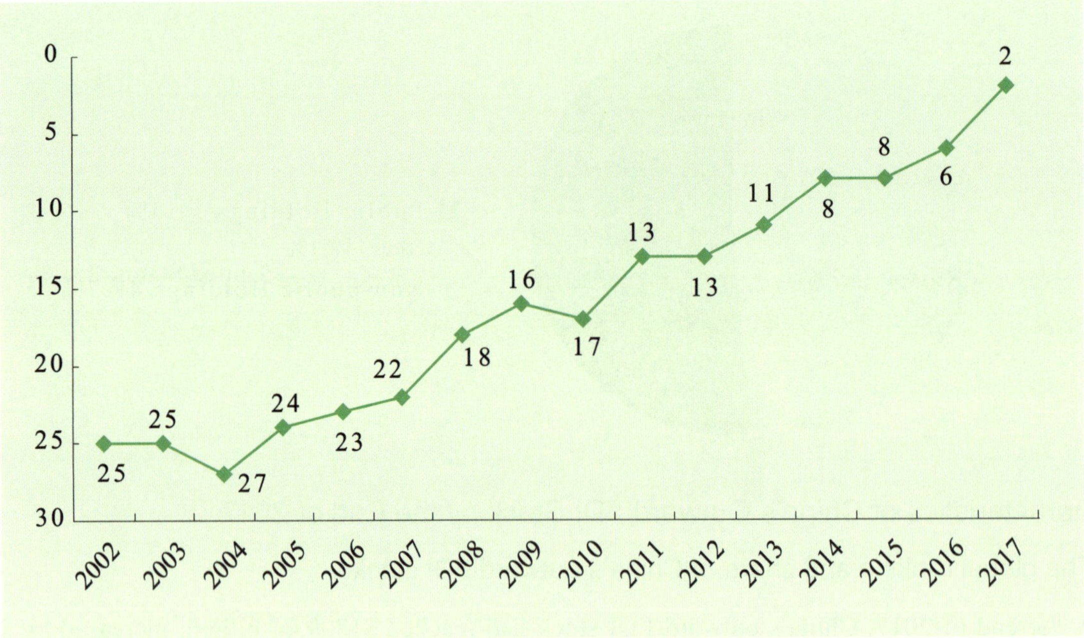

**Table 11 Top Ten Countries (Regions) as Sources of Global Outward FDI Stock, by the end of 2017**

(Billions of US Dollars)

| Ranking | Country (Region) | Stock by the End of 2017 | Share in Global Total (%) |
|---|---|---|---|
| 1 | United States | 7799.0 | 25.3 |
| 2 | China | 1809.0 | 5.9 |
| 3 | Hong Kong China | 1804.2 | 5.9 |
| 4 | Germany | 1607.4 | 5.2 |
| 5 | Netherlands | 1604.9 | 5.2 |
| 6 | United Kingdom | 1531.7 | 5.0 |
| 7 | Japan | 1520.0 | 4.9 |
| 8 | Canada | 1487.1 | 4.8 |
| 9 | France | 1451.7 | 4.7 |
| 10 | Switzerland | 1271.8 | 4.1 |
| | **Total** | **21886.7** | **71.0** |

Note: Data on China's outward FDI in 2017 is based on Statistical Bulletin of China's Outward Foreign Direct Investment, and data on other countries (regions) is based on World Investment Report 2018 by UNCTAD.

**Figure 14 Proportions of Outward FDI Stock of Global Major Economies, by the end of 2017**

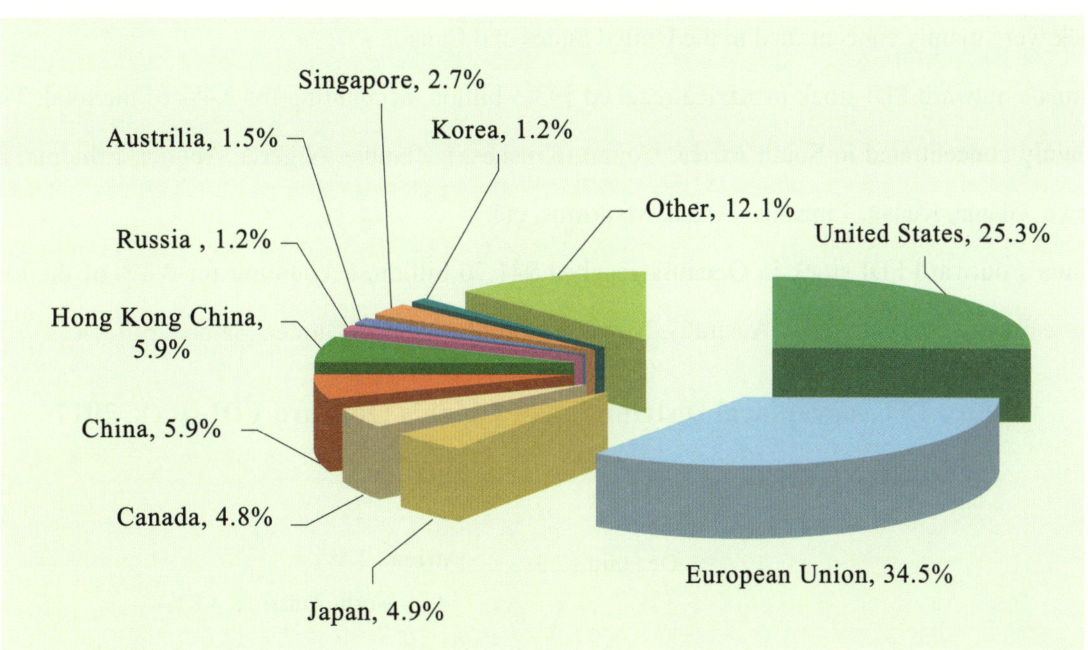


2.2.2 Country (region) distribution.

By the end of 2017, China's outward FDI had spread across 189 countries (regions), accounting for 80.8% of the total number of countries (regions) in the world. Compared with the previous year, investment to Belize was cancelled in 2017.

By the end of 2017, China's outward FDI stock in **Asia** had reached $1139.32 billion, accounting for 63% of the total. The stock were mainly concentrated in Hong Kong China, Singapore, Indonesia, Macau China, Kazakhstan, Laos, South Korea, Pakistan, Myanmar, Cambodia, United Arab Emirates, Thailand, Vietnam, Malaysia, India, Israel, Iran, etc. In particular, Hong Kong China accounted for 86.1% of China's outward FDI in Asia.

China's outward FDI stock in **Latin America** reached $386.89 billion, accounting for 21.4% of the total. The stock were mainly concentrated in the Cayman Islands, British Virgin Islands, Venezuela, Brazil, Argentina, Jamaica, Ecuador, Mexico, Peru, Trinidad and Tobago, Chile, etc. In particular, China's accumulated outward FDI stock in the Cayman Islands and the British Virgin Islands amounted to $371.74 billion, accounting for 96.1% of the stocks in Latin America.

China's outward FDI stock in **Europe** reached $110.86 billion, accounting for 6.1% of the total. The stocks were mainly concentrated in the UK, the Netherlands, Luxembourg, Russia, Germany, Switzerland,

Sweden, France, Norway, Italy, etc.

China's outward FDI stock in **North America** reached $86.91 billion, accounting for 4.8% of the total. The stock were mainly concentrated in the United States and Canada.

China's outward FDI stock in **Africa** reached $43.3 billion, accounting for 2.4% of the total. The stock were mainly concentrated in South Africa, Congo (Kinshasa), Zambia, Nigeria, Angola, Ethiopia, Algeria, Zimbabwe, Ghana, Kenya, Tanzania, Sudan, Mauritius, etc.

China's outward FDI stock in **Oceania** reached $41.76 billion, accounting for 2.3% of the total. The stock were mainly concentrated in Australia, New Zealand, Papua New Guinea, Samoa, Fiji, etc.

**Figure 15 Geographical Distribution of China's Outward FDI stock, 2017**

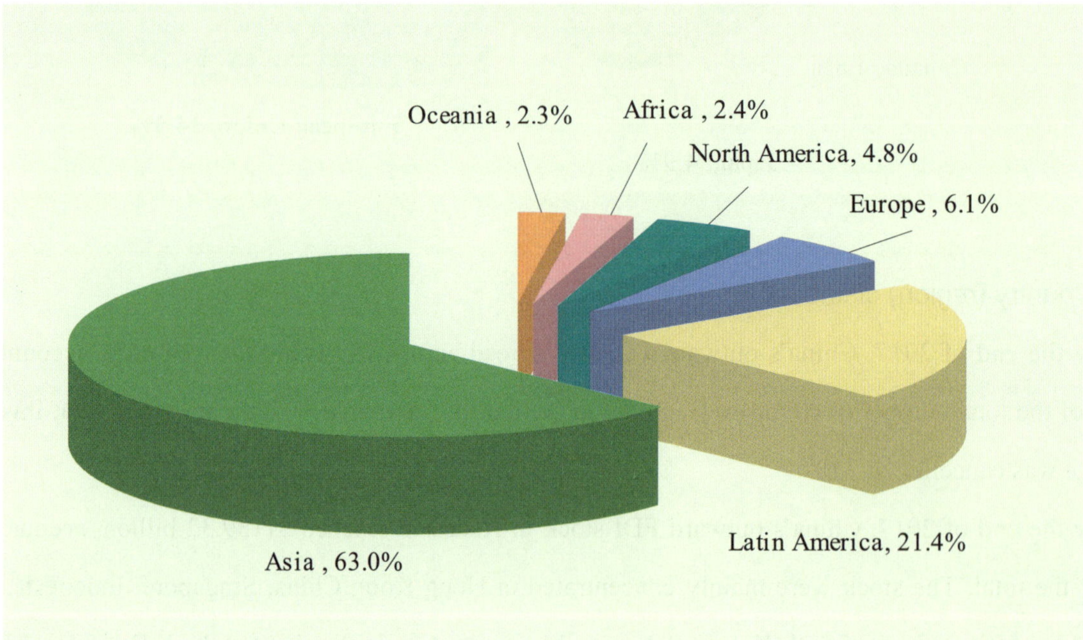


Four fifths of China's outward FDI stock were distributed in developing economies. By the end of 2017, China's outward FDI stock in developing economies had reached $1552.42 billion, accounting for 85.8% of the total. In particular, the stock in Hong Kong China reached $981.27 billion, accounting for 63.2% of the total stock among developing economies and the stocks in ASEAN countries reached $89.01 billion, accounting for 5.7% of the total. The stock in developed economies reached $229.13 billion, accounting for 12.7% of the total. In particular, the European Union received $86.02 billion, accounting for 37.5% of the total investment stock in developed economies. The United States received $67.38 billion, accounting for 29.4% of the total. Australia received $36.18 billion, accounting for 15.8% of the total. Canada received $10.94 billion, accounting for 4.8% of the total. Switzerland received $8.11 billion, accounting for 3.5% of the total.

Israel received $4.15 billion, accounting for 1.8% of the total. Norway received $2.08 billion, accounting for 0.9% and Japan received $3.20 billion, accounting for 1.4%.

### Table 12 China's Outward FDI Stock in Developed Countries (Regions), by the end of 2017

| Economy | Stock (Billions of US Dollars) | Share (%) |
|---|---|---|
| European Union | 86.02 | 37.5 |
| United States | 67.38 | 29.4 |
| Australia | 36.18 | 15.8 |
| Canada | 10.94 | 4.8 |
| Bermuda | 8.59 | 3.8 |
| Switzerland | 8.11 | 3.5 |
| Israel | 4.15 | 1.8 |
| Japan | 3.20 | 1.4 |
| New Zealand | 2.49 | 1.1 |
| Norway | 2.08 | 0.9 |
| **Total** | **229.13** | **100.0** |

By the end of 2017, China's outward FDI stock in transition economies ⑦ had reached $27.49 billion, accounting for 1.5% of the total stock. In particular, Russia received $13.87 billion, accounting for 50.5% of the total stock in the transition economies. Kazakhstan received $7.56 billion, accounting for 27.5% of the total. Tajikistan received $1.62 billion, accounting for 5.9% of the total. Kyrgyzstan received $1.30 billion, accounting for 4.7% of the total. Uzbekistan received $0.95 billion, accounting for 3.4% of the total. Turkmenistan received $0.34 billion, accounting for 1.2% of the total.

⑦ The transition economies include southeast Europe, Commonwealth of the Independent States (CIS), and Georgia. Southeast European countries include Albania, Bosnia and Herzegovina, Serbia, Montenegro, and Macedonia. CIS countries include Armenia, Azerbaijan, Belarus, Kyrgyzstan, Moldova, the Russian Federation, Ukraine, Tajikistan, Kazakhstan, Turkmenistan and Uzbekistan.

**Figure 16 Structure of China's Outward FDI Stock in Economies, by the end of 2017**

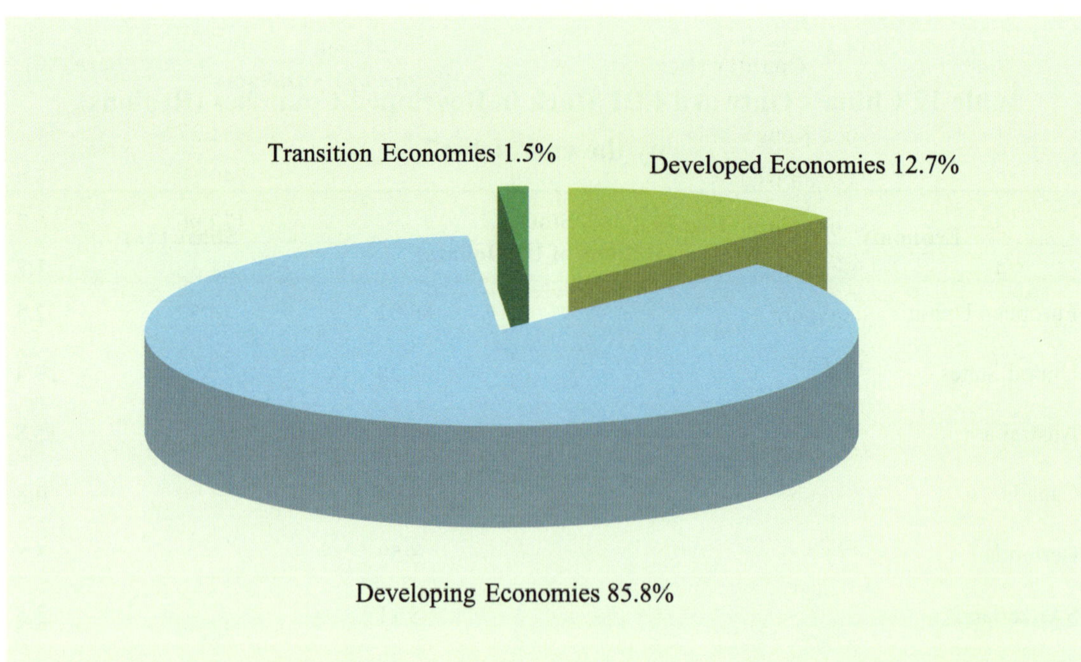


By the end of 2017, China's outward FDI stock in top 20 countries (regions) as destinations had accumulated to $1656.80 billion, accounting for 91.6% of the total stock of China's outward FDI. The top 20 countries (regions) were Hong Kong China, the Cayman Islands, the British Virgin Islands, the United States, Singapore, Australia, UK, Netherlands, Luxembourg, Russia, Germany, Canada, Indonesia, Macau China, Bermuda, Switzerland, Kazakhstan, South Africa, Sweden, and Laos.

By the end of 2017, China's outward direct investment stock in countries along "the Belt and Road" had reached $154.40 billion, accounting for 8.5% of the total.

Top ten countries in terms of the stock were Singapore, Russia, Indonesia, Kazakhstan, Laos, Pakistan, Myanmar, Cambodia, United Arab Emirates, Thailand.

Table 13 Top 20 Countries (Regions) as Destinations of China's Outward FDI Stock, by the End of 2017

| No. | Country (Region) | Stock (Billions of US Dollars) | Share (%) |
|---|---|---|---|
| 1 | Hong Kong China | 981.27 | 54.2 |
| 2 | Cayman Islands | 249.68 | 13.8 |
| 3 | British Virgin Islands | 122.06 | 6.7 |
| 4 | United States | 67.38 | 3.7 |
| 5 | Singapore | 44.57 | 2.5 |
| 6 | Australia | 36.18 | 2.0 |
| 7 | United Kingdom | 20.32 | 1.1 |
| 8 | Netherlands | 18.53 | 1.0 |
| 9 | Luxembourg | 13.94 | 0.8 |
| 10 | Russia | 13.87 | 0.8 |
| 11 | Germany | 12.16 | 0.7 |
| 12 | Canada | 10.94 | 0.6 |
| 13 | Indonesia* | 10.54 | 0.6 |
| 14 | Macao China | 9.68 | 0.5 |
| 15 | Bermuda | 8.59 | 0.5 |
| 16 | Switzerland | 8.11 | 0.5 |
| 17 | Kazakhstan | 7.56 | 0.4 |
| 18 | South Africa | 7.47 | 0.4 |
| 19 | Sweden | 7.31 | 0.4 |
| 20 | Laos | 6.65 | 0.4 |
|  | **Total** | **1656.80** | **91.6** |

### 2.2.3 Industrial Distribution.

(1) Distribution in national economy industries

By the end of 2017, China's outward FDI stock had spread in all industries of the national economy. In particular, six industries received over a hundred of billion dollars, with information transmission, software and IT services sector being newly added compared to the end of previous year.

The **Leasing and Business Services** sector remained the highest and received $615.77 billion, accounting for 34.1% of the total stock, including foreign investment activities with investment control as its main purpose, mainly in Hong Kong China, Cayman Islands, British Virgin Islands, Luxembourg, the Netherlands, Singapore, Bermuda and other countries and regions.

The **Wholesale and Retail Trade** sector came to the 2nd, received $226.43 billion, accounting for 12.5% of the total.

The **Information Transmission, Software and IT Services** sector ranked 3rd, received $218.9 billion, accounting for 12.1% of the total, and is the area with high concentration from outward investment by Chinese natural persons.

The **Financial Services** sector received $202.79 billion, accounting for 11.2% of the total.

**Figure 17 Structure of China's Outward FDI Stock in the Financial Sector, by the end of 2017**

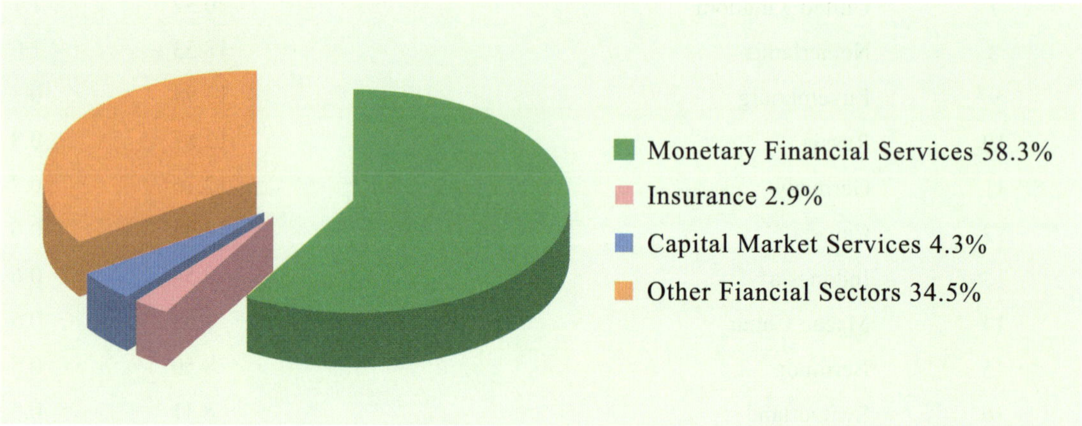

The **Mining** sector ranked third and received $157.67 billion, accounting for 8.7% of the total. The stock were mainly concentrated in oil and natural gas mining, non-ferrous metal mining, ferrous metal mining, coal mining, etc.

The **Manufacturing** sector received $140.3 billion, accounting for 7.8% of the total. The stock were mainly concentrated in the manufacture of automobiles, the manufacture of computer, telecommunications and other electronic equipment, the manufacture of chemical raw material and chemical products, the manufacture of special purpose machinery, the manufacture of medicines, the manufacture of rubber and plastic, other manufacturing, the manufacture and processing of non-ferrous metals, the manufacture and processing of ferrous metals, the manufacture of foods, the manufacture of textile, the manufacturing of railway, ship, aerospace and other transportation equipment, the manufacture of electrical machinery and equipment, the manufacture of metal products, the manufacture of general purpose machinery, the manufacture of garment and decoration, etc. In particular, the stock of the **equipment manufacturing** reached $64.29 billion, accounting for 45.8% of the total stock in the manufacturing sector. The investment to the manufacture of automobiles, the manufacture of computer, telecommunications and other electronic equipment, and the manufacture of chemical raw material and chemical products have each reached over $10 billion.

The stock in six sectors above amount to total $1561.86 billion, accounting for 86.3% of the total. The rest of sectors are as follows:

The **Transportation, Storage and Postal Services** sector received $54.77 billion, accounting for 3% of the total. The stock were mainly concentrated in water transport, handling and other transportation agency, air transport, pipeline transport, etc.

The **Real Estate** sector received $53.76 billion, accounting for 3% of the total.

The **Construction** sector received $33.7 billion, accounting for 1.9% of the total. Most of the stock were investment in housing construction, building decoration and other construction, and construction installation.

The **Production and Supply of Electricity, Heat, Gas and Water** sector received $24.99 billion, accounting for 1.4% of the total. Most of the stock were investment in the production and supply of electricity and heat.

The **Scientific Research and Technical Services** sector received $21.68 billion, accounting for 1.2% of the total. Most of the stock were investment in professional technical services, research experiment and development.

The **Resident Services, Repairs and Other Services** sector received $19.02 billion, accounting for 1.1% of the total. Most of the stock were investment in other services and resident services.

The **Agriculture, Forestry, Animal Husbandry and Fishery** sector received $16.56 billion, accounting for 0.9% of the total, of which 27.8%, 16.6% and 11.1% fell under agriculture, forestry and fishery respectively.

The **Culture, Sports and Entertainment** sector received $8.12 billion, accounting for 0.5% of the total.

The **Hotels and Catering** sector received $3.51 billion, accounting for 0.2% of the total.

The **Education** sector received $3.29 billion, accounting for 0.2% of the total.

The **Water Conservancy, Environment and Public Facility Management** sector received $2.39 billion, accounting for 0.1% of the total.

The **Health and Social Work** sector received $1.39 billion, accounting for 0.1% of the total.

**Figure 18 Industrial Distribution of China's Outward FDI Stock, by the End of 2017**

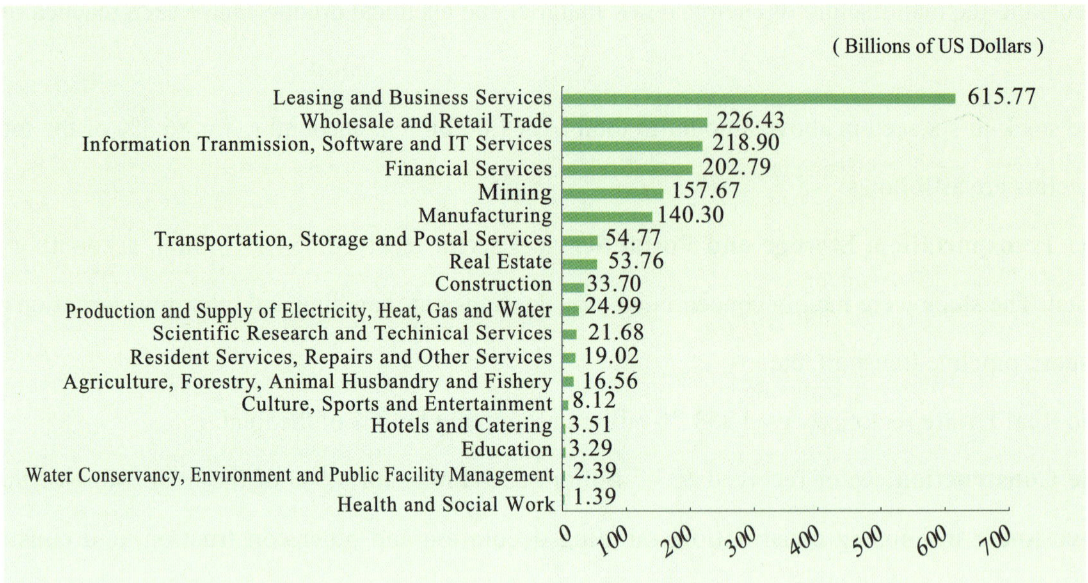


**Figure 19 Industry Weightings of China's Outward FDI Stock, by the End of 2017**

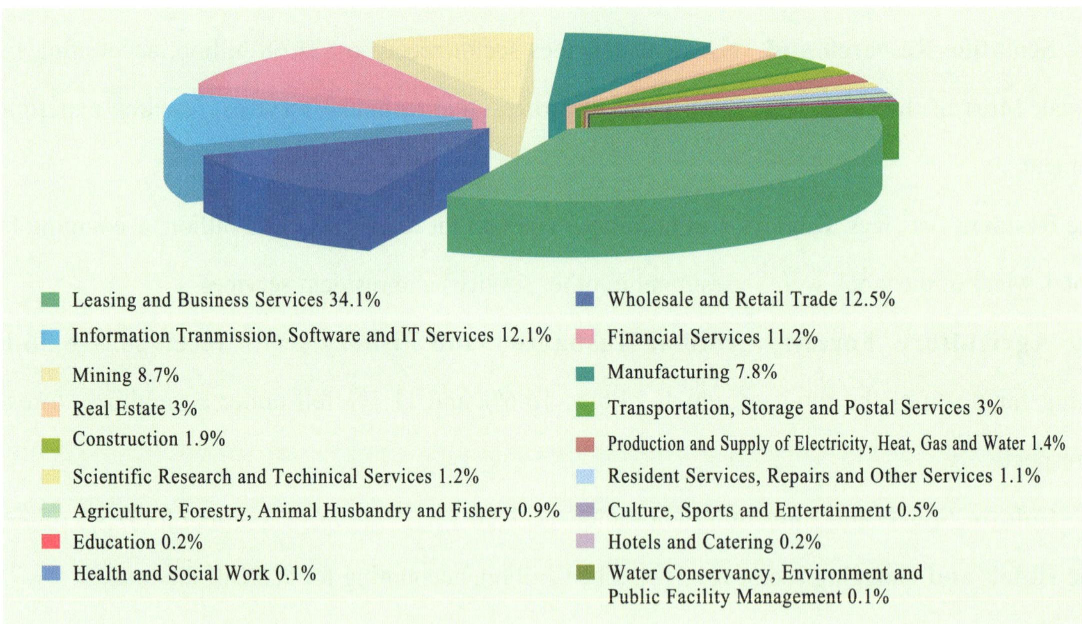


Locational distributions of industries show that the industries that received China's direct investment in each region were highly concentrated.

**Table 14 Top Five Industries of China's Outward FDI Stock in Each Continent, by the End of 2017**

| Continent | Industry | Stock (Billions of US Dollars) | Share (%) |
|---|---|---|---|
| Asia | Leasing and Business Services | 510.34 | 44.8 |
| | Financial Services | 140.39 | 12.3 |
| | Wholesale and Retail Trade | 153.41 | 13.5 |
| | Mining | 79.52 | 7.0 |
| | Manufacturing | 73.26 | 6.4 |
| | **Subtotal** | **956.92** | **84.0** |
| Africa | Construction | 12.88 | 29.8 |
| | Mining | 9.76 | 22.5 |
| | Financial Services | 6.08 | 14.0 |
| | Manufacturing | 5.71 | 13.2 |
| | Leasing and Business Services | 2.31 | 5.3 |
| | **Subtotal** | **36.74** | **84.8** |
| Europe | Manufacturing | 34.13 | 30.8 |
| | Mining | 22.49 | 20.3 |
| | Financial Services | 17.72 | 16.0 |
| | Leasing and Business Services | 10.63 | 9.6 |
| | Wholesale and Retail Trade | 5.17 | 4.7 |
| | **Subtotal** | **90.14** | **81.4** |
| Latin America | Information Transmission, Software and IT Services | 186.57 | 48.2 |
| | Leasing and Business Services | 76.57 | 19.8 |
| | Wholesale and Retail Trade | 59.45 | 15.4 |
| | Financial Services | 25.13 | 6.5 |
| | Mining | 8.77 | 2.3 |
| | **Subtotal** | **356.49** | **92.2** |
| North America | Manufacturing | 19.51 | 22.4 |
| | Mining | 14.73 | 16.9 |
| | Leasing and Business Services | 12.80 | 14.7 |
| | Financial Services | 10.62 | 12.2 |
| | Information Transmission, Software and IT Services | 6.61 | 7.6 |
| | **Subtotal** | **64.27** | **73.8** |
| Oceania | Mining | 22.40 | 53.6 |
| | Real Estate | 4.41 | 10.6 |
| | Leasing and Business Services | 3.13 | 7.5 |
| | Financial Services | 2.85 | 6.8 |
| | Manufacturing | 1.97 | 4.7 |
| | **Subtotal** | **34.76** | **83.2** |

(2) Distribution in three industries

By the end of 2017, 79.8% of China's outward direct investment had been received by the tertiary industry (i.e. service industry), amounting to $1443.93 billion. It was mainly concentrated in leasing and business service, finance, wholesale and retail trade, information transmission, software and IT services, real estate, transportation and storage, etc. The secondary industry received $353.32 billion, accounting for 19.5% of the total. In particular, the mining industry (excluding supplementary mining activities) received $150.57 billion, accounting for 42.6% of the total stocks received by the secondary industry. The manufacturing sector (excluding fabricated metal product and repair of machinery and equipment) received $140.06 billion, accounting for 39.6% of the total received by the secondary industry. The construction sector received $33.7 billion, accounting for 9.5% of the total received by the secondary industry. The production and supply of electricity, heat, gas and water sector received $24.99 billion, accounting for 7.1% of the total received by the secondary industry. The primary industry (agriculture, forestry, animal husbandry and fishery but excluding related service activities) received $11.79 billion, accounting for 0.7% of the total outward FDI stock of China.

**Figure 20 Industrial Distribution of China's Outward FDI Stock, in Three Industries, by the End of 2017**

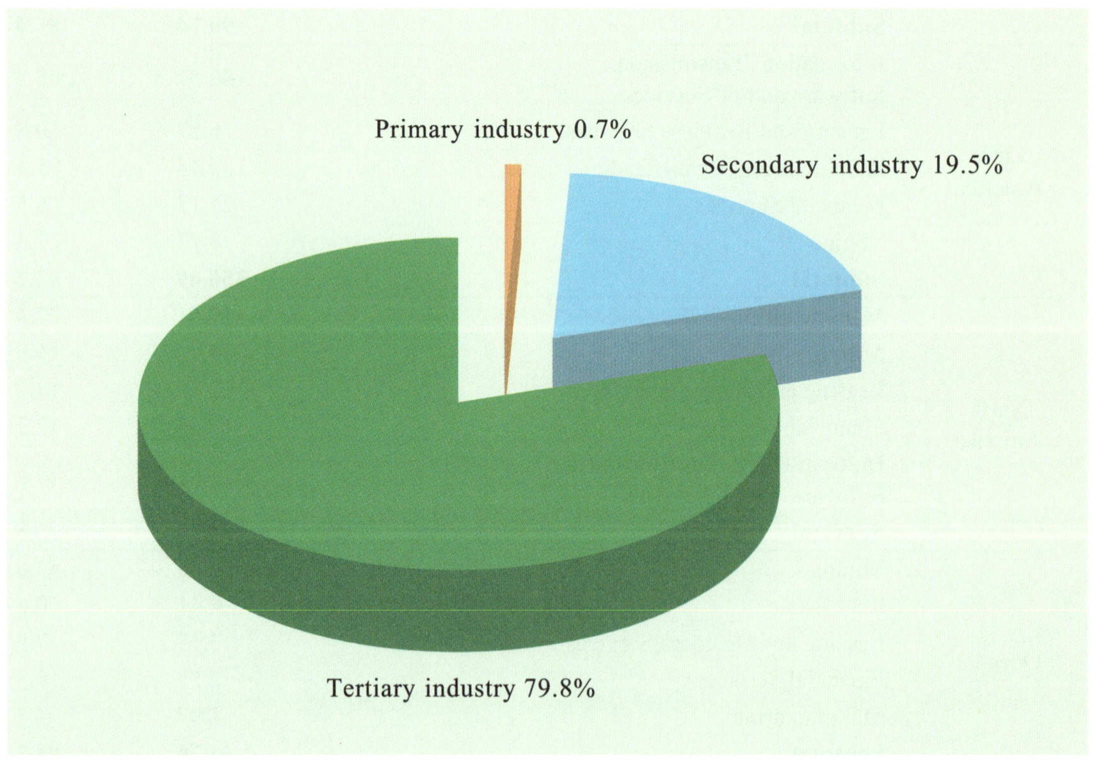


### 2.2.4 Distribution by domestic investor's business registration type.

By the end of 2017, among the $1606.25 billion non-financial outward FDI stock, state-owned enterprises had taken a share of 49.1%, decreased by 5.2% compared with the previous year, and that of the non-state enterprises had reached 50.9%. Among the non-state enterprises, limited liability companies had taken a share of 16.4%. incorporated companies 8.7%, self-employed company 7.4%, private enterprises 6.9%, Hong Kong, Macao and Taiwan-invested enterprises 5.8%, foreign-invested enterprises 3%, joint-stock cooperative enterprises 0.5%, collective enterprises 0.3%, and others 1.9%, respectively.

**Figure 21 Structure of China's Non-financial Outward FDI Stock, by Domestic Investor Registration Types, by the End of 2017**

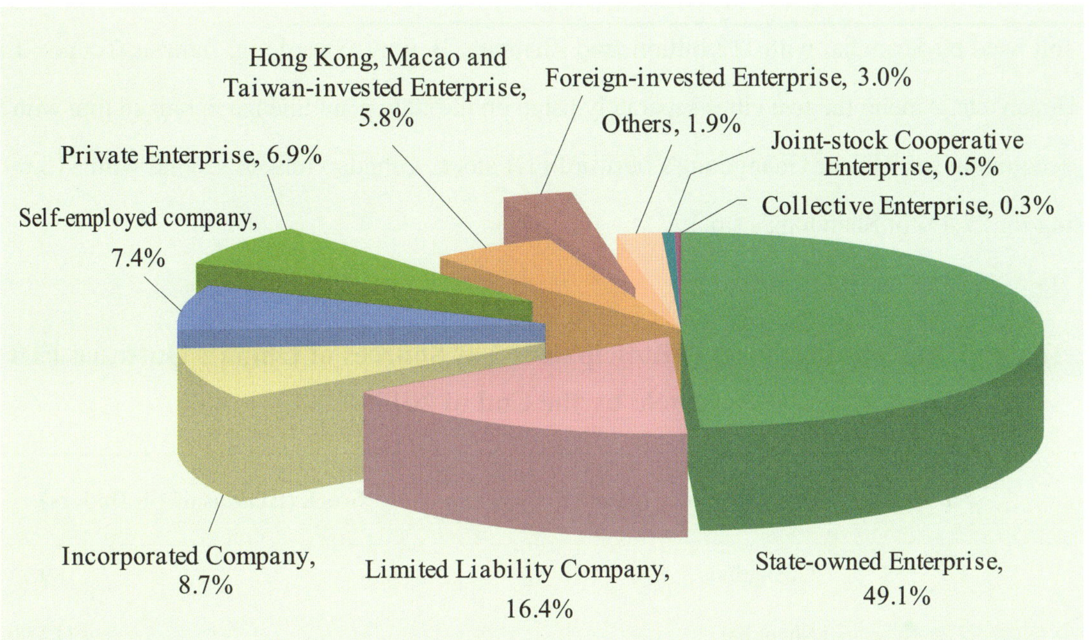


**Figure 22 Proportions of State-owned Enterprises and Non-state Enterprises in China's Outward FDI Stock, 2006-2017**

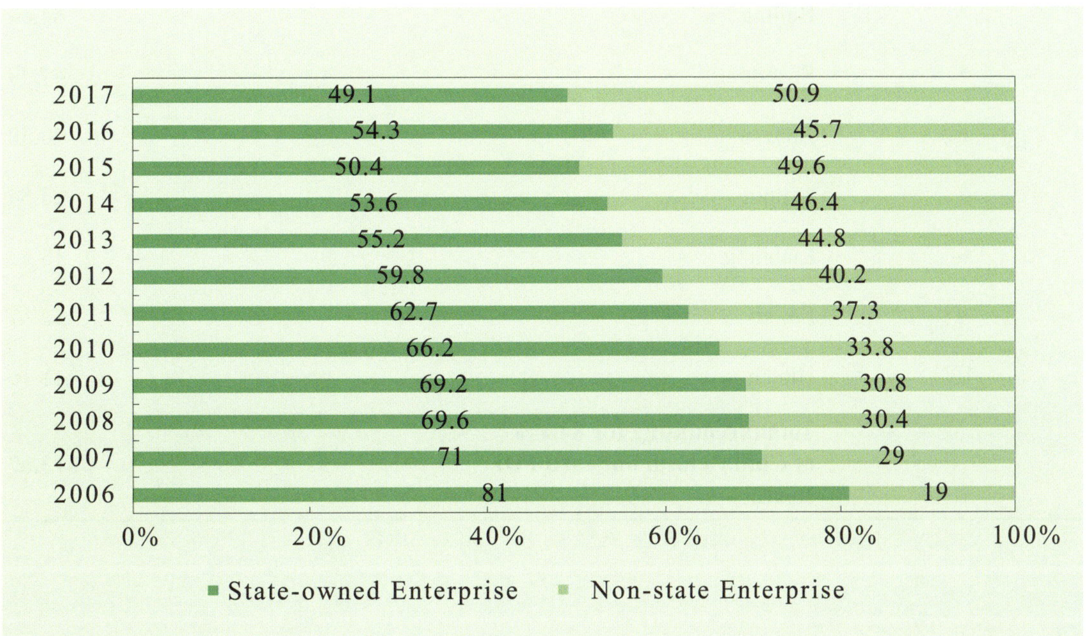

### 2.2.5 Provincial distribution

By the end of 2017, non-financial outward FDI stock by local enterprises had reached $727.46 billion, accounting for 45.3% of China's total non-financial outward FDI stock, increased by 0.9% compared with the previous year. In particular, $611.52 billion came from eastern China, accounting for 84.1% of the total. $53.08 billion came from western China, accounting for 7.3% of the total. $41.55 billion came from central China, accounting for 5.7% of the total. $21.31 billion came from three provinces in northeastern China, accounting for 2.9% of the total. Guangdong was the largest province as the source of outward FDI stock with $189.71 billion, followed by Shanghai with 112 billion, and Zhejiang, Beijing, Shandong, Jiangsu, Tianjin, Liaoning, Fujian, Hunan, etc. Among the five cities separately listed on the state plan, Shenzhen ranked first with $140.47 billion, accounting for 74% of Guangdong's outward FDI stock. Qingdao ranked second with $13.09 billion, accounting for 27.4% of Shandong's stock.

**Table 15 Top Ten Provinces (Municipalities) as Sources of China's Outward FDI stock, by the End of 2017**

| No. | Province (Municipality) | Stock (Billions of US Dollars) |
|---|---|---|
| 1 | Guangdong | 189.71 |
| 2 | Shanghai | 112.00 |
| 3 | Zhejiang | 98.39 |
| 4 | Beijing | 64.84 |
| 5 | Shandong | 47.79 |
| 6 | Jiangsu | 40.32 |
| 7 | Tianjin | 23.54 |
| 8 | Liaoning | 13.25 |
| 9 | Fujian | 12.67 |
| 10 | Hunan | 11.16 |
| | **Total(accounting for 84.4% of China's local outward FDI stock)** | **613.67** |

**Figure 23 Regional Weightings of China's Outward FDI Stock by Local Enterprises, by the End of 2017**

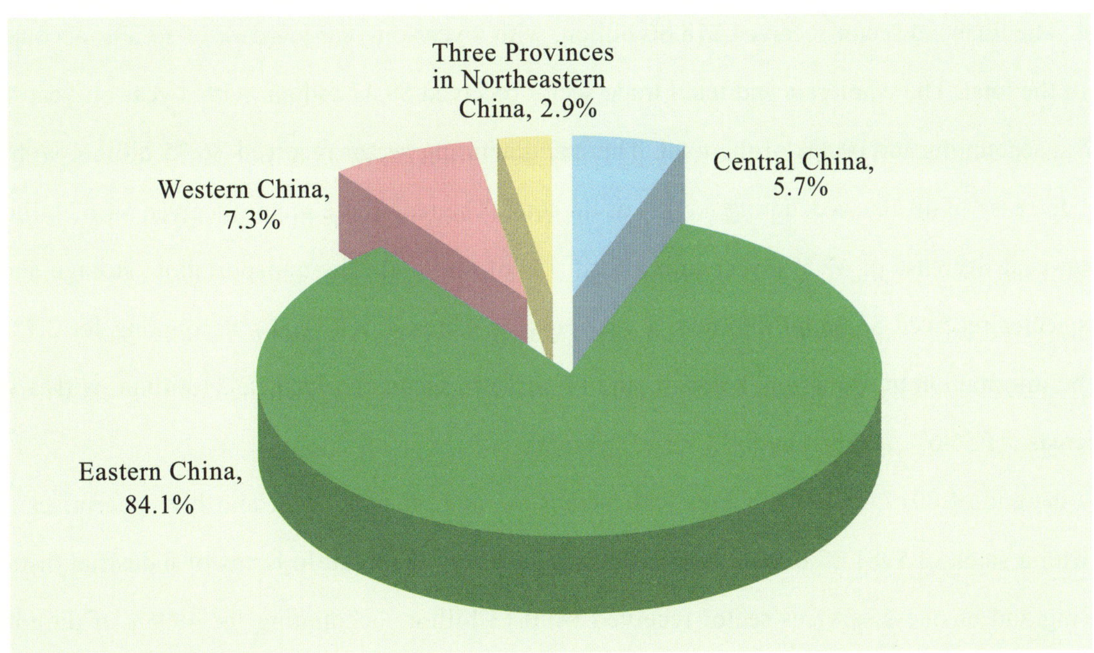


## 3.China's Outward FDI to Major Economies in the World

**Table 16 China's Outward FDI to Major Economies in the World, 2017**

(Billions of US Dollars)

| Economy | Flows | | | Stock | |
|---|---|---|---|---|---|
| | Amount | Year-on-Year Growth Rate (%) | Share (%) | Amount | Share (%) |
| Hong Kong China | 91.153 | -20.2 | 57.6 | 981.266 | 54.2 |
| ASEAN | 14.119 | 37.4 | 8.9 | 89.014 | 4.9 |
| European Union | 10.267 | 2.7 | 6.5 | 86.015 | 4.8 |
| United States | 6.425 | -62.2 | 4.0 | 67.381 | 3.7 |
| Australia | 4.242 | 1.3 | 2.7 | 36.175 | 2.0 |
| Russia | 1.548 | 19.7 | 1.0 | 13.872 | 0.8 |
| **Total** | **127.754** | **-18.6** | **80.7** | **1273.723** | **70.4** |

### 3.1 Outward FDI from Mainland China to Hong Kong

In 2017, outward FDI flows from Mainland China to Hong Kong reached $91.15 billion, accounting for 57.6% of the total flows, with a year-on-year decrease of 20.2%. There were 39 cases of M&As of Hong Kong enterprises by Mainland companies, amounting to $2.88 billion.

From an industry perspective, the leasing and business services sector (investment controlling as the primary purpose) received $40.77 billion, with a year-on-year decrease of 16%, accounting for 44.7% of the total. The financial sector received $18.86 billion, with a year-on-year increase of 19.3%, accounting for 20.7% of the total. The wholesale and retail trade sector received $9.47 billion, with a year-on-year decrease of 36.6%, accounting for 10.4% of the total. The manufacturing sector received $6.35 billion, with a year-on-year decrease of 40.7%, accounting for 7% of the total. The real estate sector received $4.67 billion, with a year-on-year decrease of 49.5%, accounting for 5.1% of the total. The transportation, storage and postal services sector received $3.36 billion, with a year-on-year increase of 131.5%, accounting for 3.7% of the total. The information transmission, software and IT services sector received $2.24 billion, with a year-on-year decrease of 56.6%, accounting for 2.5% of the total.

By the end of 2017, mainland China had established more than 12 thousand FDI enterprises in Hong Kong, with a stock of $981.27 billion, accounting for 54.2% of the total. In terms of industrial distribution, the leasing and business services sector received $490.13 billion, accounting for 49.9% of the total. The wholesale and retail trade sector received $137.21 billion, accounting for 14% of the total. The financial services sector received $123.17 billion, accounting for 12.6% of the total. The mining sector received $53.59 billion, accounting for 5.5% of the total. The manufacturing sector received $43.61 billion, accounting for 4.4% of the total. The transportation, storage and postal services sector received $38.49 billion, accounting for 3.9% of the total. The shares of the total FDI stocks were 3.9% for real estate, 1.9% for information transmission, software and IT services, 1.5% for resident services, repairs and other services, 0.8% for the production and supply of electricity, heat, gas and water, 0.5% for construction and scientific research and technical services and 0.8% for others.

**Table 17 Industrial Distribution of Outward FDI from Mainland China to Hong Kong, 2017**

(Millions of US Dollars)

| Industry | Flows | Share (%) | Stock | Share (%) |
|---|---|---|---|---|
| Leasing and Business Services | 40,768 | 44.7 | 490,125 | 49.9 |
| Wholesale and Retail Trade | 9,466 | 10.4 | 137,210 | 14.0 |
| Financial Services | 18,864 | 20.7 | 123,167 | 12.6 |
| Mining | 1,327 | 1.5 | 53,591 | 5.5 |
| Manufacturing | 6,348 | 7.0 | 43,609 | 4.4 |
| Transportation, Storage and Postal Services | 3,363 | 3.7 | 38,485 | 3.9 |
| Real Estate | 4,666 | 5.1 | 35,879 | 3.7 |
| Information Transmission, Software and IT services | 2,241 | 2.5 | 18,938 | 1.9 |
| Resident Services, Repairs and Other Services | 1,093 | 1.2 | 15,118 | 1.5 |
| Production and Supply of Electricity, Heat, Gas and Water | 787 | 0.9 | 7,310 | 0.8 |
| Scientific Research and Technical Services | 315 | 0.3 | 5,097 | 0.5 |
| Construction | 1,039 | 1.1 | 4,581 | 0.5 |
| Culture, Sports and Entertainment | 133 | 0.1 | 3,312 | 0.3 |
| Water Conservancy, Environment and Public Facility Management | 120 | 0.1 | 2,033 | 0.2 |
| Agriculture, Forestry, Animal Husbandry and Fishery | 466 | 0.5 | 1,811 | 0.2 |
| Others | 157 | 0.2 | 1,000 | 0.1 |
| **Total** | **91,153** | **100.0** | **981,266** | **100 .0** |

## 3.2 China's Outward FDI to the European Union

In 2017, China's outward FDI to the European Union experienced rapid growth. The total flows reached over ten billion dollars for the first time ($10.27 billion), with a year-on-year increase of 2.7%, accounting for 6.5% of the total flows.

Among China's outward FDI flows to the European Union, Germany ranked first, with a flow rate of $2.72 billion, with a year-on-year increase of 14.1%, accounting for 26.5% of the total flows to the European Union, mainly to manufacturing, leasing and business services, transportation, warehousing and postal services. The United Kingdom ranked second and received $2.07 billion, accounting for 20.1% of the total, mainly to leasing and business services, and manufacturing. Luxembourg ranked third and received $1.35 billion, accounting for 13.2%, mainly in scientific research and technology services, finance, residential services, repair and other services, and wholesale and retail. In addition, China's direct investment in Sweden has exceeded $1 billion, reaching $1.29 billion.

In terms of the industrial distribution, flows to the manufacturing sector amounted to $5.32 billion, accounting for 51.8% of the total investment to the European Union and the flows were mainly concentrated in the Germany, Sweden, the United Kingdom, Austria, Netherlands, etc. The leasing and business services sector was $2.5 billion, accounting for 24.3%, mainly concentrated in the United Kingdom, Cyprus, Germany, Luxembourg, etc. The scientific research and technical services sector received $0.78 billion, accounting for 7.6% of the total and the flows were mainly concentrated in the Luxembourg and Germany. The financial services sector received $0.69 billion, accounting for 6.7% of the total and the flows were mainly concentrated in the Luxembourg, Germany, Austria, France, etc. The information transmission, software and IT services sector received $0.46 billion, accounting for 4.5% of the total and the flows were mainly concentrated in the Netherlands and Germany.

By the end of 2017, China's outward FDI stock in the European Union had reached $86.02 billion, accounting for 4.7% of the total stocks. There were four countries receiving more than $10 billion outward FDI stocks, namely, the United Kingdom, the Netherlands, Luxembourg, Germany.

In terms of the industrial distribution of the stock, the manufacturing sector received $24.62 billion, accounting for 28.6% of the total and the stock were mainly concentrated in Sweden, Germany, the United Kingdom, the Netherlands, France, etc. The financial services sector received $17.13 billion, accounting for 19.9% of the total and the stock were mainly concentrated in the Luxembourg, the United Kingdom, Germany, France, etc. The mining sector received $14.13 billion, accounting for 16.4% of the total and the stocks were mainly concentrated in the Netherlands, Luxembourg, Belgium, etc. The leasing and business services sector received $9.92 billion, accounting for 11.5% of the total and the stock were mainly concentrated in the United Kingdom, Luxembourg, Germany, France, the Netherland, etc. The wholesale and retail trade sector received $4.49 billion, accounting for 5.2% of the total and the stock were mainly concentrated in the France, Germany, Luxembourg, the United Kingdom, the Netherlands, etc. The real estate sector received $3.16 billion, accounting for 3.7% of the total and the stock were mainly concentrated in the United Kingdom and Germany. The scientific research and technical services sector received $2.69 billion, accounting for 3.1% and the stock were mainly concentrated in the United Kingdom, Germany, Luxembourg, Sweden, etc. The shares of supply of electricity, heat, gas and water and transportation, storage and postal services sector reached 2.4% and 2% of the total, respectively.

By the end of 2017, China had established 2.9 thousand FDI enterprises in the European Union, covering all 28 member countries in the European Union. These enterprises hired about 175.9 thousand overseas employees.

**Table 18 Industrial Distribution of China's Outward FDI to the European Union, 2017**

(Millions of US Dollars)

| Industry | Flows | Share (%) | Stock | Share (%) |
|---|---|---|---|---|
| Manufacturing | 5,322 | 51.8 | 24,623 | 28.6 |
| Financial Services | 690 | 6.7 | 17,134 | 19.9 |
| Mining | -1,301 | -12.7 | 14,129 | 16.4 |
| Leasing and Business Services | 2,495 | 24.3 | 9,916 | 11.5 |
| Wholesale and Retail Trade | 968 | 9.4 | 4,492 | 5.2 |
| Real Estate | 46 | 0.4 | 3,161 | 3.7 |
| Scientific Research and Technical Services | 776 | 7.6 | 2,694 | 3.1 |
| Production and Supply of Electricity, Heat, Gas and Water | 18 | 0.2 | 2,089 | 2.4 |
| Information Transmission, Software and IT services | 463 | 4.5 | 2,031 | 2.4 |
| Transportation, Storage and Postal Services | 178 | 1.7 | 1,716 | 2 |
| Culture, Sports and Entertainment | 87 | 0.9 | 1,243 | 1.4 |
| Agriculture, Forestry, Animal Husbandry and Fishery | 141 | 1.4 | 913 | 1.1 |
| Hotels and Catering | 1 | 0.0 | 906 | 1.1 |
| Resident Services, Repairs and Other Services | 213 | 2.1 | 410 | 0.5 |
| Construction | 140 | 1.4 | 318 | 0.4 |
| Others | 31 | 0.3 | 241 | 0.3 |
| **Total** | **10,267** | **100.0** | **86,015** | **100.0** |

## 3.3 China's Outward FDI to ASEAN Countries

In 2017, while overall investment was declining, China's investment in the 10 ASEAN countries was outstanding. Its flows reached $14.12 billion, with a year-on-year increase of 37.4%, accounting for 8.9% of the total flows and 12.8% of the outward FDI flows to the Asia region. By the end of 2017, China's outward FDI stocks in ASEAN had reached $89.01 billion, accounting for 4.9% of the total stocks and 7.8% of the total outward FDI stock in Asia. By the end of 2017, China had established more than 4,700 FDI enterprises and hired 35.3 thousand local employees in ASEAN.

In 2017, the industrial structure of China's outward FDI to the ASEAN countries was as follows. The manufacturing sector received $3.17 billion, with a year-on-year decrease of 10.4%, accounting for 22.5%

and the flows were mainly concentrated in Indonesia, Thailand, Malaysia, Vietnam, etc. The wholesale and retail trade sector received $2.45 billion, accounting for 17.3% of the total and the flows were mainly concentrated in Singapore and Cambodia. The leasing and business services sector received $2.14 billion, accounting for 15.2% of the total and the flows were mainly concentrated in Singapore. The construction sector received $1.9 billion, accounting for 13.4% of the total and the flows were mainly concentrated in Indonesia, Singapore, Malaysia, Cambodia, Vietnam, etc. The transportation, storage and postal services sector received $0.76 billion, accounting for 5.4% of the total and the flows were mainly concentrated in Laos, Singapore, Cambodia, etc. The financial services sector received $0.74 billion, accounting for 5.2% of the total and the flows were mainly concentrated in Singapore, Myanmar, Indonesia, etc. The real estate sector received $0.71 billion, accounting for 5% of the total and the flows were mainly concentrated in Malaysia, Thailand, etc. The production and supply of electricity, heat, gas and water sector received $0.63 billion, accounting for 4.5% of the total and the flows were mainly distributed in Indonesia, Myanmar, Laos, etc. The agriculture, forestry, animal husbandry and fishery sector received $0.62 billion, accounting for 4.4% of the total and the flows were mainly concentrated in, Laos, Singapore, etc. The mining sector received $0.37 billion, accounting for 2.6% of the total.

In terms of countries destination of investment flows, Singapore ranked first and received $6.32 billion, twice the amount of the same period of the previous year, accounting for 44.8% of the total investment flow to ASEAN, mainly to wholesale and retail trade, leasing and business services; Malaysia ranked second and reached $1.722 billion, accounting for 12.2%, mainly to manufacturing, real estate, and construction; Indonesia ranked third and reached $1.682 billion, accounting for 11.9%, mainly to manufacturing, construction, electricity, heat, gas and water production and supply.

In terms of the industrial structure of China's outward FDI stocks in ASEAN in 2017, the leasing and business services sector ranked first and received $17.48 billion, accounting for 19.6% of the total and the stocks were mainly distributed in Singapore ($15.64 billion, accounting for nearly 90%). The manufacturing sector received $15.57 billion, accounting for 17.5% of the total, and the stocks were mainly distributed in Indonesia ($3.79 billion), Thailand ($2.77 billion), Vietnam ($2.71 billion), Malaysia ($1.83 billion), Singapore ($1.75 billion). The wholesale and retail trade sector received $11.88 billion, accounting for 13.3% of the total and the stocks were mainly concentrated in Singapore, Indonesia, Thailand, Vietnam, Malaysia, etc. The mining sector received $10.32 billion, accounting for 11.6% of the total, and the stocks were mainly concentrated in Singapore, Indonesia, Myanmar, Laos, Vietnam, Thailand, etc. The production and supply of electricity, heat, gas and water sector received $9.62 billion, accounting for 10.8% and the stocks were mainly distributed in Myanmar, Singapore, Laos, Indonesia, Cambodia, with each country's stock over $1 billion. The construction sector received $6.56 billion, accounting for 7.4% of the total and the stocks were mainly concentrated in Singapore, Malaysia, Cambodia, Indonesia, etc. The financial services sector received $5.24 billion, accounting for 5.9% of the total and the stocks were mainly concentrated in Singapore, Thailand, Indonesia, Malaysia, etc. The agriculture, forestry, animal husbandry and fishery sector received $4.53 billion, accounting for 5.1% and the stocks were mainly concentrated in Singapore, Laos, Cambodia, Indonesia, etc. The transportation, storage and postal services sector received $2.504 billion, accounting for 2.8% of the total and the stocks were mainly concentrated in Singapore, Laos, etc. The real estate sector accounted for 2.5% of the total and the stocks were mainly distributed in Malaysia, Singapore, Laos, etc. The share of information transmission, software and IT services sector and the scientific research and technical services sector were 1.1% and 1% respectively.

### Table 19 Industrial Distribution of China's Outward FDI to ASEAN, 2017

(Millions of US Dollars)

| Industry | Flows | Share (%) | Stock | Share (%) |
|---|---|---|---|---|
| Leasing and Business Services | 2,142 | 15.2 | 17,483 | 19.6 |
| Manufacturing | 3,174 | 22.5 | 15,569 | 17.5 |
| Wholesale and Retail Trade | 2,449 | 17.4 | 11,877 | 13.3 |
| Mining | 370 | 2.6 | 10,320 | 11.6 |
| Production and Supply of Electricity, Heat, Gas and Water | 633 | 4.5 | 9,619 | 10.8 |
| Construction | 1,896 | 13.4 | 6,560 | 7.4 |
| Financial Services | 739 | 5.2 | 5,240 | 5.9 |
| Agriculture, Forestry, Animal Husbandry and Fishery | 623 | 4.4 | 4,532 | 5.1 |
| Transportation, Storage and Postal Services | 758 | 5.4 | 2,504 | 2.8 |
| Real Estate | 711 | 5.0 | 2,238 | 2.5 |
| Information Transmission, Software and IT services | 116 | 0.8 | 939 | 1.1 |
| Scientific Research and Technical Services | 200 | 1.4 | 839 | 1.0 |
| Resident Services, Repairs and Other Services | 61 | 0.4 | 626 | 0.7 |
| Public Health and Social Work | 168 | 1.2 | 315 | 0.4 |
| Water Conservancy, Environment and Public Facility Management | 47 | 0.3 | 118 | 0.1 |
| Hotels and Catering | 7 | 0.1 | 112 | 0.1 |
| Culture, Sports and Entertainment | 17 | 0.1 | 103 | 0.1 |
| Education | 6 | 0.1 | 22 | 0.0 |
| **Total** | **14,119** | **100.0** | **89,014** | **100.0** |

Figure 24 China's Outward FDI Stock in Ten ASEAN Countries, by the End of 2017

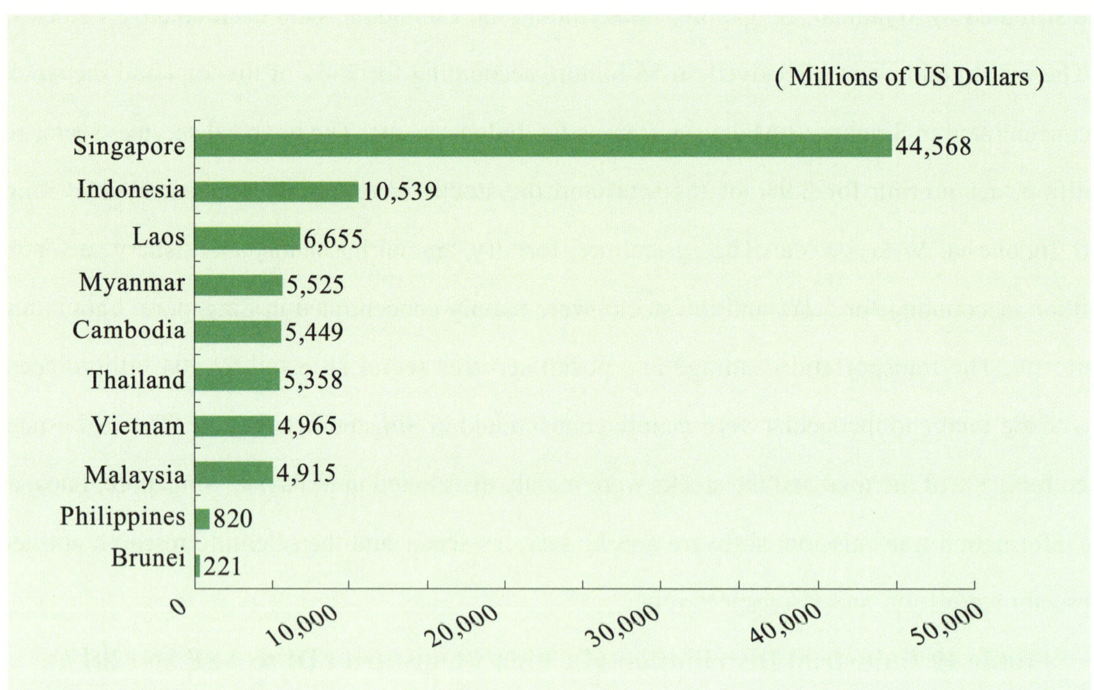


## 3.4 China's Outward FDI to the United States

In 2017, China's outward FDI flow to the United States amounted to $6.43 billion, one-third of that of last year and accounting for 4% of the total flows. By the end of 2017, China's outward FDI stock in the United States had been recorded at $67.38 billion, accounting for 3.7% of the total. These overseas enterprises hired more than 104 thousand local employees in the United States, increased nearly 15 thousand than last year.

In 2017, Chinese enterprises conducted 82 M&As in the United States. The actual value of transaction reached $12.03 billion, including HNA Travel Group Co., Ltd.'s acquisition 25% equity project of US Hilton Hotel, HNA Capital Group Co., Ltd. 's acquisition 100% equity of US CIT aircraft leasing business, and SanDisk Group Co., Ltd. 's acquisition Dandry Pharmaceutical companies with $910 million, etc.

In 2017, China's outward FDI to the United States remained widely across sectors while the total investment flows declined, with two industries receiving more than $1 billion FDI flows, four fewer than last year. The manufacturing sector ranked first with $3.6 billion flows, a year-on-year decrease of 39.9% and accounting for 56.1% of the total outward FDI to the United States. The leasing and business services sector ranked second with $1.28 billion flows, with a year-on-year decrease of 21.7% and accounting for 19.9% of the total. The wholesale and retail sector ranked third with $0.789 billion, with a year-on-year decrease of 17.6% and accounting for 12.3% of the total. Ordered by ranking, the scientific research and technical services sector received $0.45 billion flows, accounting for 7% of the total, the mining sector received $0.31 billion, accounting for 4.8% of the total, the information transmission, software and IT services sector received $0.29 billion, accounting for 4.6% of the total, the construction sector received $0.25 billion, accounting for 3.9% of the total, the real estate sector received $0.23 billion, accounting for 3.6% of the total. In 2017, China's investment towards US's transportation, storage and postal services sector, and production and supply of electricity, heat, gas and water sector were respectively three times and twice of that in 2016.

In terms of the industrial distribution of China's outward FDI stock in the United States, the manufacturing sector topped other sectors and received $17.28 billion, accounting for 25.6% of the total stocks in the United States. In particular, the stock were mainly distributed in the automobile manufacturing, the manufacture of medicines, the manufacture of special purpose machinery, the manufacture of computer/ communication and other electronic equipment, the manufacture of general purpose machinery, railway, shipping and aviation and other transport equipment manufacturing, the manufacture of metal products, the manufacture of non-metallic mineral products, the manufacture of chemical raw materials and chemical, the manufacture of rubber, plastic and their products and footwear, etc. The leasing and business services sector received $11 billion, accounting for 16.3% of the total. The financial services sector received $9.14 billion, accounting for 13.6% of the total. The information transmission, software and IT services sector received $6.59 billion, accounting for 9.8% of the total. The wholesale and retail trade sector received $5.18 billion, accounting for 7.7% of the total. The real estate sector received $4.47 billion, accounting for 6.6% of the total. The mining sector accounted for 5.2% of the total. The scientific research and technical services sector accounted for 4.9% of the total. The culture, sports and entertainment sector accounted for 3.5% of the total.

### Table 20 Major Industrial Sectors of China's Outward FDI to the United States, 2017

(Millions of US Dollars)

| Industry | Flows | Share (%) | Stock | Share (%) |
|---|---|---|---|---|
| Manufacturing | 3,604 | 56.1 | 17,280 | 25.6 |
| Leasing and Business Services | 1,276 | 19.9 | 11,002 | 16.3 |
| Financial Services | -1,166 | -18.2 | 9,141 | 13.6 |
| Information Transmission, Software and IT services | 294 | 4.6 | 6,591 | 9.8 |
| Wholesale and Retail Trade | 789 | 12.3 | 5,175 | 7.7 |
| Real Estate | 234 | 3.6 | 4,469 | 6.6 |
| Mining | 310 | 4.8 | 3,513 | 5.2 |
| Scientific Research and Technical Services | 452 | 7.0 | 3,330 | 4.9 |
| Culture, Sports and Entertainment | 18 | 0.3 | 2,342 | 3.5 |
| Construction | 247 | 3.9 | 1,529 | 2.3 |
| Resident Services, Repairs and Other Services | 34 | 0.5 | 751 | 1.1 |
| Transportation, Storage and Postal Services | 44 | 0.7 | 595 | 0.9 |
| Production and Supply of Electricity, Heat, Gas and Water | 110 | 1.7 | 566 | 0.8 |
| Hotels and Catering | 24 | 0.4 | 518 | 0.8 |
| Agriculture, Forestry, Animal Husbandry and Fishery | 95 | 1.5 | 327 | 0.5 |
| Education | 35 | 0.5 | 128 | 0.2 |
| Public Health and Social Work | 14 | 0.2 | 67 | 0.1 |
| Water Conservancy, Environment and Public Facility Management | 11 | 0.2 | 56 | 0.1 |
| **Total** | **6,425** | **100.0** | **67,381** | **100.0** |

## 3.5 China's Outward FDI to Australia

In 2017, China's outward FDI to Australia slowed down with direct investment flows amounting to $4.24 billion, with a year-on-year increase of 1.3% and accounting for 2.7% of the total flows. The flow mainly concentrated in these sectors: The mining sector was $1.43 billion, accounting for 33.7%; the leasing and business services sector was $0.55 billion, accounting for 12.8%; the financial sector was $0.50 billion, accounting for 11.9%; the real estate sector was $0.49 billion, accounting for 11.6%; the manufacturing sector accounting for 11.1%; agriculture, forestry, animal husbandry and fishery accounted for 5.1%; construction sector accounted for 3.6%.

By the end of 2017, China's outward FDI stock in Australia had reached $36.18 billion, accounting for 2% of the total and 86.6% of its outward FDI stock in Oceania. China established about 1,000 overseas enterprises and hired almost 22.4 thousand local employees in Australia. In terms of the industrial distribution of China's outward FDI stock in Australia, the mining sector received $20.59 billion, accounting for 56.9% of the total. The real estate sector received $4.1 billion, accounting for 11.3% of the total. The leasing and business services sector received $2.89 billion, accounting for 8% of the total. The financial services sector received $2.42 billion, accounting for 6.7% of the total. The manufacturing sector received $1.56 billion, accounting for 4.3% of the total. The wholesale and retail trade sector received $0.96 billion, accounting for 2.6% of the total. The transportation, storage and postal services sector received $0.9 billion, accounting for 2.5% of the total.

### Table 21 Major Industrial Sectors of China's Outward FDI to Australia, 2017

(Millions of US Dollars)

| Industry | Flows | Share (%) | Stock | Share (%) |
|---|---|---|---|---|
| Mining | 1,429.66 | 33.7 | 20,594.47 | 56.9 |
| Real Estate | 493.26 | 11.6 | 4,101.67 | 11.3 |
| Leasing and Business Services | 545.00 | 12.8 | 2,890.20 | 8.0 |
| Financial Services | 503.21 | 11.9 | 2,441.81 | 6.7 |
| Manufacturing | 469.86 | 11.1 | 1,563.63 | 4.3 |
| Wholesale and Retail Trade | 110.81 | 2.6 | 958.35 | 2.6 |
| Transportation, Storage and Postal Services | 75.33 | 1.8 | 889.07 | 2.5 |
| Agriculture, Forestry, Animal Husbandry and Fishery | 217.07 | 5.1 | 820.15 | 2.3 |
| Construction | 153.84 | 3.6 | 523.83 | 1.4 |
| Public Health and Social Work | 103.59 | 2.4 | 401.97 | 1.1 |
| Production and Supply of Electricity, Heat, Gas and Water | 32.36 | 0.8 | 341.13 | 1.0 |
| Resident Services, Repairs and Other Services | 69.92 | 1.6 | 309.95 | 0.9 |
| Scientific Research and Technical Services | 14.29 | 0.3 | 142.81 | 0.4 |
| Hotels and Catering | 10.73 | 0.3 | 99.65 | 0.3 |
| Other | 13.03 | 0.4 | 96.62 | 0.3 |
| **Total** | **4,241.96** | **100.0** | **36,175.31** | **100.0** |

### 3.6 China's Outward FDI to Russia

In 2017, China's outward FDI reached $1.55 billion, a year-on-year increase of 19.7% and accounting for 1% of the total flows and 8.4% of the total flows to Europe. In terms of the industrial distribution, the flows were mainly concentrated in the mining sector (38.7%), the agriculture, forestry, animal husbandry and fishery sector (18.7%), the financial services sector (10.4%), the manufacturing sector (8.5%), the wholesale and retail trade sector (6.5%) and the scientific research and technical services sector (6.5%).

By the end of 2017, China's outward FDI stock in Russia had reached $13.87 billion, accounting for 0.8% of the total and 12.5% of its outward FDI stock in Europe. China had established over 1,000 overseas enterprises and hired 20 thousand local employees in Russia. In terms of the industrial distribution of China's outward FDI stock in Russia, the mining sector received $6.59 billion, accounting for 47.5% of the total. The agriculture, forestry, animal husbandry and fishery sector received $2.7 billion, accounting for 19.5% of the total. The manufacturing sector received $1.57 billion, accounting for 11.3% of the total. The leasing and business services sector received $0.92 billion, accounting for 6.7% of the total. The financial services sector received $0.5 billion, accounting for 3.6% of the total. The wholesale and retail trade sector received $0.484billion, accounting for 3.5% of the total. The real estate sector received $0.4 billion, accounting for 2.9% of the total. The construction sector received $0.3 billion, accounting for 2.1% of the total.

**Table 22 Major Industrial Sectors of China's Outward FDI to Russia, 2017**

(Millions of US Dollars)

| Industry | Flows | Share (%) | Stock | Share (%) |
|---|---|---|---|---|
| Mining | 599.46 | 38.7 | 6591.51 | 47.5 |
| Agriculture, Forestry, Animal Husbandry and Fishery | 289.90 | 18.7 | 2701.66 | 19.5 |
| Manufacturing | 130.98 | 8.5 | 1574.08 | 11.3 |
| Leasing and Business Services | 36.88 | 2.4 | 923.97 | 6.7 |
| Financial Services | 160.87 | 10.4 | 495.13 | 3.6 |
| Wholesale and Retail Trade | 101.13 | 6.5 | 483.68 | 3.5 |
| Real Estate | 51.09 | 3.3 | 403.50 | 2.9 |
| Construction | 48.84 | 3.2 | 297.68 | 2.1 |
| Scientific Research and Technical Services | 100.21 | 6.5 | 151.48 | 1.1 |
| Information Transmission, Software and IT services | 0.44 | 0.0 | 111.39 | 0.8 |
| Transportation, Storage and Postal Services | 22.48 | 1.5 | 79.10 | 0.6 |
| Resident Services, Repairs and Other Services | 0.12 | 0.0 | 27.97 | 0.2 |
| Other | 6.02 | 0.3 | 30.45 | 0.2 |
| **Total** | **1548.42** | **100.0** | **13871.60** | **100.0** |

## 4.Structure of China's Outward Foreign Direct Investors

By the end of 2017, the number of China's outward foreign direct investors had reached 25.5 thousand. In terms of the domestic investor registration types from the state administration for industry and commerce, limited liability companies accounted for 41.4% of the total. They were the largest and most active group in China's outward FDI activities. Private enterprises accounted for 25.7% of the total and ranking 2nd. The incorporated companies accounted for 10.9%. The state-owned enterprises accounted for 5.6% of the total, an increase of 0.4% compared with the previous year. The shares of foreign-invested enterprises, joint-stock cooperative enterprises, Hong Kong, Macao and Taiwan-invested enterprises, self-employed companies, joint-stock cooperative company, collective enterprises and other enterprises reached 5%, 3.4%, 2.5%, 1.8%, 0.4% and 3.3%, respectively.

**Figure 25 Structure of Domestic Investors, by Registration Type, by the End of 2017**

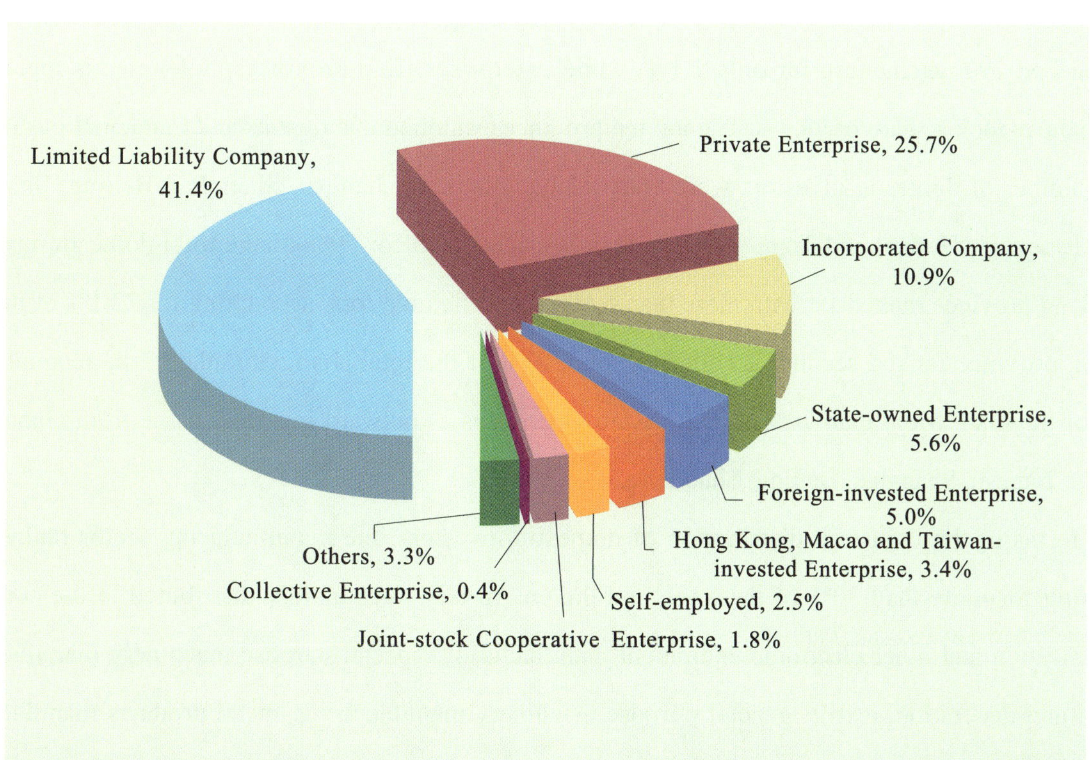

### Table 23 Domestic Investors by Registration Type

| Registration Type | Number of Firms | Share (%) |
|---|---|---|
| Limited Liability Company | 10,577 | 41.4 |
| Private Enterprise | 6,570 | 25.7 |
| Incorporated Company | 2,790 | 10.9 |
| State-owned Enterprise | 1,422 | 5.6 |
| Foreign-invested Enterprise | 1,280 | 5.0 |
| Hong Kong, Macao and Taiwan-invested Enterprise | 854 | 3.4 |
| Self-employed | 646 | 2.5 |
| Joint-stock Cooperative Enterprise | 465 | 1.8 |
| Collective Enterprise | 94 | 0.4 |
| Others | 831 | 3.3 |
| **Total** | **25,529** | **100.0** |

Among the non-financial outward foreign direct investors, the number of central enterprises and units reached 290, accounting for only 1.1%, while enterprises from provinces, autonomous regions and municipalities took a share of 98.9%. The top ten provinces, autonomous regions and municipalities in terms of the number of domestic investors were Guangdong, Zhejiang, Jiangsu, Shanghai, Beijing, Shandong, Fujian, Liaoning, Hunan, and Tianjin, which together accounted for 79% of the total domestic investors. Guangdong province ranked 1st with more than 5,600 domestic investors, accounting for 22.1% of the total. Zhejiang province ranked second, accounting for 11.9% of the total. Jiangsu ranked 3rd, accounting for 10.2% of the total. More than 70% of the private enterprises as outward investors came from Guangdong, Zhejiang, Jiangsu, Shanghai, Beijing, Shandong, etc.

In terms of the industrial distribution of domestic investors, the manufacturing sector ranked first, accounting for more than 30% of the total, and the enterprises were mainly distributed in the computer, communication and other electronic equipment manufacturing, special purpose machinery manufacturing, garment and decoration, textile, general purpose machinery manufacturing, metal products manufacturing, electrical machinery and equipment manufacturing, the manufacture of medicine, chemical raw material and chemical products manufacturing, rubber and plastic manufacturing, automobile manufacturing, etc. In addition, the shares of the wholesale and retail trade, leasing and business services sector, the information transmission, software and IT services sector, the agriculture, forestry, animal husbandry and fishery sector, the construction sector, and scientific research and technical services reached 27%, 11.4%, 6%, 3.9%, 3.4% and 2.9%, respectively.

### Figure 26 Structure of Domestic Investors, by the End of 2017

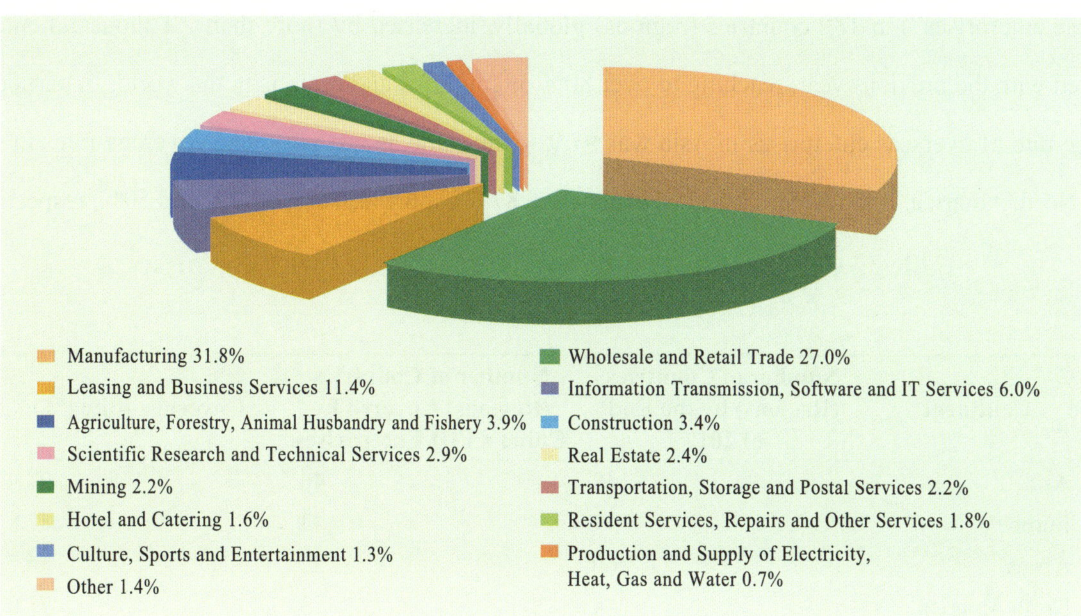


### Table 24 Structure of Domestic Investors, by the End of 2017

| Industry | Number of Firms | Share (%) |
|---|---|---|
| Manufacturing | 8,111 | 31.8 |
| Wholesale and Retail Trade | 6,905 | 27.0 |
| Leasing and Business Services | 2,917 | 11.4 |
| Information Transmission, Software and IT services | 1,532 | 6.0 |
| Agriculture, Forestry, Animal Husbandry and Fishery | 986 | 3.9 |
| Construction | 874 | 3.4 |
| Scientific Research and Technical Services | 738 | 2.9 |
| Real Estate | 607 | 2.4 |
| Mining | 567 | 2.2 |
| Transportation, Storage and Postal Services | 563 | 2.2 |
| Resident Services, Repairs and Other Services | 466 | 1.8 |
| Hotels and Catering | 402 | 1.6 |
| Culture, Sports and Entertainment | 335 | 1.3 |
| Production and Supply of Electricity, Heat, Gas and Water | 190 | 0.7 |
| Other | 336 | 1.4 |
| **Total** | **25,529** | **100.0** |

## 5.Geographical and Industrial Distribution of China's FDI Enterprises

### 5.1 Country (region) distribution

By the end of 2017, China had established 39.2 thousand FDI enterprises (hereinafter referred to as "overseas enterprises") in 189 countries (regions) globally, increased by more than 2.1 thousand enterprises compared with the previous year, reaching to over 80% of countries and regions in the world. In particular, the coverage rate of overseas enterprises in Asia was 97.9%, the same as last year. The coverage rates in Europe, Africa, North America, Latin America and Oceania were 87.8%, 86.7%, 75%, 67.3% and 50%, respectively.

**Table 25 Geographical Distribution of China's FDI Enterprises, by the end of 2017**

| Continent | Number of Countries (Regions) by the End of 2017 | Number of Countries (Regions) Covered by China's FDI Enterprises | Coverage Rate (%) |
|---|---|---|---|
| Asia | 48 | 46 | 97.9 |
| Europe | 49 | 43 | 87.8 |
| Africa | 60 | 52 | 86.7 |
| North America | 4 | 3 | 75.0 |
| Latin America | 49 | 33 | 67.3 |
| Oceania | 24 | 12 | 50.0 |
| **Total** | **234** | **189** | **81.1** |

Note: 1. Coverage rate refers to the ratio between the number of countries covered by China's FDI enterprises and the total number of countries in the region.

2. The quantity numbers in Asian countries include China, while the coverage rate does not.

**Figure 27 Regional Coverage Rate of China's Overseas Enterprises, by the end of 2017**

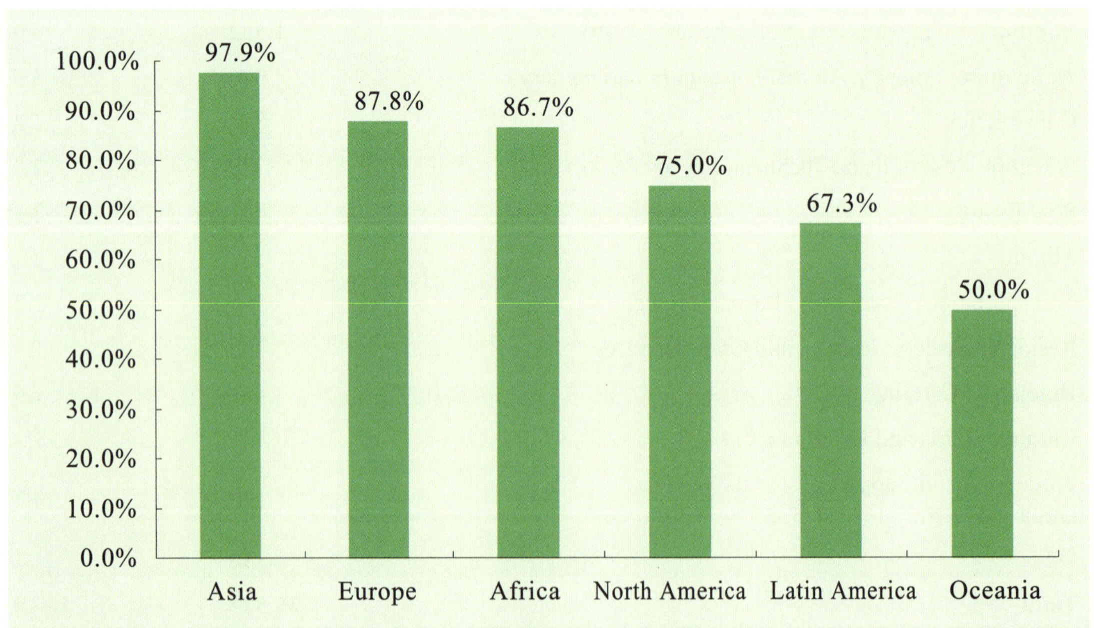

### Table 26 Countries (Regions) Without China's Overseas Enterprises, by the end of 2017

| Continent | Number of Countries (Regions) | Country (Region) |
|---|---|---|
| Asia | 1 | Bhutan |
| Europe | 6 | Andorra, Gibraltar, Monaco, Vatican City State, Faroe Islands, San Marino |
| Africa | 8 | Canary Islands, Saibutai, La Reunion, Somalia, Melilla, Swaziland, Mayotte, Western Sahara |
| Latin America | 16 | Aruba, Belize, Bonaire, Curacao Islands, French Guiana, Guadeloupe, Haiti, Martinique, Montserrat, Puerto Rico, Saba, Saint Martin Islands, Turks and Caicos Islands, Saint Kitts and Nevis, Saint Pierre and Miquelon, Netherlands Antilles |
| North America | 1 | Greenland |
| Oceania | 12 | Gambier Islands, Marquesas Islands, Nauru, New Caledonia, Norfolk Island, Society Islands, Solomon Islands, Tuamotu Islands, Tubuai Islands, Tuvalu, French Polynesia, Wallis and Futuna Islands |
| **Total** | **44** | |

From a country (region) perspective, China established more than 22 thousand overseas enterprises in Asia, accounting for 56.3% of the total. These enterprises were mainly concentrated in Hong Kong China, Singapore, Japan, Vietnam, South Korea, Indonesia, Laos, Thailand, Cambodia, Malaysia, the United Arab Emirates, Mongolia, etc. The number of overseas enterprises in Hong Kong China reached 12,000, accounting for 30% of the total. Hong Kong ranked 1st in terms of the number of China's overseas enterprises and was the most active region for China's investment.

China established almost 6 thousand overseas enterprises in North America, accounting for 15.1% of the total. These enterprises were mainly concentrated in the United States, and Canada. The United States ranked 2nd after Hong Kong in terms of the number of China's overseas enterprises.

China established over 4 thousand overseas enterprises in Europe, accounting for 10.7% of the total. These enterprises were mainly distributed in Russia, Germany, the United Kingdom, the Netherlands, France, Italy, etc.

China established almost 3,400 overseas enterprises in Africa, accounting for 8.7% of the total. These enterprises were mainly distributed in Zambia, Ethiopia, Nigeria, South Africa, Kenya, Tanzania, Ghana,

Angola, Uganda, etc.

China established over 2,200 overseas enterprises in Latin America, accounting for 5.7% of the total. These enterprises were mainly distributed in the British Virgin Islands, Cayman Islands, Brazil, Mexico, Chile, Venezuela, Peru, Ecuador, etc.

China established more than 1,300 overseas enterprises in Oceania, accounting for 3.5% of the total. These enterprises were mainly distributed in Australia, New Zealand, Samoa, Papua New Guinea, Fiji, etc.

**Table 27 Geographical Distribution of China's Overseas Enterprises, by the End of 2017**

| Continent | Number of Overseas Enterprises | Share (%) |
|---|---|---|
| Asia | 22,078 | 56.3 |
| North America | 5,928 | 15.1 |
| Europe | 4,195 | 10.7 |
| Africa | 3,413 | 8.7 |
| Latin America | 2,236 | 5.7 |
| Oceania | 1,355 | 3.5 |
| **Total** | **39,205** | **100.0** |

By the end of 2017, the top 20 countries and regions in terms of the number of China's overseas enterprises had been Hong Kong China, the United States, Australia, the Russia Federation, Germany, Singapore, Japan, the British Virgin Islands, Vietnam, Canada, South Korea, Indonesia, Laos, Thailand, Cambodia, the Cayman Islands, Malaysia, the United Kingdom, the United Arab Emirates, and Mongolia. The total of China's overseas enterprises located in the above-mentioned countries and regions exceeded 29 thousand, accounting for 74.9% of the total.

**Figure 28 Geographical Distribution of China's Overseas Enterprises, by the End of 2017**

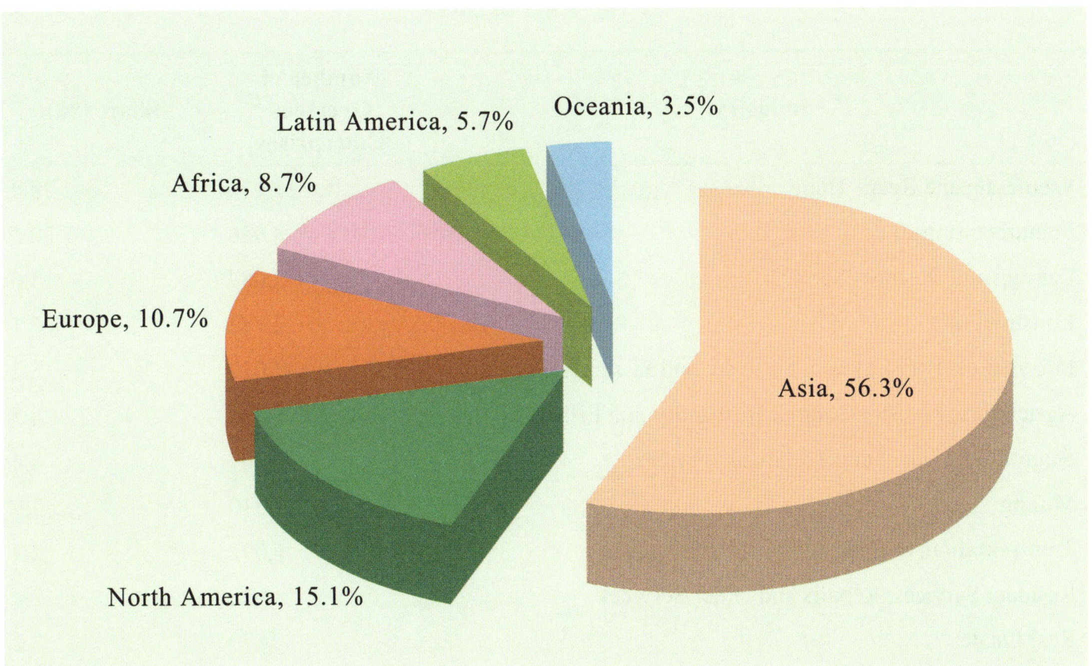


## 5.2 Industrial Distribution

In terms of the industrial distribution of China's overseas enterprises, the wholesale and retail sector, the manufacturing sector and the leasing and business services sector were the most concentrated industries for overseas enterprises. The number of enterprises in these three industries reached almost 24,000, accounting for 61.9% of the total. In particular, there were more than 11,000 enterprises in the wholesale and retail sector, accounting for 28.4% of the total; more than 8,000 enterprises in the manufacturing sector, accounting for 20.5% of the total; and more than 5,000 enterprises in the leasing and business services sector, accounting for 13% of the total. In addition, the shares of the construction sector, the information transmission, software and IT services sector, the agriculture, forestry, animal husbandry and fishery sector, the scientific research and technical services sector, the mining sector, the transportation, storage and postal services sector, the resident services, repairs and other services sector, the real estate sector, and production and supply of electricity, heat, gas and water reached 7.1%, 5.2%, 4.5%, 4.4%, 3.9%, 2.7%, 2.4%, 2.2% and 1.5%, respectively.

## Table 28 Industrial Distribution of China's Overseas Enterprises, by the End of 2017

| Industry | Number of Overseas Enterprises | Share (%) |
|---|---|---|
| Wholesale and Retail Trade | 11,136 | 28.4 |
| Manufacturing | 8,056 | 20.5 |
| Leasing and Business Services | 5,087 | 13.0 |
| Construction | 2,782 | 7.1 |
| Information Transmission, Software and IT services | 2,022 | 5.2 |
| Agriculture, Forestry, Animal Husbandry and Fishery | 1,769 | 4.5 |
| Scientific Research and Technical Services | 1,707 | 4.4 |
| Mining | 1,510 | 3.9 |
| Transportation, Storage and Postal Services | 1,092 | 2.7 |
| Resident Services, Repairs and Other Services | 932 | 2.4 |
| Real Estate | 879 | 2.2 |
| Production and Supply of Electricity, Heat, Gas and Water | 571 | 1.5 |
| Culture, Sports and Entertainment | 514 | 1.3 |
| Financial Services | 459 | 1.2 |
| Hotels and Catering | 374 | 1.0 |
| Education | 135 | 0.3 |
| Other | 180 | 0.4 |
| **Total** | **39,205** | **100 .0** |

### 5.3 Provincial Distribution

In terms of the affiliations of the overseas non-financial enterprises, local enterprises accounted for 86.5% of the total number of overseas enterprises, while the share of central enterprises and units only accounted for 13.5%. The top ten provinces (municipalities) in terms of the number of local overseas enterprises were Guangdong, Zhejiang, Jiangsu, Shanghai, Beijing, Shandong, Fujian, Liaoning, Hunan and Tianjin, accounting for 68.8% of the total overseas enterprises. Guangdong established the largest number of overseas enterprises, accounting for 17.5% of the total. Zhejiang ranked second, accounting for 11% of the total. Jiangsu ranked third, accounting for 9.2% of the total.

**Figure 29 Overseas Enterprises Established by China's Major Provinces and Municipalities, by the End of 2017 (QTY)**

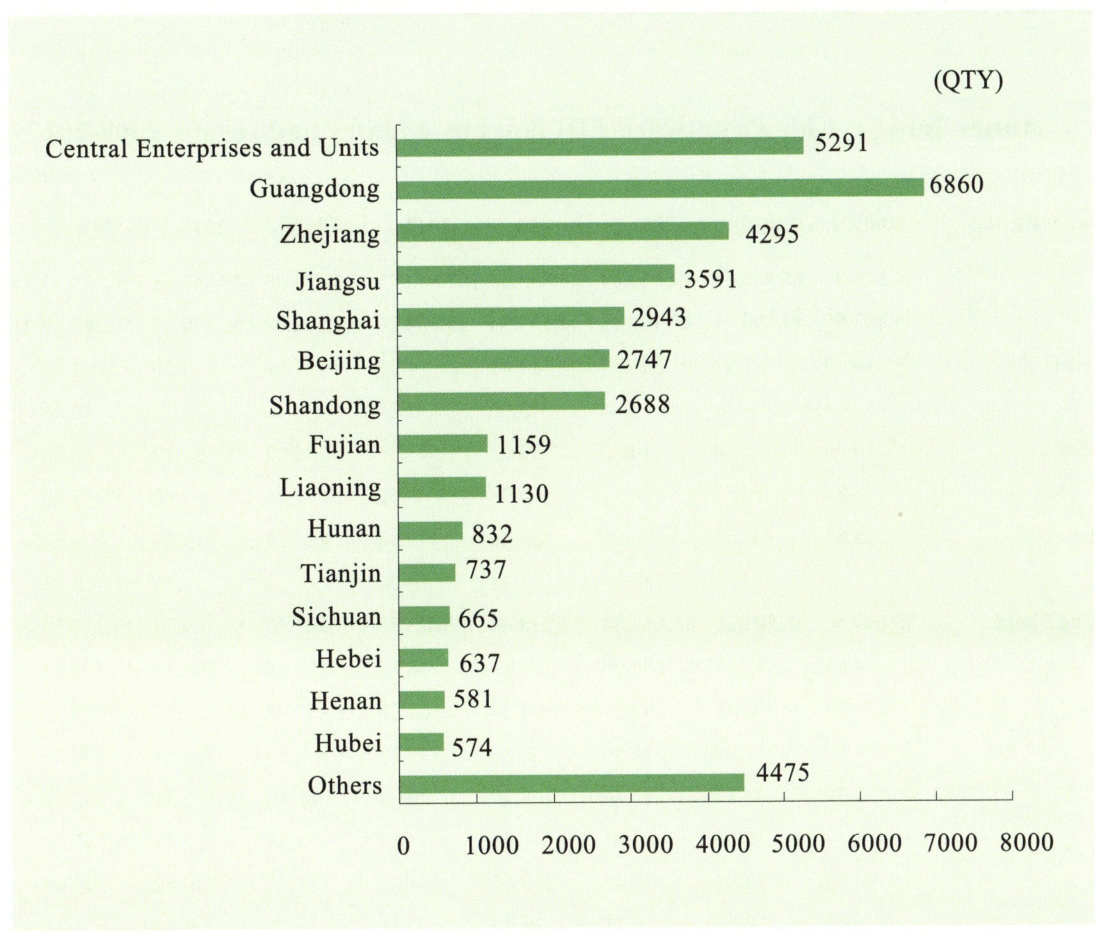

# 6.Statistics on China's Outward FDI

## Annex Table 1 China's outward FDI flows by country and region, 2009-2017

(millions of USD)

| Country/Region | 2009 | 2010 | 2011 | 2012 | 2013 | 2014 | 2015 | 2016 | 2017 |
|---|---|---|---|---|---|---|---|---|---|
| **Total** | **56,528.99** | **68,811.31** | **74,654.04** | **87,803.53** | **107,843.71** | **123,119.86** | **145,667.15** | **196,149.43** | **158,288.30** |
| **Asia** | **40,407.59** | **44,890.46** | **45,494.45** | **64,784.94** | **75,604.26** | **84,988.02** | **108,370.87** | **130,267.69** | **110,039.86** |
| Afghanistan | 16.39 | 1.91 | 295.54 | 17.61 | -1.22 | 27.92 | -3.26 | 2.21 | 5.43 |
| Bahrian | -- | -- | -- | 5.08 | -5.34 | -- | -- | 36.46 | 36.96 |
| Bangladesh | 10.75 | 7.24 | 10.32 | 33.03 | 41.37 | 25.02 | 31.19 | 40.80 | 99.03 |
| Brunei | 5.81 | 16.53 | 20.11 | 0.99 | 8.52 | -3.28 | 3.92 | 142.10 | 71.36 |
| Cambodia | 215.83 | 466.51 | 566.02 | 559.66 | 499.33 | 438.27 | 419.68 | 625.67 | 744.24 |
| Cyprus | -- | -- | 89.54 | 3.48 | 76.34 | -- | 1.76 | 5.25 | 603.41 |
| Hong Kong China | 35,600.57 | 38,505.21 | 35,654.84 | 51,238.44 | 62,823.78 | 70,867.30 | 89,789.78 | 114,232.59 | 91,152.78 |
| India | -24.88 | 47.61 | 180.08 | 276.81 | 148.57 | 317.18 | 705.25 | 92.93 | 289.98 |
| Indonesia | 226.09 | 201.31 | 592.19 | 1,361.29 | 1,563.38 | 1,271.98 | 1,450.57 | 1,460.88 | 1,682.25 |
| Iran | 124.83 | 511.00 | 615.56 | 702.14 | 745.27 | 592.86 | -549.66 | 390.37 | -368.29 |
| Iraq | 1.79 | 48.14 | 122.44 | 148.40 | 20.02 | 82.86 | 12.31 | -52.87 | -8.81 |
| Israel | -- | 10.50 | 2.01 | 11.58 | 1.89 | 52.58 | 229.74 | 1,841.30 | 147.37 |
| Japan | 84.10 | 337.99 | 149.42 | 210.65 | 434.05 | 394.45 | 240.42 | 344.01 | 444.05 |
| Jordan | 0.11 | 0.07 | 0.18 | 9.83 | 0.77 | 6.74 | 1.58 | 6.13 | 15.16 |
| Kazakhstan | 66.81 | 36.06 | 581.60 | 2,995.99 | 811.49 | -40.07 | -2,510.27 | 487.70 | 2,070.47 |
| Korea, DPR | 5.86 | 12.14 | 55.95 | 109.46 | 86.20 | 51.94 | 41.21 | 28.44 | 1.29 |
| Korea, Rep. | 265.12 | -721.68 | 341.72 | 942.40 | 268.75 | 548.87 | 1,324.55 | 1,148.37 | 660.80 |
| Kuwait | 2.92 | 22.86 | 42.00 | -11.88 | -0.59 | 161.91 | 144.44 | 50.55 | 175.08 |
| Kyrgyzstan | 136.91 | 82.47 | 145.07 | 161.40 | 203.39 | 107.83 | 151.55 | 158.74 | 123.70 |
| Lao PDR | 203.24 | 313.55 | 458.52 | 808.82 | 781.48 | 1,026.90 | 517.21 | 327.58 | 1,219.95 |
| Lebanon | -- | 0.42 | -- | -- | 0.68 | 0.09 | -- | -- | -- |
| Macau China | 456.34 | 96.04 | 202.88 | 16.60 | 394.77 | 596.10 | 1,080.65 | 821.50 | -1,024.47 |
| Malaysia | 53.78 | 163.54 | 95.13 | 199.04 | 616.38 | 521.34 | 488.91 | 1,829.96 | 1,722.14 |
| Maldives | -- | -- | -- | -- | 1.55 | 0.72 | -- | 33.41 | 31.95 |
| Mongolia | 276.54 | 193.86 | 451.04 | 904.03 | 388.79 | 502.61 | -23.19 | 79.12 | -27.89 |
| Myanmar | 376.70 | 875.61 | 217.82 | 748.96 | 475.33 | 343.13 | 331.72 | 287.69 | 428.18 |
| Nepal, FDR | 1.18 | 0.86 | 8.58 | 7.65 | 36.97 | 45.04 | 78.88 | -48.82 | 7.55 |
| Oman | -6.24 | 11.03 | 9.51 | 3.37 | -0.74 | 15.16 | 10.95 | 4.62 | 12.73 |
| Pakistan | 76.75 | 331.35 | 333.28 | 88.93 | 163.57 | 1,014.26 | 320.74 | 632.94 | 678.19 |
| Palestine | -- | -- | -- | 0.02 | 0.02 | -- | -- | 0.20 | -- |

## Annex Table 1 Continued 1

(millions of USD)

| Country/Region | 2009 | 2010 | 2011 | 2012 | 2013 | 2014 | 2015 | 2016 | 2017 |
|---|---|---|---|---|---|---|---|---|---|
| Philippines | 40.24 | 244.09 | 267.19 | 74.90 | 54.40 | 224.95 | -27.59 | 32.21 | 108.84 |
| Qatar | -3.74 | 11.14 | 38.59 | 84.46 | 87.47 | 35.79 | 140.85 | 96.13 | -26.63 |
| Saudi Arabia | 90.23 | 36.48 | 122.56 | 153.67 | 478.82 | 184.30 | 404.79 | 23.90 | -345.18 |
| Singapore | 1,414.25 | 1,118.50 | 3,268.96 | 1,518.75 | 2,032.67 | 2,813.63 | 10,452.48 | 3,171.86 | 6,319.90 |
| Sri Lanka | -1.40 | 28.21 | 81.23 | 16.75 | 71.77 | 85.11 | 17.47 | -60.23 | -25.27 |
| Syria | 3.43 | 8.12 | -2.08 | -6.07 | -8.05 | 9.55 | -3.56 | -0.69 | 0.53 |
| Taiwan Prov | 0.04 | 17.35 | 11.08 | 112.88 | 176.67 | 183.70 | 267.12 | 11.75 | 226.21 |
| Tajikistan | 16.67 | 15.42 | 22.10 | 234.11 | 72.33 | 107.20 | 219.31 | 272.41 | 95.01 |
| Thailand | 49.77 | 699.87 | 230.11 | 478.60 | 755.19 | 839.46 | 407.24 | 1,121.69 | 1,057.59 |
| Timor-Leste | -- | -- | -- | -- | 1.60 | 9.73 | 33.81 | 55.33 | 19.52 |
| Turkey | 293.26 | 7.82 | 13.50 | 108.95 | 178.55 | 104.97 | 628.31 | -96.12 | 190.91 |
| Turkmenistan | 119.68 | 450.51 | -383.04 | 12.34 | -32.43 | 195.15 | -314.57 | -23.76 | 46.72 |
| United Arab Emirates | 88.90 | 348.83 | 314.58 | 105.11 | 294.58 | 705.34 | 1,268.68 | -391.38 | 661.23 |
| Uzbekistan | 4.93 | -4.63 | 88.25 | -26.79 | 44.17 | 180.59 | 127.89 | 178.87 | -75.75 |
| Viet Nam | 112.39 | 305.13 | 189.19 | 349.43 | 480.50 | 332.89 | 560.17 | 1,279.04 | 764.40 |
| Yemen | 1.64 | 31.49 | -9.12 | 14.07 | 331.25 | 5.96 | -102.16 | -413.15 | 27.25 |
| **Africa** | **1,438.87** | **2,111.99** | **3,173.14** | **2,516.66** | **3,370.64** | **3,201.93** | **2,977.92** | **2,398.73** | **4,105.00** |
| Algeria | 228.76 | 186.00 | 114.34 | 245.88 | 191.30 | 665.71 | 210.57 | -99.89 | -140.53 |
| Angola | 8.31 | 101.11 | 72.72 | 392.08 | 224.05 | -448.57 | 57.74 | 164.49 | 637.55 |
| Benin | 0.09 | 1.76 | 0.75 | 5.06 | 8.44 | 7.44 | 14.76 | 9.97 | 1.33 |
| Botswana | 18.44 | 43.85 | 21.86 | 21.10 | 10.19 | 52.95 | 86.08 | 106.20 | -22.20 |
| Burkina Faso | -- | -- | -- | -- | 4.34 | 4.45 | -- | 0.20 | -- |
| Burundi | 0.69 | -- | -- | 1.50 | 1.09 | 3.45 | 2.06 | 2.39 | -0.58 |
| Cameroon | 0.82 | 14.88 | 1.87 | 17.65 | 57.20 | 29.74 | 24.67 | 114.23 | 87.99 |
| Cape Verde | -- | -0.46 | -- | -- | 0.13 | 0.10 | -- | 0.05 | -- |
| Central African | -- | 25.81 | 2.48 | -- | 1.30 | 182.24 | 0.30 | 0.40 | 0.42 |
| Chad | 51.21 | 2.13 | -12.48 | 80.68 | 120.95 | 83.12 | -17.12 | -62.26 | -23.05 |
| Comoros | -- | -0.01 | -- | 0.50 | -- | -- | -- | -- | -- |
| Congo | 28.07 | 34.38 | 6.81 | 98.80 | 109.94 | 238.60 | 150.08 | 49.13 | 284.17 |
| Congo,DR | 227.16 | 236.19 | 75.18 | 344.17 | 121.27 | 157.56 | 213.71 | -78.92 | 340.24 |
| Cote d'Ivoire | 1.51 | -5.02 | 0.87 | 3.61 | -4.79 | 24.26 | 60.24 | 56.53 | 112.69 |
| Djibouti | 3.40 | 4.23 | 5.66 | -- | 2.00 | 9.53 | 20.33 | 62.24 | 104.64 |
| Egypt | 133.86 | 51.65 | 66.45 | 119.41 | 23.22 | 162.87 | 80.81 | 119.83 | 92.76 |
| Equatorial Guinea | 20.88 | 22.08 | 12.47 | 138.84 | 22.41 | 33.13 | -13.04 | -24.91 | 71.11 |
| Eritrea | 0.23 | 2.94 | 3.30 | 1.96 | 0.90 | 1.29 | 9.91 | 68.42 | -0.13 |
| Ethiopia | 74.29 | 58.53 | 72.30 | 121.56 | 102.46 | 119.59 | 175.29 | 282.14 | 181.08 |
| Gabon | 11.88 | 23.44 | 1.93 | 30.69 | 32.10 | 25.56 | 48.79 | 32.43 | 55.42 |
| Gambia | -- | -- | -- | -- | -- | 0.05 | -- | 2.28 | 2.32 |
| Ghana | 49.35 | 55.98 | 40.07 | 208.49 | 122.51 | 72.90 | 283.22 | 490.61 | 44.20 |
| Guinea | 26.98 | 9.74 | 24.55 | 64.44 | 100.13 | 67.70 | -25.72 | 36.67 | 6.23 |

## Annex Table 1 Continued 2

(millions of USD)

| Country/Region | 2009 | 2010 | 2011 | 2012 | 2013 | 2014 | 2015 | 2016 | 2017 |
|---|---|---|---|---|---|---|---|---|---|
| Guinea-Bissau | -- | -- | -- | -- | -- | 1.72 | 2.24 | 0.61 | 286.56 |
| Kenya | 28.12 | 101.22 | 68.17 | 78.73 | 230.54 | 278.39 | 281.81 | 29.67 | 410.10 |
| Lesotho | 0.10 | 0.56 | 0.03 | 0.21 | -- | 0.46 | 0.08 | -- | -- |
| Liberia | 1.12 | 29.89 | 21.09 | 12.00 | 30.34 | 40.11 | 98.18 | 11.14 | 39.82 |
| Libyan Arab Jamahiriya | -38.55 | -10.50 | 47.88 | -6.68 | 0.45 | 0.13 | -41.06 | -17.05 | -176.40 |
| Madagascar | 42.56 | 33.58 | 23.10 | 8.43 | 15.51 | 36.76 | 33.84 | -6.55 | 71.20 |
| Malawi | -- | 9.86 | 1.20 | 10.33 | 8.25 | 3.40 | 0.05 | 2.40 | 43.07 |
| Mali | 7.99 | 3.05 | 47.58 | 44.42 | 108.01 | 23.39 | -34.01 | 12.95 | 14.34 |
| Mauritania | 6.53 | 5.77 | 19.69 | 30.87 | 15.27 | -7.33 | 2.16 | 108.79 | 38.07 |
| Mauritius | 14.12 | 22.01 | 419.46 | 57.83 | 61.07 | 49.43 | 154.77 | 72.33 | 33.27 |
| Morocco | 16.42 | 1.75 | 9.11 | 1.05 | 7.74 | 11.44 | 26.03 | 10.16 | 59.86 |
| Mozambique | 15.85 | 0.28 | 20.26 | 230.52 | 131.89 | 102.51 | 68.43 | 44.25 | 117.47 |
| Namibia | 11.62 | 5.51 | 5.04 | 25.12 | 7.05 | 8.02 | 17.85 | 21.68 | 20.09 |
| Niger | 39.87 | 196.25 | 51.63 | -195.94 | 116.54 | -44.61 | 23.69 | -23.56 | 50.84 |
| Nigeria | 171.86 | 184.89 | 197.42 | 333.05 | 209.13 | 199.77 | 50.58 | 108.50 | 137.95 |
| Republic of South Sudan | -- | -- | 0.05 | 7.80 | 11.49 | -6.82 | 13.08 | 2.03 | 12.21 |
| Rwanda | 8.62 | 12.72 | 9.69 | 5.02 | -5.94 | 14.94 | 4.06 | -9.19 | 9.88 |
| Sao Tome and Principe | -- | 0.02 | -- | 0.07 | -- | -- | -- | -- | -- |
| Senegal | 11.04 | 18.96 | 0.19 | 4.47 | 10.44 | 7.06 | -7.94 | 19.85 | 65.41 |
| Seychelles | 0.36 | 12.28 | 4.34 | 53.40 | 17.69 | 7.56 | 49.58 | 50.41 | 27.05 |
| Sierra Leone | 0.90 | -- | 10.75 | 7.69 | 40.03 | 4.92 | 8.07 | -1.80 | 16.27 |
| South Africa | 41.59 | 411.17 | -14.17 | -814.91 | -89.19 | 42.09 | 233.17 | 843.22 | 317.36 |
| Sudan | 19.30 | 30.96 | 911.86 | -1.69 | 140.91 | 174.07 | 31.71 | -689.94 | 254.87 |
| Tanzania | 21.58 | 25.72 | 53.12 | 119.70 | 150.64 | 166.61 | 226.32 | 94.57 | 132.46 |
| Togo | 8.91 | 11.77 | 9.04 | 20.59 | 23.59 | 6.99 | -1.73 | 2.38 | 11.43 |
| Tunisia | -1.30 | -0.29 | 3.76 | -0.65 | 7.06 | 0.71 | 5.64 | -3.22 | -0.82 |
| Uganda | 1.29 | 26.50 | 9.91 | 9.79 | 60.60 | 60.50 | 205.34 | 121.51 | 79.04 |
| Zambia | 111.80 | 75.05 | 291.78 | 291.55 | 292.86 | 424.85 | 96.55 | 218.41 | 305.80 |
| Zimbabwe | 11.24 | 33.80 | 440.03 | 287.47 | 517.53 | 101.18 | 46.75 | 42.95 | -107.88 |
| **Europe** | **3,352.72** | **6,760.19** | **8,251.08** | **7,035.09** | **5,948.53** | **10,837.91** | **7,118.43** | **10,693.23** | **18,463.19** |
| Albania | -- | 0.08 | -- | 0.00 | 0.56 | -- | -- | 0.01 | 0.21 |
| Armenia | -- | -- | -- | -- | -- | -- | -- | -- | 3.95 |
| Austria | -- | 0.46 | 20.22 | 53.43 | 0.15 | 43.71 | 104.32 | 191.72 | 412.19 |
| Azerbai jan | 1.73 | 0.37 | 17.68 | 0.34 | -4.43 | 16.83 | 1.36 | -24.66 | -0.20 |
| Belarus | 2.10 | 19.22 | 8.67 | 43.50 | 27.18 | 63.72 | 54.21 | 160.94 | 142.72 |
| Belgium | 23.62 | 45.33 | 35.90 | 98.40 | 25.78 | 153.28 | 23.46 | 28.35 | 30.34 |
| Bosnia and Hercegovina | 1.51 | 0.06 | 0.04 | 0.06 | -- | -- | 1.62 | 0.85 | -- |
| Bulgaria | -2.43 | 16.29 | 53.90 | 54.17 | 20.69 | 20.42 | 59.16 | -15.03 | 88.87 |
| Croatia | 0.26 | 0.03 | 0.05 | 0.05 | -- | 3.55 | -- | 0.22 | 31.84 |
| Czech Republic | 15.60 | 2.11 | 8.84 | 18.02 | 17.84 | 2.46 | -17.41 | 1.85 | 72.95 |

## Annex Table 1 Continued 3

(millions of USD)

| Country/Region | 2009 | 2010 | 2011 | 2012 | 2013 | 2014 | 2015 | 2016 | 2017 |
|---|---|---|---|---|---|---|---|---|---|
| Denmark | 2.64 | 1.61 | 5.89 | 5.14 | 27.39 | 57.23 | -24.16 | 125.73 | 15.21 |
| Estonia | -- | -- | -- | -- | -- | -- | -- | -- | 0.12 |
| Finland | 1.11 | 18.04 | 1.56 | 1.36 | 8.52 | 10.42 | 38.68 | 36.67 | 23.47 |
| France | 45.19 | 26.41 | 3,482.32 | 153.93 | 260.44 | 405.54 | 327.88 | 1,499.57 | 952.15 |
| Georgia | 7.78 | 40.57 | 0.80 | 68.74 | 109.62 | 224.35 | 43.98 | 20.77 | 38.46 |
| Germany | 179.21 | 412.35 | 512.38 | 799.33 | 910.81 | 1,438.92 | 409.63 | 2,380.58 | 2,715.85 |
| Greece | -- | -- | 0.43 | 0.88 | 1.90 | -- | -1.37 | 29.39 | 28.57 |
| Hungary | 8.21 | 370.10 | 11.61 | 41.40 | 25.67 | 34.02 | 23.20 | 57.46 | 65.59 |
| Iceland | -- | -0.05 | -- | -- | -- | -- | -- | -- | -- |
| Ireland | -0.95 | 32.88 | 16.93 | 48.88 | 117.02 | 37.11 | 14.30 | 331.93 | 241.34 |
| Italy | 46.05 | 13.27 | 224.83 | 118.58 | 31.26 | 113.02 | 91.01 | 633.44 | 424.54 |
| Latvia | -0.03 | -- | -- | -- | -- | -- | 0.45 | -- | 0.08 |
| Liechtenstein | 0.07 | 3.55 | -- | -- | -- | 3.63 | 0.64 | 3.70 | -- |
| Lithuania | -- | -- | -- | 1.00 | 5.51 | -- | -- | 2.25 | -- |
| Luxembourg | 2,270.49 | 3,207.19 | 1,265.00 | 1,133.01 | 1,275.21 | 4,578.37 | -11,453.17 | 1,601.88 | 1,353.40 |
| Macedonia | -- | -- | -- | 5.15 | 14.94 | 3.87 | 10.72 | 11.37 | 1.04 |
| Malta | 0.22 | -2.37 | 0.27 | -- | 0.12 | 1.93 | 5.03 | 154.80 | 1.67 |
| Montenegro | -- | -- | -- | -- | -- | -- | -- | -- | 16.65 |
| Netherlands | 101.45 | 64.53 | 167.86 | 442.45 | 238.42 | 1,029.97 | 13,462.84 | 1,169.72 | -223.12 |
| Norway | -- | -- | -- | 0.06 | -- | -- | -0.01 | -- | -- |
| Poland | 10.37 | 16.74 | 48.66 | 7.50 | 18.34 | 44.17 | 25.10 | -24.11 | -4.33 |
| Portugal | 3.60 | 134.73 | 18.57 | 8.49 | 196.29 | 58.60 | -1,675.89 | -851.23 | -549.21 |
| Romania | 5.29 | 10.84 | 0.30 | 25.41 | 2.17 | 42.25 | 63.32 | 15.88 | 15.86 |
| Russian | 348.22 | 567.72 | 715.81 | 784.62 | 1,022.25 | 633.56 | 2,960.86 | 1,293.07 | 1,548.42 |
| Serbia | -- | 2.10 | 0.21 | 2.10 | 11.50 | 11.69 | 7.63 | 30.79 | 79.21 |
| Slovakia | 0.26 | 0.46 | 5.94 | 2.19 | 0.33 | 45.66 | -- | -- | 0.68 |
| Slovenia | -- | -- | -- | -- | -- | -- | -- | 21.86 | 0.39 |
| Spain | 59.86 | 29.26 | 139.74 | 46.24 | -145.75 | 92.35 | 149.67 | 125.41 | 58.79 |
| Sweden | 8.10 | 1,367.23 | 49.01 | 285.22 | 170.82 | 130.01 | 317.19 | 127.68 | 1,290.26 |
| Switzerland | 20.99 | 27.25 | 17.19 | 8.64 | 128.26 | 33.64 | 246.77 | 68.06 | 7,514.18 |
| Ukraine | 0.03 | 1.50 | 0.77 | 2.07 | 10.14 | 4.72 | -0.76 | 1.92 | 4.75 |
| United Kingdom | 192.17 | 330.33 | 1,419.70 | 2,774.73 | 1,419.58 | 1,498.90 | 1,848.16 | 1,480.39 | 2,066.30 |
| **Latin America** | **7,327.90** | **10,538.27** | **11,935.82** | **6,169.74** | **14,358.95** | **10,547.39** | **12,610.36** | **27,227.05** | **14,076.59** |
| Anguilla,British | -- | -- | -- | -- | -- | -- | 1.00 | 5.84 | -- |
| Antigua & Barbuda | -- | -- | 1.01 | -- | -- | -- | -- | 0.40 | -- |
| Argentina | -22.82 | 27.23 | 185.15 | 743.25 | 221.41 | 269.92 | 208.32 | 181.52 | 214.79 |
| Bahamas | 1.00 | -- | -- | -- | -- | -- | -- | 6.58 | 0.24 |
| Barbados | 0.87 | -2.11 | -- | 0.81 | 0.92 | -1.67 | -0.28 | 14.41 | 16.10 |
| Belize | -- | -0.08 | -- | -- | 0.35 | 0.35 | -- | -- | -- |
| Bolivia | 18.01 | 3.06 | 8.67 | 43.21 | 14.40 | 24.53 | 34.32 | 55.38 | -26.28 |
| Brazil | 116.27 | 487.46 | 126.40 | 194.10 | 310.93 | 730.00 | -63.28 | 124.77 | 426.27 |

## Annex Table 1 Continued 4

(millions of USD)

| Country/Region | 2009 | 2010 | 2011 | 2012 | 2013 | 2014 | 2015 | 2016 | 2017 |
|---|---|---|---|---|---|---|---|---|---|
| Cayman Islands | 5,366.30 | 3,496.13 | 4,936.46 | 827.43 | 9,253.40 | 4,191.72 | 10,213.03 | 13,522.83 | -6,605.96 |
| Chile | 7.78 | 33.71 | 13.99 | 26.22 | 11.79 | 16.29 | 6.85 | 216.96 | 99.63 |
| Colombia | 5.74 | 6.94 | 33.25 | 83.51 | 17.93 | 183.10 | 3.70 | -2.84 | 13.72 |
| Costa Rica | -- | 0.08 | 0.01 | -- | 1.17 | -0.19 | 3.84 | 1.36 | 10.24 |
| Cuba | 12.93 | -16.35 | 76.71 | -5.57 | -24.37 | -22.22 | 42.43 | 9.74 | -6.50 |
| Dominica | -- | -- | 0.50 | -- | 0.30 | -- | -- | -- | -- |
| Dominican | 0.06 | -- | -- | -- | -- | -- | -- | -- | -- |
| Ecuador | 17.90 | 22.06 | -35.06 | 311.39 | 470.60 | 137.81 | 118.11 | 77.89 | -131.10 |
| Grenada | -- | -- | 0.00 | -- | -- | -- | -- | 0.10 | 0.11 |
| Guatemala | -- | -- | -- | -- | -- | 0.63 | -- | -- | -- |
| Guyana | -- | 28.37 | 0.20 | 98.84 | 35.00 | 4.08 | -3.89 | 6.51 | 22.51 |
| Honduras | -- | -- | -- | -- | -- | -- | -- | 27.71 | -- |
| Jamaica | -- | 2.21 | 35.45 | 35.86 | 4.74 | 111.32 | -- | 418.64 | 82.46 |
| Mexico | 0.82 | 26.73 | 41.54 | 100.42 | 49.73 | 140.57 | -6.28 | 211.84 | 171.33 |
| Nicaragua | -- | -- | -- | -- | 2.17 | 1.01 | 0.55 | 1.01 | 0.01 |
| Panama | 13.69 | 26.06 | 1.16 | 0.72 | 187.68 | 4.81 | 23.82 | 37.38 | 57.74 |
| Paraguay | 6.47 | 27.83 | 5.57 | 1.42 | 0.18 | -- | -- | -- | -- |
| Peru | 58.49 | 139.03 | 214.25 | -49.37 | 114.60 | 45.07 | -177.76 | 67.37 | 98.26 |
| St. Lucia | -- | -- | -- | -- | -- | -- | 0.15 | 0.75 | 3.29 |
| St. Vincent and Grenadines | -9.46 | 9.05 | -- | -- | -- | 3.32 | 3.03 | -2.53 | 3.37 |
| Suriname | 1.10 | 6.35 | -- | -33.23 | 29.00 | -16.90 | 20.09 | 3.43 | 52.53 |
| Trinidad and Tobago | -- | -- | 0.10 | 0.19 | 0.23 | 36.25 | 9.15 | 2.10 | 12.40 |
| Uruguay | 4.98 | 0.36 | 0.36 | 9.50 | 9.67 | 1.08 | 36.15 | 49.27 | -14.22 |
| Venezuela | 115.72 | 94.39 | 81.77 | 1,541.76 | 425.56 | 116.08 | 288.30 | -99.86 | 274.48 |
| Virgin Islands, British | 1,612.05 | 6,119.76 | 6,208.33 | 2,239.28 | 3,221.56 | 4,570.43 | 1,849.00 | 12,288.49 | 19,301.17 |
| **North America** | **1,521.93** | **2,621.44** | **2,481.32** | **4,882.00** | **4,901.01** | **9,207.66** | **10,718.48** | **20,350.96** | **6,498.27** |
| Bermuda | 0.06 | 170.86 | 115.83 | 38.99 | 18.93 | 707.69 | 1,126.98 | 498.65 | -248.05 |
| Canada | 613.13 | 1,142.29 | 554.07 | 795.16 | 1,008.65 | 903.84 | 1,562.83 | 2,871.50 | 320.83 |
| United States | 908.74 | 1,308.29 | 1,811.42 | 4,047.85 | 3,873.43 | 7,596.13 | 8,028.67 | 16,980.81 | 6,425.49 |
| **Oceania** | **2,479.98** | **1,888.96** | **3,318.23** | **2,415.10** | **3,660.32** | **4,336.95** | **3,871.09** | **5,211.77** | **5,105.39** |
| Australia | 2,436.43 | 1,701.70 | 3,165.29 | 2,172.98 | 3,457.98 | 4,049.11 | 3,401.31 | 4,186.88 | 4,241.96 |
| Cook Islands | -- | -- | -- | 0.12 | 0.17 | -0.27 | -- | -- | -- |
| Fiji | 2.40 | 5.57 | 19.63 | 68.32 | 58.32 | -37.16 | 12.40 | 44.61 | 17.06 |
| Marshall Islands | 26.70 | 13.18 | -27.43 | -- | -12.10 | 0.00 | -56.82 | 2.60 | 7.98 |
| Micronesia, Fs | -- | -- | -2.89 | 3.41 | 0.46 | 3.39 | 3.55 | 0.00 | -14.74 |
| New Zealand | 9.02 | 63.75 | 27.89 | 94.06 | 190.40 | 250.02 | 348.09 | 905.85 | 596.61 |
| Palau | -- | 0.50 | 0.57 | -- | -- | 0.51 | 1.50 | 0.50 | 0.08 |
| Papua New Guinea | 4.80 | 5.33 | 16.65 | 25.69 | 43.02 | 30.37 | 41.77 | -43.68 | 101.61 |
| Samoa | 0.63 | 98.93 | 117.73 | 47.59 | -77.93 | 34.84 | 95.86 | 109.24 | 128.40 |
| Tonga | -- | -- | -- | -- | -- | 0.10 | 0.98 | 0.35 | 1.12 |
| Vanuatu | -- | -- | 0.79 | 2.93 | -- | 6.04 | 22.45 | 5.42 | 25.32 |

## Annex Table 2 China's outward FDI Stock by country and region, 2009-2017

(millions of USD)

| Country/Region | 2009 | 2010 | 2011 | 2012 | 2013 | 2014 | 2015 | 2016 | 2017 |
|---|---|---|---|---|---|---|---|---|---|
| **Total** | **245,755.38** | **317,210.59** | **424,780.67** | **531,940.58** | **660,478.40** | **882,642.42** | **1,097,864.59** | **1,357,390.45** | **1,809,036.52** |
| **Asia** | **185,547.20** | **228,145.97** | **303,434.70** | **364,407.06** | **447,408.28** | **600,965.61** | **768,901.32** | **909,445.47** | **1,139,323.79** |
| Afghanistan* | 181.32 | 168.59 | 465.13 | 482.74 | 487.42 | 518.49 | 419.93 | 440.50 | 403.64 |
| Bahrian | 0.87 | 0.87 | 1.02 | 6.80 | 1.46 | 3.76 | 3.87 | 37.36 | 74.37 |
| Bangladesh | 60.30 | 67.58 | 76.68 | 117.25 | 158.68 | 160.24 | 188.43 | 225.17 | 329.07 |
| Brunei* | 17.37 | 45.66 | 66.13 | 66.35 | 72.12 | 69.55 | 73.52 | 203.77 | 220.67 |
| Cambodia* | 633.26 | 1,129.77 | 1,757.44 | 2,317.68 | 2,848.57 | 3,222.28 | 3,675.86 | 4,368.58 | 5,448.73 |
| Cyprus | 1.36 | 1.36 | 90.90 | 94.95 | 171.26 | 107.17 | 109.15 | 110.05 | 718.69 |
| Hong Kong China* | 164,498.94 | 199,055.57 | 261,518.52 | 306,372.45 | 377,093.14 | 509,919.83 | 656,855.24 | 780,744.89 | 981,265.68 |
| India* | 221.27 | 479.80 | 657.38 | 1,169.10 | 2,446.98 | 3,407.21 | 3,770.47 | 3,107.51 | 4,747.33 |
| Indonesia* | 799.06 | 1,150.44 | 1,687.91 | 3,098.04 | 4,656.65 | 6,793.50 | 8,125.14 | 9,545.54 | 10,538.80 |
| Iran* | 217.80 | 715.16 | 1,351.56 | 2,070.46 | 2,851.20 | 3,484.15 | 2,949.19 | 3,330.81 | 3,623.50 |
| Iraq* | 22.58 | 483.45 | 605.91 | 754.32 | 317.06 | 375.84 | 388.12 | 557.81 | 414.37 |
| Israel* | 11.37 | 21.87 | 23.88 | 38.46 | 34.05 | 86.65 | 317.18 | 4,229.88 | 4,148.69 |
| Japan* | 692.86 | 1,105.63 | 1,366.22 | 1,619.91 | 1,898.24 | 2,547.03 | 3,038.20 | 3,184.01 | 3,197.34 |
| Jordan | 10.54 | 12.63 | 12.81 | 22.54 | 23.43 | 30.98 | 32.55 | 39.49 | 64.40 |
| Kazakhstan | 1,516.21 | 1,590.54 | 2,858.45 | 6,251.39 | 6,956.69 | 7,541.07 | 5,095.46 | 5,432.27 | 7,561.45 |
| Korea, DPR* | 261.52 | 240.10 | 312.61 | 422.36 | 585.51 | 611.57 | 625.00 | 679.15 | 606.53 |
| Korea, Rep. | 1,217.80 | 637.25 | 1,582.68 | 3,081.90 | 1,963.08 | 2,771.57 | 3,698.04 | 4,237.24 | 5,983.47 |
| Kuwait | 5.88 | 50.87 | 92.86 | 82.84 | 89.39 | 345.91 | 543.62 | 578.10 | 936.23 |
| Kyrgyzstan | 283.72 | 394.32 | 525.05 | 662.19 | 885.82 | 984.19 | 1,070.59 | 1,237.82 | 1,299.38 |
| Lao PDR | 535.67 | 845.75 | 1,276.20 | 1,927.84 | 2,770.92 | 4,490.99 | 4,841.71 | 5,500.14 | 6,654.95 |
| Lebanon* | 1.57 | 2.01 | 2.01 | 3.01 | 3.69 | 3.78 | 3.78 | 3.01 | 2.01 |
| Macau China | 1,837.23 | 2,229.29 | 2,675.89 | 2,929.27 | 3,409.14 | 3,930.74 | 5,739.12 | 6,783.39 | 9,680.29 |
| Malaysia* | 479.89 | 708.80 | 797.62 | 1,026.13 | 1,668.18 | 1,785.63 | 2,231.37 | 3,633.96 | 4,914.70 |
| Maldives | -- | -- | -- | -- | 1.65 | 2.37 | 2.37 | 35.78 | 67.43 |
| Mongolia* | 1,241.66 | 1,435.52 | 1,886.62 | 2,954.03 | 3,353.96 | 3,762.46 | 3,760.06 | 3,838.59 | 3,622.80 |
| Myanmar | 929.88 | 1,946.75 | 2,181.52 | 3,093.72 | 3,569.68 | 3,925.57 | 4,258.73 | 4,620.42 | 5,524.53 |
| Nepal, FDR* | 14.13 | 15.94 | 24.80 | 33.58 | 75.31 | 138.34 | 291.93 | 247.05 | 227.62 |
| Oman | 7.97 | 21.11 | 29.38 | 33.35 | 174.73 | 189.72 | 200.77 | 86.63 | 99.04 |
| Pakistan | 1,458.09 | 1,828.01 | 2,162.99 | 2,233.61 | 2,343.09 | 3,736.82 | 4,035.93 | 4,759.11 | 5,715.84 |
| Palestine | -- | -- | -- | 0.02 | 0.04 | 0.04 | 0.04 | 0.23 | 0.04 |
| Philippines | 142.59 | 387.34 | 494.27 | 593.14 | 692.38 | 759.94 | 711.05 | 718.93 | 819.60 |
| Qatar | 36.28 | 77.05 | 130.18 | 220.66 | 254.02 | 353.87 | 449.93 | 1,025.65 | 1,105.49 |
| Saudi Arabia* | 710.89 | 760.56 | 883.14 | 1,205.86 | 1,747.06 | 1,987.43 | 2,434.39 | 2,607.29 | 2,038.27 |
| Singapore | 4,857.32 | 6,069.10 | 10,602.69 | 12,383.33 | 14,750.70 | 20,639.95 | 31,984.91 | 33,445.64 | 44,568.09 |
| Sri Lanka* | 15.81 | 72.74 | 162.58 | 178.58 | 292.65 | 363.91 | 772.51 | 728.91 | 728.35 |
| Syria | 8.49 | 16.61 | 14.83 | 14.46 | 6.41 | 14.55 | 11.00 | 10.31 | 10.31 |
| Taiwan Prov. | 0.13 | 18.19 | 29.35 | 135.32 | 349.27 | 598.62 | 969.05 | 982.72 | 1,272.47 |

## Annex Table 2 Continued 1

(millions of USD)

| Country/Region | 2009 | 2010 | 2011 | 2012 | 2013 | 2014 | 2015 | 2016 | 2017 |
|---|---|---|---|---|---|---|---|---|---|
| Tajikistan | 162.79 | 191.63 | 216.74 | 476.12 | 599.41 | 728.96 | 909.09 | 1,167.03 | 1,616.09 |
| Thailand* | 447.88 | 1,080.00 | 1,307.26 | 2,126.93 | 2,472.43 | 3,079.47 | 3,440.12 | 4,533.48 | 5,358.47 |
| Timor-Leste | 7.45 | 7.45 | 7.45 | 7.45 | 9.05 | 15.78 | 100.28 | 147.94 | 174.17 |
| Turkey | 386.17 | 403.63 | 406.48 | 502.51 | 642.31 | 881.81 | 1,328.84 | 1,061.38 | 1,301.35 |
| Turkmenistan | 207.97 | 658.48 | 276.48 | 287.77 | 253.23 | 447.60 | 133.04 | 249.08 | 342.72 |
| United Arab Emirates | 440.29 | 764.29 | 1,174.50 | 1,336.78 | 1,514.57 | 2,333.45 | 4,602.84 | 4,888.30 | 5,372.83 |
| Uzbekistan | 85.22 | 83.00 | 156.47 | 146.18 | 197.82 | 392.09 | 882.04 | 1,057.71 | 946.07 |
| Viet Nam* | 728.50 | 986.60 | 1,290.66 | 1,604.38 | 2,166.72 | 2,865.65 | 3,373.56 | 4,983.63 | 4,965.36 |
| Yemen* | 149.30 | 184.66 | 191.45 | 221.30 | 549.11 | 555.07 | 453.30 | 39.21 | 612.55 |
| **Africa** | **9,332.27** | **13,042.12** | **16,244.32** | **21,729.71** | **26,185.77** | **32,350.06** | **34,694.40** | **39,877.47** | **43,296.50** |
| Algeria* | 751.26 | 937.26 | 1,059.45 | 1,305.33 | 1,497.21 | 2,451.57 | 2,531.55 | 2,552.48 | 1,833.66 |
| Angola | 195.54 | 351.77 | 400.59 | 1,245.10 | 1,634.74 | 1,214.04 | 1,268.29 | 1,633.21 | 2,260.16 |
| Benin | 54.01 | 39.33 | 40.03 | 47.60 | 49.91 | 69.17 | 87.31 | 102.51 | 104.37 |
| Botswana* | 119.25 | 178.52 | 200.38 | 220.15 | 230.90 | 262.13 | 321.08 | 437.50 | 296.87 |
| Burkina Faso | -- | -- | -- | -- | 4.34 | 8.78 | -- | 0.20 | 0.20 |
| Burundi | 4.64 | 6.51 | 7.20 | 8.70 | 9.79 | 13.24 | 12.37 | 12.42 | 10.29 |
| Cameroon | 25.05 | 59.61 | 61.54 | 79.50 | 148.40 | 177.84 | 207.34 | 366.74 | 424.36 |
| Cape Verde | 5.04 | 4.58 | 4.58 | 11.60 | 15.23 | 15.18 | 15.18 | 15.23 | 14.63 |
| Central African* | 16.71 | 46.54 | 51.02 | 51.02 | 60.38 | 57.08 | 46.22 | 35.61 | 16.12 |
| Chad | 76.57 | 80.00 | 108.12 | 194.12 | 321.26 | 404.61 | 422.72 | 396.64 | 412.25 |
| Comoros | 4.05 | 4.04 | 4.04 | 4.54 | 4.54 | 4.54 | 4.53 | 4.53 | 4.53 |
| Congo | 115.17 | 135.88 | 142.40 | 504.90 | 695.43 | 988.76 | 1,088.67 | 782.91 | 1,126.06 |
| Congo,DR | 397.43 | 630.92 | 709.26 | 970.49 | 1,091.76 | 2,168.67 | 3,239.35 | 3,514.98 | 3,884.11 |
| Cote d'lvoire | 37.65 | 32.99 | 34.67 | 40.04 | 35.00 | 64.29 | 126.78 | 179.66 | 303.68 |
| Djibouti | 7.03 | 12.47 | 18.13 | 17.99 | 30.55 | 40.08 | 60.46 | 125.40 | 232.86 |
| Egypt* | 285.07 | 336.72 | 403.17 | 459.19 | 511.13 | 657.11 | 663.15 | 888.91 | 834.84 |
| Equatorial Guinea | 61.50 | 86.25 | 98.68 | 404.64 | 260.85 | 208.20 | 231.63 | 236.59 | 395.97 |
| Eritrea* | 9.60 | 12.54 | 14.31 | 103.78 | 104.55 | 106.71 | 119.41 | 378.45 | 216.55 |
| Ethiopia* | 283.44 | 368.06 | 426.79 | 606.55 | 771.84 | 914.62 | 1,130.13 | 2,000.65 | 1,975.56 |
| Gabon | 100.05 | 125.34 | 127.10 | 128.47 | 168.48 | 180.41 | 244.42 | 256.83 | 385.35 |
| Gambia | 1.19 | 1.19 | 1.19 | 1.19 | 1.19 | 1.24 | 1.24 | 3.84 | 5.36 |
| Ghana* | 185.04 | 202.00 | 270.15 | 505.27 | 834.84 | 1,056.69 | 1,274.49 | 1,958.27 | 1,575.36 |
| Guinea | 129.32 | 136.41 | 168.43 | 234.67 | 338.58 | 419.07 | 382.72 | 417.74 | 76.39 |
| Guinea-Bissau | 27.00 | 27.00 | 27.00 | 27.00 | 27.00 | 66.82 | 69.06 | 70.16 | 675.45 |
| Kenya | 120.36 | 221.58 | 308.83 | 402.73 | 635.90 | 853.71 | 1,099.04 | 1,102.70 | 1,543.45 |
| Lesotho | 8.32 | 8.88 | 8.91 | 9.13 | 9.13 | 11.07 | 11.15 | 6.63 | 6.53 |
| Liberia | 56.39 | 81.67 | 114.74 | 154.37 | 196.10 | 229.65 | 288.99 | 297.30 | 319.63 |
| Libyan | 42.69 | 32.19 | 67.78 | 65.19 | 108.82 | 108.94 | 105.77 | 211.12 | 366.75 |
| Madagascar* | 196.22 | 229.87 | 253.63 | 274.55 | 286.10 | 352.61 | 347.70 | 297.63 | 766.30 |
| Malawi | 14.54 | 32.40 | 30.07 | 49.30 | 253.82 | 257.62 | 258.15 | 259.05 | 291.12 |

## Annex Table 2 Continued 2

(millions of USD)

| Country/Region | 2009 | 2010 | 2011 | 2012 | 2013 | 2014 | 2015 | 2016 | 2017 |
|---|---|---|---|---|---|---|---|---|---|
| Mali | 44.72 | 47.77 | 160.06 | 211.43 | 316.67 | 342.86 | 307.33 | 320.01 | 394.86 |
| Mauritania | 31.29 | 45.88 | 74.71 | 106.15 | 108.28 | 100.95 | 105.83 | 193.36 | 235.85 |
| Mauritius* | 242.84 | 283.29 | 605.94 | 700.80 | 849.59 | 579.71 | 1,096.58 | 1,176.20 | 960.87 |
| Morocco | 48.78 | 55.85 | 89.48 | 95.22 | 102.96 | 114.44 | 156.29 | 162.70 | 318.21 |
| Mozambique | 74.96 | 75.24 | 98.07 | 336.91 | 508.09 | 653.86 | 724.52 | 782.26 | 872.91 |
| Namibia | 46.18 | 47.11 | 60.21 | 94.53 | 349.45 | 981.84 | 380.44 | 453.57 | 480.47 |
| Niger | 184.20 | 379.36 | 429.57 | 125.33 | 241.87 | 198.08 | 565.44 | 525.30 | 665.65 |
| Nigeria | 1,025.96 | 1,210.85 | 1,415.61 | 1,949.87 | 2,146.07 | 2,323.01 | 2,376.76 | 2,541.68 | 2,861.53 |
| Republic of South Sudan | -- | -- | 0.05 | 10.90 | 26.47 | 19.26 | 35.98 | 37.03 | 47.68 |
| Rwanda | 28.80 | 41.63 | 58.52 | 63.54 | 73.33 | 110.72 | 123.57 | 89.36 | 99.25 |
| Sao Tome and Principe | -- | 0.31 | 0.31 | 0.38 | 0.38 | 0.38 | 0.38 | 0.38 | 0.38 |
| Senegal | 26.07 | 45.03 | 45.20 | 102.22 | 83.25 | 130.01 | 126.02 | 149.59 | 214.30 |
| Seychelles* | 7.00 | 19.36 | 23.80 | 77.19 | 103.47 | 114.40 | 160.11 | 246.65 | 231.27 |
| Sierra Leone* | 51.23 | 41.48 | 52.23 | 57.71 | 108.36 | 147.74 | 196.30 | 188.82 | 184.22 |
| South Africa* | 2,306.86 | 4,152.98 | 4,059.73 | 4,775.07 | 4,400.40 | 5,954.02 | 4,722.97 | 6,500.84 | 7,472.77 |
| Sudan | 563.89 | 613.36 | 1,525.64 | 1,236.60 | 1,507.04 | 1,747.12 | 1,809.36 | 1,104.34 | 1,201.56 |
| Tanzania | 281.79 | 307.51 | 407.07 | 540.80 | 716.46 | 885.18 | 1,138.87 | 1,191.99 | 1,280.30 |
| Togo* | 33.02 | 58.11 | 67.15 | 98.38 | 123.09 | 135.81 | 128.82 | 118.57 | 112.85 |
| Tunisia* | 2.27 | 2.53 | 6.29 | 5.69 | 13.86 | 14.56 | 20.84 | 16.30 | 15.08 |
| Uganda* | 58.56 | 113.68 | 126.21 | 141.10 | 383.76 | 464.10 | 722.15 | 1,006.47 | 575.94 |
| Zambia | 843.97 | 943.73 | 1,199.84 | 1,998.11 | 2,164.32 | 2,271.99 | 2,338.02 | 2,687.16 | 2,963.44 |
| Zimbabwe | 99.75 | 134.54 | 576.44 | 874.67 | 1,520.83 | 1,695.58 | 1,798.92 | 1,839.00 | 1,748.34 |
| **Europe** | **8,676.78** | **15,710.31** | **24,450.03** | **36,975.12** | **53,161.56** | **69,399.87** | **83,678.97** | **87,201.92** | **110,854.68** |
| Albania* | 4.35 | 4.43 | 4.43 | 4.43 | 7.03 | 7.03 | 6.95 | 7.27 | 4.78 |
| Armenia | 1.32 | 1.32 | 1.32 | 1.32 | 7.51 | 7.51 | 7.51 | 7.51 | 29.96 |
| Austria | 1.55 | 2.01 | 24.54 | 79.46 | 76.66 | 201.70 | 327.99 | 530.51 | 851.49 |
| Azerbai jan* | 12.00 | 12.38 | 30.06 | 31.68 | 38.34 | 55.21 | 63.70 | 28.42 | 27.99 |
| Belarus | 4.49 | 23.71 | 29.07 | 77.47 | 115.90 | 257.52 | 475.89 | 497.93 | 548.41 |
| Belgium* | 56.91 | 101.01 | 140.50 | 230.69 | 315.01 | 493.47 | 519.53 | 544.03 | 479.23 |
| Bosnia and Hercegovina* | 5.92 | 5.98 | 6.01 | 6.07 | 6.13 | 6.13 | 7.75 | 8.60 | 4.34 |
| Bulgaria | 2.31 | 18.60 | 72.56 | 126.74 | 149.85 | 170.27 | 235.97 | 166.07 | 250.46 |
| Croatia | 8.10 | 8.13 | 8.18 | 8.63 | 8.31 | 11.87 | 11.82 | 11.99 | 39.08 |
| Czech Republic* | 49.34 | 52.33 | 66.83 | 202.45 | 204.68 | 242.69 | 224.31 | 227.77 | 164.90 |
| Denmark | 40.79 | 42.47 | 49.13 | 53.24 | 84.37 | 208.15 | 82.17 | 226.11 | 228.83 |
| Estonia | 7.50 | 7.50 | 7.50 | 3.50 | 3.50 | 3.50 | 3.50 | 3.50 | 3.62 |
| Finland | 9.04 | 27.25 | 31.00 | 34.03 | 42.55 | 58.99 | 95.07 | 211.70 | 213.07 |
| France* | 221.03 | 243.62 | 3,723.89 | 3,950.77 | 4,447.94 | 8,444.88 | 5,723.55 | 5,116.17 | 5,702.71 |
| Georgia | 75.33 | 130.17 | 109.35 | 178.08 | 330.75 | 545.64 | 533.75 | 550.23 | 568.17 |
| Germany | 1,082.24 | 1,502.29 | 2,401.44 | 3,104.35 | 3,979.38 | 5,785.50 | 5,881.76 | 7,841.75 | 12,163.20 |
| Greece | 1.68 | 4.23 | 4.63 | 5.98 | 119.79 | 120.85 | 119.48 | 48.08 | 182.22 |

## Annex Table 2 Continued 3

(millions of USD)

| Country/Region | 2009 | 2010 | 2011 | 2012 | 2013 | 2014 | 2015 | 2016 | 2017 |
|---|---|---|---|---|---|---|---|---|---|
| Hungary* | 97.41 | 465.70 | 475.35 | 507.41 | 532.35 | 556.35 | 571.11 | 313.70 | 327.86 |
| Iceland | 0.05 | -- | -- | -- | -- | -- | 1.10 | 1.10 | 14.00 |
| Ireland | 106.82 | 139.91 | 156.83 | 193.77 | 323.25 | 249.72 | 248.32 | 573.77 | 882.63 |
| Italy | 191.68 | 223.80 | 449.09 | 573.93 | 607.75 | 719.69 | 931.97 | 1,554.84 | 1,903.79 |
| Latvia | 0.54 | 0.54 | 0.54 | 0.54 | 0.54 | 0.54 | 0.94 | 0.94 | 1.02 |
| Liechtenstein | 0.36 | 3.91 | 3.91 | 3.91 | 3.91 | 12.40 | 13.04 | 16.74 | 16.16 |
| Lithuania | 3.93 | 3.93 | 3.93 | 6.97 | 12.48 | 12.48 | 12.48 | 15.29 | 17.13 |
| Luxembourg | 2,484.38 | 5,786.75 | 7,081.97 | 8,977.89 | 10,423.76 | 15,666.77 | 7,739.88 | 8,776.60 | 13,936.15 |
| Macedonia | 0.20 | 0.20 | 0.20 | 0.26 | 2.09 | 2.11 | 2.11 | 2.10 | 2.03 |
| Malta | 5.03 | 2.66 | 3.37 | 3.37 | 3.49 | 5.42 | 10.45 | 163.64 | 164.98 |
| Moldova | 0.78 | 0.78 | 0.78 | 2.11 | 3.87 | 3.87 | 2.11 | 3.87 | 3.87 |
| Montenegro | 0.32 | 0.32 | 0.32 | 0.32 | 0.32 | 0.32 | 0.32 | 4.43 | 39.45 |
| Netherlands* | 335.87 | 486.71 | 664.68 | 1,107.92 | 3,193.09 | 4,194.08 | 20,067.13 | 20,587.74 | 18,529.00 |
| Norway | 12.95 | 147.76 | 166.59 | 188.13 | 4,771.71 | 5,223.50 | 3,471.29 | 2,641.97 | 2,083.45 |
| Poland | 120.30 | 140.31 | 201.26 | 208.11 | 257.04 | 329.35 | 352.11 | 321.32 | 405.52 |
| Portugal | 5.02 | 21.37 | 33.13 | 40.38 | 55.32 | 60.69 | 71.42 | 87.74 | 110.23 |
| Romania* | 93.34 | 124.95 | 125.83 | 161.09 | 145.13 | 191.37 | 364.80 | 391.50 | 310.07 |
| Russian | 2,220.37 | 2,787.56 | 3,763.64 | 4,888.49 | 7,581.61 | 8,694.63 | 14,019.63 | 12,979.51 | 13,871.60 |
| Serbia | 2.68 | 4.84 | 5.05 | 6.47 | 18.54 | 29.71 | 49.79 | 82.68 | 170.02 |
| Serbia and Montenegro | -- | -- | -- | -- | -- | -- | -- | -- | -- |
| Slovakia | 9.36 | 9.82 | 25.78 | 86.01 | 82.77 | 127.79 | 127.79 | 82.77 | 83.45 |
| Slovenia | 5.00 | 5.00 | 5.00 | 5.00 | 5.00 | 5.00 | 5.00 | 26.86 | 27.25 |
| Spain* | 205.23 | 247.76 | 389.31 | 437.25 | 315.71 | 424.53 | 608.01 | 736.47 | 692.63 |
| Sweden* | 111.89 | 1,479.12 | 1,531.22 | 2,408.17 | 2,737.71 | 3,012.92 | 3,381.96 | 3,553.68 | 7,307.42 |
| Switzerland | 30.30 | 58.54 | 91.94 | 101.32 | 296.54 | 387.66 | 604.15 | 576.21 | 8,111.73 |
| Ukraine* | 20.79 | 22.29 | 29.29 | 33.14 | 51.98 | 63.41 | 68.90 | 66.71 | 62.65 |
| United Kingdom | 1,028.28 | 1,358.35 | 2,530.58 | 8,934.27 | 11,797.90 | 12,804.65 | 16,632.46 | 17,612.10 | 20,318.17 |
| **Latin America** | **30,595.48** | **43,875.64** | **55,171.75** | **68,211.63** | **86,095.93** | **106,111.14** | **126,318.93** | **207,152.57** | **386,892.30** |
| Anguilla,British | -- | -- | -- | -- | -- | -- | 1.00 | 6.84 | 7.19 |
| Antigua & Barbuda | 1.25 | 1.25 | 4.84 | 5.44 | 6.30 | 6.30 | 6.30 | 6.70 | 6.70 |
| Argentina* | 169.05 | 218.99 | 405.25 | 897.19 | 1,658.20 | 1,791.52 | 1,948.92 | 1,943.66 | 1,539.54 |
| Bahamas | 1.60 | 1.60 | 1.60 | 0.60 | 0.60 | 0.60 | 0.60 | 160.60 | 160.63 |
| Barbados | 6.00 | 3.88 | 3.13 | 3.95 | 4.97 | 3.30 | 2.89 | 87.72 | 117.30 |
| Belize | 0.08 | -- | -- | -- | 0.35 | 0.70 | 0.70 | 0.70 | -- |
| Bolivia | 55.65 | 64.85 | 66.32 | 156.19 | 118.92 | 132.17 | 317.46 | 370.68 | 413.49 |
| Brazil* | 360.89 | 923.65 | 1,071.79 | 1,449.51 | 1,733.58 | 2,832.89 | 2,257.12 | 2,962.51 | 3,205.54 |
| Cayman Islands* | 13,577.07 | 17,256.27 | 21,692.32 | 30,072.00 | 42,324.06 | 44,236.72 | 62,404.08 | 104,208.93 | 249,682.19 |
| Chile | 66.02 | 109.58 | 97.94 | 126.28 | 179.04 | 195.83 | 204.64 | 403.62 | 527.57 |
| Colombia* | 20.50 | 22.97 | 59.80 | 346.15 | 368.69 | 547.30 | 554.43 | 362.45 | 357.87 |
| Costa Rica | 2.00 | 2.08 | 2.09 | 2.09 | 3.26 | 3.98 | 7.82 | 8.20 | 26.02 |

## Annex Table 2 Continued 4

(millions of USD)

| Country/Region | 2009 | 2010 | 2011 | 2012 | 2013 | 2014 | 2015 | 2016 | 2017 |
|---|---|---|---|---|---|---|---|---|---|
| Cuba | 85.32 | 68.98 | 146.37 | 135.69 | 111.34 | 62.55 | 120.62 | 131.50 | 115.00 |
| Dominica | 0.70 | 4.15 | 8.15 | 8.15 | 8.45 | 3.15 | 3.15 | 3.15 | 3.15 |
| Dominican | 0.12 | 0.12 | 0.12 | 1.12 | 1.00 | 1.01 | 1.01 | 1.01 | 0.01 |
| Ecuador | 106.60 | 129.58 | 95.24 | 407.63 | 1,008.79 | 944.60 | 1,056.35 | 1,180.12 | 1,032.44 |
| Grenada | 7.65 | 14.52 | 14.54 | 14.54 | 14.54 | 23.67 | 23.67 | 23.77 | 25.07 |
| Guatemala* | -- | -- | -- | -- | -- | 0.99 | 0.99 | 1.12 | 0.74 |
| Guyana* | 149.61 | 183.17 | 135.13 | 151.88 | 225.18 | 247.57 | 256.01 | 256.68 | 110.69 |
| Honduras* | -- | -- | -- | -- | -- | -- | -- | 27.71 | 1.16 |
| Jamaica | 2.16 | 4.37 | 39.07 | 74.93 | 79.68 | 188.37 | 225.68 | 839.19 | 1,114.12 |
| Mexico | 173.90 | 152.87 | 263.88 | 368.48 | 409.87 | 541.21 | 524.76 | 578.60 | 898.02 |
| Nicaragua | -- | -- | -- | -- | 2.17 | 3.18 | 3.67 | 4.67 | 3.14 |
| Panama | 81.09 | 236.58 | 330.78 | 196.62 | 478.64 | 204.93 | 228.15 | 268.85 | 358.78 |
| Paraguay* | 11.25 | 39.07 | 44.65 | 46.06 | 46.24 | 47.91 | 47.91 | 47.91 | 46.06 |
| Peru | 284.54 | 654.49 | 802.24 | 752.87 | 867.78 | 907.98 | 705.49 | 759.78 | 839.43 |
| Salvador | -- | -- | -- | -- | -- | 0.01 | 0.01 | 0.01 | 0.01 |
| St. Lucia | -- | -- | -- | -- | -- | -- | 0.15 | 1.44 | 4.73 |
| St. Vincent and Grenadines | 23.03 | 36.19 | 36.20 | 36.20 | 36.20 | 39.00 | 42.04 | 39.52 | 42.88 |
| Suriname | 68.80 | 78.84 | 78.84 | 45.61 | 111.93 | 93.93 | 113.52 | 125.08 | 164.39 |
| Trinidad and Tobago | 0.80 | 0.80 | 0.90 | 1.09 | 3.86 | 1,025.31 | 604.63 | 606.66 | 621.77 |
| Uruguay | 7.15 | 7.51 | 8.15 | 17.65 | 25.93 | 210.81 | 182.73 | 225.59 | 198.68 |
| Venezuela | 271.96 | 416.52 | 501.00 | 2,042.76 | 2,363.38 | 2,493.23 | 2,800.29 | 2,741.71 | 3,207.25 |
| Virgin Islands, British* | 15,060.69 | 23,242.76 | 29,261.41 | 30,850.95 | 33,902.98 | 49,320.41 | 51,672.14 | 88,765.89 | 122,060.75 |
| **North America** | **5,184.70** | **7,829.26** | **13,472.43** | **25,502.99** | **28,609.74** | **47,951.49** | **52,179.26** | **75,472.46** | **86,905.97** |
| Bermuda* | 175.94 | 352.67 | 751.84 | 3,372.50 | 513.99 | 2,151.44 | 2,861.06 | 2,166.49 | 8,588.11 |
| Canada* | 1,670.34 | 2,602.60 | 3,727.56 | 5,050.72 | 6,196.19 | 7,789.08 | 8,516.25 | 12,725.99 | 10,936.86 |
| United States | 3,338.42 | 4,873.99 | 8,993.03 | 17,079.77 | 21,899.56 | 38,010.97 | 40,801.95 | 60,579.98 | 67,381.00 |
| **Oceania** | **6,418.95** | **8,607.29** | **12,007.44** | **15,114.07** | **19,017.12** | **25,864.25** | **32,091.71** | **38,240.56** | **41,763.27** |
| Australia* | 5,863.10 | 7,867.75 | 11,041.25 | 13,873.05 | 17,449.68 | 23,882.26 | 28,373.85 | 33,350.56 | 36,175.31 |
| Cook Islands | -- | -- | -- | 0.12 | 0.29 | 0.07 | 0.07 | 0.07 | 0.07 |
| Fiji | 33.00 | 39.43 | 61.07 | 170.91 | 208.41 | 119.98 | 97.92 | 148.50 | 156.70 |
| Kiribati | -- | -- | -- | -- | 0.82 | 0.82 | 2.93 | 2.93 | 2.93 |
| Marshall Islands* | 80.86 | 73.52 | 107.37 | 116.87 | 116.87 | 116.87 | 60.05 | 65.41 | 60.68 |
| Micronesia, Fs | 7.25 | 7.25 | 4.36 | 7.77 | 8.23 | 11.62 | 15.17 | 34.66 | 19.54 |
| New Zealand | 93.85 | 159.11 | 185.46 | 273.85 | 541.73 | 962.41 | 1,208.72 | 2,102.47 | 2,491.80 |
| Oth. Ocean. Nes. | -- | 6.67 | -- | -- | -- | -- | -- | -- | -- |
| Palau | 8.52 | 9.02 | 9.59 | 9.59 | 9.59 | 10.10 | 11.60 | 12.10 | 12.18 |
| Papua New Guinea | 315.11 | 323.26 | 341.52 | 365.48 | 422.30 | 460.02 | 1,911.83 | 1,869.88 | 2,101.21 |
| Samoa | 2.40 | 101.33 | 229.79 | 266.01 | 188.08 | 223.08 | 306.91 | 546.85 | 627.55 |
| Tonga | 7.11 | 7.11 | 7.11 | 7.11 | 7.11 | 7.21 | 8.19 | 8.44 | 9.56 |
| Vanuatu | 7.75 | 12.84 | 19.92 | 23.31 | 64.01 | 69.81 | 94.47 | 98.69 | 105.76 |

Note:"*"The stock for 2017 are recomputed after ajustment of historical Data.

## Annex Table 3 Distribution of China's outward FDI flows by industry, 2009-2017

(millions of USD)

| | Industry | 2009 | 2010 | 2011 | 2012 | 2013 | 2014 | 2015 | 2016 | 2017 |
|---|---|---|---|---|---|---|---|---|---|---|
| A | Agriculture, Forestry, Animal Husbandry And Fishery | 342.79 | 533.98 | 797.75 | 1,461.38 | 1,813.13 | 2,035.43 | 2,572.08 | 3,287.15 | 2,507.69 |
| B | Mining | 13,343.09 | 5,714.86 | 14,445.95 | 13,543.80 | 24,807.79 | 16,549.39 | 11,252.61 | 1,930.20 | -3,701.52 |
| C | Manufacturing | 2,240.97 | 4,664.17 | 7,041.18 | 8,667.41 | 7,197.15 | 9,583.60 | 19,986.29 | 29,048.72 | 29,507.37 |
| D | Production And Supply Of Electricity ,Gas And Water | 468.07 | 1,006.43 | 1,875.43 | 1,935.34 | 680.43 | 1,764.63 | 2,135.07 | 3,535.99 | 2,344.01 |
| E | Construction | 360.22 | 1,628.26 | 1,648.17 | 3,245.36 | 4,364.30 | 3,396.00 | 3,735.01 | 4,392.48 | 6,527.72 |
| F | Wholesale And Retail Trade | 6,135.75 | 6,728.78 | 10,324.12 | 13,048.54 | 14,646.82 | 18,290.71 | 19,217.85 | 20,894.17 | 26,311.02 |
| G | Transport, Storage And Post | 2,067.52 | 5,655.45 | 2,563.92 | 2,988.14 | 3,307.23 | 4,174.72 | 2,726.82 | 1,678.81 | 5,467.92 |
| H | Lodging And Catering Services | 74.87 | 218.20 | 116.93 | 136.63 | 82.16 | 244.74 | 723.19 | 1,625.49 | -185.09 |
| I | Information Transmission, Computer Services And Software | 278.13 | 506.12 | 776.46 | 1,240.14 | 1,400.88 | 3,169.65 | 6,820.37 | 18,660.22 | 4,430.24 |
| J | Banking | 8,733.74 | 8,627.39 | 6,070.50 | 10,070.84 | 15,105.32 | 15,917.82 | 24,245.53 | 14,918.09 | 18,785.44 |
| K | Real Estate | 938.14 | 1,613.08 | 1,974.42 | 2,018.13 | 3,952.51 | 6,604.57 | 7,786.56 | 15,246.74 | 6,795.06 |
| L | Leasing And Business Service | 20,473.78 | 30,280.70 | 25,597.26 | 26,740.80 | 27,056.17 | 36,830.60 | 36,257.88 | 65,781.57 | 54,273.21 |
| M | Scientific Research And Technical Service | 775.73 | 1,018.86 | 706.58 | 1,478.50 | 1,792.21 | 1,668.79 | 3,345.40 | 4,238.06 | 2,390.65 |
| N | Management Of Water Conservancy, Environment And Public Facilities | 4.34 | 71.98 | 255.29 | 33.57 | 144.89 | 551.39 | 1,367.73 | 847.05 | 218.92 |
| O | Residents Service, Repair And Other Service | 267.73 | 321.05 | 328.63 | 890.40 | 1,129.18 | 1,651.75 | 1,599.48 | 5,424.29 | 1,865.26 |
| P | Education | 2.45 | 2.00 | 20.08 | 102.83 | 35.66 | 13.55 | 62.29 | 284.52 | 133.72 |
| Q | Health, Social Works | 1.91 | 33.52 | 6.39 | 5.38 | 17.03 | 153.38 | 83.87 | 487.19 | 352.67 |
| R | Culture, Sports And Entertainment | 19.76 | 186.48 | 104.98 | 196.34 | 310.85 | 519.15 | 1,747.51 | 3,868.69 | 264.01 |
| S | Public Management, Social Security And Social Organizations | -- | -- | -- | -- | -- | -- | 1.60 | -- | -- |
| | **Total** | **56,528.99** | **68,811.31** | **74,654.04** | **87,803.53** | **107,843.71** | **123,119.86** | **145,667.15** | **196,149.43** | **158,288.30** |

## Annex Table 4 Distribution of China's outward FDI stock by industry, 2009-2017

(millions of USD)

| | Industry | 2009 | 2010 | 2011 | 2012 | 2013 | 2014 | 2015 | 2016 | 2017 |
|---|---|---|---|---|---|---|---|---|---|---|
| A | Agriculture, Forestry, Animal Husbandry and Fishery | 2,028.44 | 2,612.08 | 3,416.64 | 4,964.43 | 7,179.12 | 9,691.79 | 11,475.80 | 14,885.02 | 16,561.94 |
| B | Mining | 40,579.69 | 44,660.64 | 66,995.37 | 74,784.20 | 106,170.92 | 123,725.24 | 142,381.31 | 152,369.59 | 157,670.26 |
| C | Manufacturing | 13,591.55 | 17,801.66 | 26,964.43 | 34,140.07 | 41,976.84 | 52,351.94 | 78,528.26 | 108,112.71 | 140,300.75 |
| D | Production and Supply of Electricity , Gas And Water | 2,255.61 | 3,410.68 | 7,140.56 | 8,992.10 | 11,196.60 | 15,040.89 | 15,663.10 | 22,821.41 | 24,990.90 |
| E | Construction | 3,413.22 | 6,173.28 | 8,051.10 | 12,856.04 | 19,445.74 | 22,583.25 | 27,124.12 | 32,419.75 | 37,703.99 |
| F | Wholesale and Retail Trade* | 35,694.99 | 42,006.45 | 49,093.63 | 68,211.88 | 87,647.68 | 102,956.80 | 121,940.86 | 169,168.20 | 226,427.13 |
| G | Transport, Storage and Post | 16,631.33 | 23,187.80 | 25,261.31 | 29,226.53 | 32,227.78 | 34,681.63 | 39,905.52 | 41,422.02 | 54,767.95 |
| H | Lodging and Catering Services | 243.29 | 449.86 | 603.86 | 763.27 | 947.43 | 1,307.04 | 2,233.34 | 4,194.07 | 3,513.05 |
| I | Information Transmission, Computer Services and Software* | 1,967.24 | 8,406.24 | 9,553.24 | 4,819.71 | 7,384.40 | 12,325.99 | 20,927.52 | 64,801.51 | 218,897.37 |
| J | Banking | 45,994.03 | 55,253.21 | 67,393.29 | 96,453.37 | 117,079.83 | 137,624.85 | 159,660.10 | 177,342.45 | 202,793.04 |
| K | Real Estate* | 5,343.43 | 7,266.42 | 8,986.16 | 9,581.41 | 15,421.26 | 24,649.03 | 33,493.05 | 46,104.71 | 53,755.05 |
| L | Leasing and Business Service | 72,949.00 | 97,246.05 | 142,290.02 | 175,697.95 | 195,733.54 | 322,443.92 | 409,567.71 | 473,994.32 | 615,773.49 |
| M | Scientific Research and Technical Service | 2,874.13 | 3,967.12 | 4,388.38 | 6,792.76 | 8,669.73 | 10,873.24 | 14,430.83 | 19,720.19 | 21,683.99 |
| N | Management of Water Conservancy, Environment and Public Facilities | 1,065.08 | 1,133.43 | 2,401.96 | 70.56 | 342.42 | 1,333.65 | 2,541.91 | 3,574.69 | 2,389.96 |
| O | Residents Service, Repair and Other Service* | 961.37 | 3,229.74 | 1,615.58 | 3,581.24 | 7,688.55 | 9,042.71 | 14,276.60 | 16,901.88 | 19,017.33 |
| P | Education | 21.23 | 23.94 | 66.57 | 164.79 | 201.05 | 184.64 | 286.62 | 723.72 | 3,286.16 |
| Q | Health, Social Works | 6.10 | 36.16 | 17.15 | 46.76 | 64.84 | 230.60 | 175.36 | 921.37 | 1,388.80 |
| R | Culture, Sports and Entertainment | 135.65 | 345.83 | 541.42 | 793.51 | 1,100.67 | 1,595.22 | 3,250.98 | 7,912.84 | 8,115.36 |
| S | Public Management, Social Security and Social Organizations | -- | -- | -- | -- | -- | -- | 1.60 | -- | -- |
| | **Total** | **245,755.38** | **317,210.59** | **424,780.67** | **531,940.58** | **660,478.40** | **882,642.42** | **1,097,864.59** | **1,357,390.45** | **1,809,036.52** |

Note:"*" The Stock for 2017 are recomputed after adjustment of historical Data.

## Annex Table 5 China's outward FDI flows by province, 2009-2017(Non-Financial Part)

(millions of USD)

| Province/Region | 2009 | 2010 | 2011 | 2012 | 2013 | 2014 | 2015 | 2016 | 2017 |
|---|---|---|---|---|---|---|---|---|---|
| **Central Co, total** | **38,192.75** | **42,436.98** | **45,023.14** | **43,526.93** | **56,324.49** | **52,476.17** | **27,817.52** | **30,719.36** | **53,271.85** |
| **Provincial total** | **9,602.50** | **17,745.42** | **23,560.36** | **34,205.76** | **36,414.89** | **54,725.87** | **93,604.10** | **150,511.98** | **86,231.01** |
| Beijing | 451.85 | 766.14 | 1,175.03 | 1,688.55 | 4,130.10 | 7,273.53 | 12,280.33 | 15,573.62 | 6,651.26 |
| Tianjin | 209.92 | 341.32 | 407.06 | 674.95 | 1,120.20 | 4,146.37 | 2,526.54 | 17,941.46 | 2,305.02 |
| Hebei | 219.93 | 532.37 | 463.63 | 578.09 | 927.57 | 1,218.65 | 940.30 | 3,012.85 | 1,652.76 |
| Shanxi | 332.95 | 79.26 | 183.19 | 309.66 | 564.83 | 304.91 | 186.11 | 569.57 | 370.72 |
| Inner Mongolia | 155.47 | 80.42 | 128.25 | 518.45 | 408.80 | 1,109.69 | 404.47 | 1,752.10 | 548.79 |
| Liaoning | 757.86 | 1,935.66 | 1,143.84 | 2,762.60 | 1,294.99 | 1,479.02 | 2,122.04 | 1,862.91 | 1,171.82 |
| Dalian | 463.84 | 1,632.29 | 745.91 | 2,030.87 | 1,044.50 | 574.81 | 1,349.20 | 1,054.69 | 441.46 |
| Jilin | 298.14 | 213.40 | 204.93 | 296.41 | 752.40 | 333.10 | 658.23 | 205.25 | 226.98 |
| Heilongjiang | 121.31 | 237.80 | 238.34 | 724.05 | 773.38 | 655.31 | 423.88 | 1,182.59 | 513.82 |
| Shanghai | 1,208.69 | 1,584.68 | 1,838.02 | 3,316.18 | 2,675.24 | 4,992.25 | 23,182.88 | 23,967.72 | 12,990.29 |
| Jiangsu | 850.61 | 1,371.19 | 2,253.83 | 3,130.50 | 3,020.01 | 4,069.83 | 7,250.00 | 12,201.96 | 4,357.84 |
| Zhejiang | 702.26 | 2,679.15 | 1,852.87 | 2,360.23 | 2,552.76 | 3,861.70 | 7,108.16 | 12,313.98 | 10,660.04 |
| Ningbo | 210.97 | 394.60 | 755.73 | 638.39 | 844.68 | 1,036.63 | 2,514.56 | 5,696.27 | 1,467.71 |
| Anhui | 57.82 | 813.65 | 530.89 | 710.43 | 910.55 | 380.29 | 2,067.47 | 1,031.81 | 1,862.39 |
| Fujian | 365.82 | 534.95 | 530.28 | 857.05 | 952.49 | 1,050.64 | 2,757.43 | 4,119.19 | 2,825.22 |
| Xiamen | 123.89 | 228.81 | 152.76 | 234.00 | 264.63 | 265.23 | 995.23 | 1,867.68 | 1,091.78 |
| Jiangxi | 22.65 | 94.70 | 188.33 | 373.16 | 380.91 | 738.53 | 1,004.57 | 969.62 | 597.62 |
| Shandong | 704.41 | 1,890.01 | 2,473.39 | 3,456.21 | 4,264.72 | 3,915.90 | 7,109.83 | 13,023.79 | 7,875.18 |
| Qingdao | 104.72 | 461.97 | 234.66 | 919.85 | 1,022.67 | 1,217.49 | 1,277.74 | 5,249.43 | 1,287.67 |
| Henan | 120.75 | 118.64 | 282.51 | 341.17 | 589.71 | 546.92 | 1,312.84 | 4,125.43 | 1,823.37 |
| Hubei | 41.16 | 80.61 | 709.03 | 496.87 | 520.11 | 671.61 | 635.96 | 1,318.96 | 1,320.30 |
| Hunan | 1,005.68 | 274.77 | 1,176.28 | 994.99 | 569.70 | 784.49 | 1,123.70 | 2,096.01 | 1,637.89 |
| Guangdong | 922.98 | 1,599.77 | 3,633.50 | 5,288.21 | 5,942.88 | 10,896.71 | 12,262.50 | 22,962.30 | 11,771.99 |
| Shenzhen | 414.47 | 608.78 | 1,133.06 | 3,368.33 | 3,008.14 | 5,989.33 | 6,459.20 | 11,683.93 | 6,567.78 |
| Guangxi | 81.69 | 186.82 | 167.14 | 272.40 | 81.34 | 228.64 | 450.91 | 1,430.87 | 636.66 |
| Hainan | 60.72 | 221.79 | 1,219.99 | 320.12 | 817.31 | 887.08 | 1,201.19 | 479.66 | 3,149.64 |
| Chongqing | 47.47 | 361.09 | 401.25 | 529.60 | 346.55 | 766.76 | 1,496.38 | 1,814.96 | 5,028.27 |
| Sichuan | 107.40 | 690.97 | 563.41 | 595.09 | 584.47 | 1,382.23 | 1,187.30 | 1,412.01 | 1,765.69 |
| Guizhou | 5.22 | 2.89 | 20.33 | 20.25 | 208.15 | 87.64 | 65.39 | 74.67 | 36.58 |
| Yunnan | 270.08 | 513.39 | 248.45 | 1,040.46 | 830.36 | 1,261.95 | 946.48 | 1,562.11 | 1,473.82 |
| Xizang | -- | 0.29 | 2.16 | 0.02 | 0.22 | 3.85 | 296.81 | 23.14 | 227.77 |
| Shaanxi | 224.62 | 260.55 | 448.16 | 607.84 | 307.89 | 414.11 | 624.08 | 796.87 | 1,260.55 |
| Gansu | 18.52 | 101.76 | 649.17 | 1,382.09 | 431.82 | 273.21 | 122.93 | 770.49 | 484.03 |
| Qinghai | 2.09 | 1.38 | 1.73 | 12.80 | 35.96 | 16.01 | 78.26 | 81.64 | 11.33 |
| Ningxia | 15.09 | 7.11 | 12.95 | 64.21 | 86.26 | 338.83 | 1,089.59 | 577.50 | 97.23 |
| Xinjiang | 180.57 | 47.76 | 314.74 | 431.23 | 315.79 | 548.32 | 610.77 | 1,171.50 | 784.81 |
| Xinjiang P&C Group | 38.77 | 121.11 | 97.68 | 51.89 | 17.42 | 87.80 | 76.79 | 85.44 | 111.31 |
| **Total** | **47,795.25** | **60,182.40** | **68,583.50** | **77,732.69** | **92,739.38** | **107,202.04** | **121,421.62** | **181,231.34** | **139,502.86** |

## Annex Table 6 China's outward FDI stock by province, 2009-2017(Non-Financial Part)

(millions of USD)

| Province/Region | 2009 | 2010 | 2011 | 2012 | 2013 | 2014 | 2015 | 2016 | 2017 |
|---|---|---|---|---|---|---|---|---|---|
| **Central Co, total** | **160,143.26** | **201,787.90** | **272,460.46** | **311,424.14** | **378,500.16** | **509,580.51** | **593,726.81** | **655,996.97** | **878,782.06** |
| **Provincial total** | **39,618.09** | **60,169.48** | **84,926.97** | **124,063.07** | **164,900.05** | **235,437.06** | **344,477.68** | **524,051.03** | **727,461.42** |
| Beijing | 3,758.65 | 4,808.82 | 6,033.80 | 7,577.92 | 12,764.56 | 28,488.70 | 38,798.95 | 54,381.41 | 64,843.94 |
| Tianjin | 581.16 | 967.29 | 1,386.78 | 2,115.13 | 3,593.31 | 9,233.79 | 10,941.93 | 26,225.43 | 23,538.86 |
| Hebei | 886.92 | 1,377.24 | 1,954.70 | 2,387.10 | 3,490.45 | 4,530.94 | 5,724.81 | 8,627.39 | 11,104.54 |
| Shanxi | 533.39 | 636.54 | 830.21 | 1,060.47 | 1,538.65 | 1,705.79 | 2,110.51 | 3,161.80 | 2,562.19 |
| Inner Mongolia | 401.00 | 470.55 | 565.17 | 1,222.60 | 1,678.80 | 2,391.48 | 3,131.55 | 4,963.32 | 5,405.81 |
| Liaoning | 1,492.30 | 3,406.96 | 4,356.98 | 6,952.81 | 7,731.17 | 9,256.19 | 11,319.45 | 13,218.96 | 13,250.72 |
| Dalian | 830.94 | 2,475.20 | 2,969.03 | 4,803.16 | 5,298.18 | 5,897.30 | 7,094.25 | 8,134.47 | 6,995.31 |
| Jilin | 707.67 | 899.58 | 1,115.48 | 1,453.96 | 2,139.24 | 2,431.38 | 3,134.12 | 3,387.12 | 3,987.03 |
| Heilongjiang | 1,062.35 | 1,280.44 | 1,727.92 | 2,529.93 | 3,350.10 | 4,021.67 | 4,213.97 | 5,740.78 | 4,070.97 |
| Shanghai | 3,589.37 | 6,094.33 | 6,374.73 | 13,951.06 | 17,843.61 | 25,484.79 | 58,361.65 | 84,054.45 | 112,004.33 |
| Jiangsu | 2,498.72 | 3,888.14 | 5,701.94 | 7,831.85 | 11,163.11 | 15,609.97 | 22,614.24 | 34,946.74 | 40,317.48 |
| Zhejiang | 2,959.23 | 5,845.28 | 7,189.13 | 8,548.64 | 10,988.48 | 15,373.59 | 22,364.78 | 32,682.20 | 98,394.63 |
| Ningbo | 650.48 | 1,064.30 | 1,875.24 | 2,120.67 | 3,230.64 | 4,517.85 | 6,742.25 | 11,779.75 | 12,164.13 |
| Anhui | 275.94 | 1,108.42 | 1,654.08 | 2,371.20 | 3,795.59 | 4,269.45 | 6,266.96 | 5,818.50 | 9,049.94 |
| Fujian | 1,588.00 | 1,967.73 | 2,447.54 | 3,237.01 | 3,967.78 | 4,872.90 | 8,202.53 | 11,133.62 | 12,665.92 |
| Xiamen | 388.13 | 604.43 | 805.57 | 995.78 | 1,096.23 | 1,331.49 | 2,432.70 | 4,244.77 | 4,585.36 |
| Jiangxi | 129.05 | 221.36 | 397.51 | 789.34 | 1,191.80 | 2,013.52 | 2,595.24 | 3,569.64 | 4,089.74 |
| Shandong | 2,622.55 | 4,958.23 | 8,626.20 | 11,970.09 | 16,047.38 | 19,700.97 | 27,305.44 | 41,193.16 | 47,787.66 |
| Qingdao | 464.87 | 1,237.74 | 1,490.36 | 2,453.39 | 3,228.06 | 4,475.30 | 5,852.77 | 11,698.64 | 13,093.21 |
| Henan | 576.55 | 706.89 | 974.60 | 1,441.88 | 1,953.52 | 2,494.44 | 3,994.96 | 8,692.89 | 9,775.67 |
| Hubei | 99.92 | 177.94 | 883.51 | 1,375.79 | 1,733.18 | 2,283.05 | 2,860.68 | 4,182.63 | 5,625.11 |
| Hunan | 2,047.82 | 2,716.26 | 3,295.77 | 4,133.31 | 4,547.24 | 5,515.00 | 8,104.42 | 10,174.35 | 10,446.07 |
| Guangdong | 9,545.23 | 11,629.51 | 17,981.11 | 25,176.17 | 34,233.75 | 49,479.39 | 68,654.95 | 125,042.78 | 189,713.65 |
| Shenzhen | 4,739.86 | 6,152.87 | 8,329.18 | 13,201.98 | 18,567.99 | 29,669.48 | 38,686.94 | 85,256.20 | 143,089.73 |
| Guangxi | 301.11 | 525.05 | 687.01 | 866.88 | 1,061.68 | 1,477.92 | 1,845.97 | 3,432.95 | 3,765.45 |
| Hainan | 112.60 | 335.66 | 1,652.62 | 3,328.20 | 3,434.23 | 3,756.42 | 4,893.95 | 5,008.65 | 11,155.41 |
| Chongqing | 303.23 | 655.65 | 1,105.72 | 1,709.51 | 1,939.59 | 2,656.60 | 3,908.25 | 6,365.60 | 10,466.38 |
| Sichuan | 535.24 | 1,253.52 | 1,924.78 | 2,245.73 | 2,655.93 | 3,524.09 | 4,659.01 | 5,847.27 | 7,609.56 |
| Guizhou | 22.29 | 20.35 | 49.52 | 87.46 | 327.08 | 341.78 | 428.94 | 480.17 | 498.92 |
| Yunnan | 947.84 | 1,555.04 | 1,829.14 | 2,958.05 | 3,865.67 | 5,142.04 | 6,026.19 | 6,815.10 | 7,557.96 |
| Xizang | 1.52 | 1.80 | 3.77 | 10.33 | 12.27 | 16.10 | 314.41 | 79.75 | 599.88 |
| Shaanxi | 415.18 | 697.86 | 1,138.06 | 1,793.87 | 2,002.87 | 2,465.11 | 2,855.25 | 3,611.66 | 4,220.09 |
| Gansu | 610.85 | 711.58 | 1,339.50 | 2,685.62 | 3,159.85 | 3,204.03 | 3,211.56 | 4,077.39 | 4,718.26 |
| Qinghai | 7.51 | 8.90 | 13.04 | 31.49 | 90.62 | 101.32 | 222.92 | 270.27 | 598.29 |
| Ningxia | 39.79 | 46.72 | 59.56 | 119.34 | 196.24 | 497.33 | 1,600.26 | 2,474.20 | 2,106.46 |
| Xinjiang | 516.01 | 689.83 | 1,033.90 | 1,454.44 | 1,749.51 | 2,340.30 | 2,965.92 | 4,005.33 | 5,055.64 |
| Xinjiang P&C Group | 449.10 | 505.98 | 593.19 | 645.89 | 652.79 | 757.01 | 843.91 | 385.52 | 474.86 |
| **Total** | **199,761.35** | **261,957.38** | **357,387.43** | **435,487.21** | **543,400.21** | **745,017.57** | **938,204.49** | **1,180,048.00** | **1,606,243.48** |

## Annex Table 7 China's outward FDI flows into EU countries, 2009-2017

(millions of USD)

| Country/Region | 2009 | 2010 | 2011 | 2012 | 2013 | 2014 | 2015 | 2016 | 2017 |
|---|---|---|---|---|---|---|---|---|---|
| Austria | -- | 0.46 | 20.22 | 53.43 | 0.15 | 43.71 | 104.32 | 191.72 | 412.19 |
| Belgium | 23.62 | 45.33 | 35.90 | 98.40 | 25.78 | 153.28 | 23.46 | 28.35 | 30.34 |
| Bulgaria | -2.43 | 16.29 | 53.90 | 54.17 | 20.69 | 20.42 | 59.16 | -15.03 | 88.87 |
| Croatia | 0.26 | 0.03 | 0.05 | 0.05 | -- | 3.55 | -- | 0.22 | 31.84 |
| Cyprus | -- | -- | 89.54 | 3.48 | 76.34 | -- | 1.76 | 5.25 | 603.41 |
| Czech Republic | 15.60 | 2.11 | 8.84 | 18.02 | 17.84 | 2.46 | -17.41 | 1.85 | 72.95 |
| Denmark | 2.64 | 1.61 | 5.89 | 5.14 | 27.39 | 57.23 | -24.16 | 125.73 | 15.21 |
| Finland | 1.11 | 18.04 | 1.56 | 1.36 | 8.52 | 10.42 | 38.68 | 36.67 | 23.47 |
| France | 45.19 | 26.41 | 3482.32 | 153.93 | 260.44 | 405.54 | 327.88 | 1499.57 | 952.15 |
| Germany | 179.21 | 412.35 | 512.38 | 799.33 | 910.81 | 1438.92 | 409.63 | 2380.58 | 2715.85 |
| Greece | -- | -- | 0.43 | 0.88 | 1.90 | -- | -1.37 | 29.39 | 28.57 |
| Hungary | 8.21 | 370.10 | 11.61 | 41.40 | 25.67 | 34.02 | 23.20 | 57.46 | 65.59 |
| Ireland | -0.95 | 32.88 | 16.93 | 48.88 | 117.02 | 37.11 | 14.30 | 331.93 | 241.34 |
| Italy | 46.05 | 13.27 | 224.83 | 118.58 | 31.26 | 113.02 | 91.01 | 633.44 | 424.54 |
| Latvia | -0.03 | -- | -- | -- | -- | -- | 0.45 | -- | 0.08 |
| Lithuania | -- | -- | -- | 1.00 | 5.51 | -- | -- | 2.25 | -- |
| Luxembourg | 2270.49 | 3207.19 | 1265.00 | 1133.01 | 1275.21 | 4578.37 | -11453.17 | 1601.88 | 1353.40 |
| Malta | 0.22 | -2.37 | 0.27 | -- | 0.12 | 1.93 | 5.03 | 154.80 | 1.67 |
| Netherlands | 101.45 | 64.53 | 167.86 | 442.45 | 238.42 | 1029.97 | 13462.84 | 1169.72 | -223.12 |
| Poland | 10.37 | 16.74 | 48.66 | 7.50 | 18.34 | 44.17 | 25.10 | -24.11 | -4.33 |
| Portugal | -- | -- | -- | 5.15 | 14.94 | 3.87 | 10.72 | 11.37 | 1.04 |
| Romania | 5.29 | 10.84 | 0.30 | 25.41 | 2.17 | 42.25 | 63.32 | 15.88 | 15.86 |
| Slovakia | 0.26 | 0.46 | 5.94 | 2.19 | 0.33 | 45.66 | -- | -- | 0.68 |
| Slovenia | -- | -- | -- | -- | -- | -- | -- | 21.86 | 0.39 |
| Spain | 59.86 | 29.26 | 139.74 | 46.24 | -145.75 | 92.35 | 149.67 | 125.41 | 58.79 |
| Sweden | 8.10 | 1367.23 | 49.01 | 285.22 | 170.82 | 130.01 | 317.19 | 127.68 | 1290.26 |
| United Kingdom | 192.17 | 330.33 | 1419.70 | 2774.73 | 1419.58 | 1498.90 | 1848.16 | 1480.39 | 2066.30 |
| **Tatal** | **2966.43** | **5963.09** | **7560.83** | **6119.90** | **4523.50** | **9787.16** | **5479.78** | **9994.26** | **10267.36** |

Note:The Sum of the Europe Union do not include Croatia untill 2012.

## Annex Table 8 China's outward FDI Stock into EU countries, 2009-2017

(millions of USD)

| Country/Region | 2009 | 2010 | 2011 | 2012 | 2013 | 2014 | 2015 | 2016 | 2017 |
|---|---|---|---|---|---|---|---|---|---|
| Austria | 1.55 | 2.01 | 24.54 | 79.46 | 76.66 | 201.70 | 327.99 | 530.51 | 851.49 |
| Belgium* | 56.91 | 101.01 | 140.50 | 230.69 | 315.01 | 493.47 | 519.53 | 544.03 | 479.23 |
| Bulgaria | 2.31 | 18.60 | 72.56 | 126.74 | 149.85 | 170.27 | 235.97 | 166.07 | 250.46 |
| Croatia | 8.10 | 8.13 | 8.18 | 8.63 | 8.31 | 11.87 | 11.82 | 11.99 | 39.08 |
| Cyprus | 1.36 | 1.36 | 90.90 | 94.95 | 171.26 | 107.17 | 109.15 | 110.05 | 718.69 |
| Czech Republic* | 49.34 | 52.33 | 66.83 | 202.45 | 204.68 | 242.69 | 224.31 | 227.77 | 164.90 |
| Denmark | 40.79 | 42.47 | 49.13 | 53.24 | 84.37 | 208.15 | 82.17 | 226.11 | 228.83 |
| Estonia | 7.50 | 7.50 | 7.50 | 3.50 | 3.50 | 3.50 | 3.50 | 3.50 | 3.62 |
| Finland | 9.04 | 27.25 | 31.00 | 34.03 | 42.55 | 58.99 | 95.07 | 211.70 | 213.07 |
| France* | 221.03 | 243.62 | 3723.89 | 3950.77 | 4447.94 | 8444.88 | 5723.55 | 5116.17 | 5702.71 |
| Germany | 1082.24 | 1502.29 | 2401.44 | 3104.35 | 3979.38 | 5785.50 | 5881.76 | 7841.75 | 12163.20 |
| Greece | 1.68 | 4.23 | 4.63 | 5.98 | 119.79 | 120.85 | 119.48 | 48.08 | 182.22 |
| Hungary* | 97.41 | 465.70 | 475.35 | 507.41 | 532.35 | 556.35 | 571.11 | 313.70 | 327.86 |
| Ireland | 106.82 | 139.91 | 156.83 | 193.77 | 323.25 | 249.72 | 248.32 | 573.77 | 882.63 |
| Italy | 191.68 | 223.80 | 449.09 | 573.93 | 607.75 | 719.69 | 931.97 | 1554.84 | 1903.79 |
| Latvia | 0.54 | 0.54 | 0.54 | 0.54 | 0.54 | 0.54 | 0.94 | 0.94 | 1.02 |
| Lithuania | 3.93 | 3.93 | 3.93 | 6.97 | 12.48 | 12.48 | 12.48 | 15.29 | 17.13 |
| Luxembourg | 2484.38 | 5786.75 | 7081.97 | 8977.89 | 10423.76 | 15666.77 | 7739.88 | 8776.60 | 13936.15 |
| Malta | 5.03 | 0.20 | 3.37 | 3.37 | 3.49 | 5.42 | 10.45 | 163.64 | 164.98 |
| Netherlands* | 335.87 | 486.71 | 664.68 | 1107.92 | 3193.09 | 4194.08 | 20067.13 | 20587.74 | 18529.00 |
| Poland | 120.30 | 140.31 | 201.26 | 208.11 | 257.04 | 329.35 | 352.11 | 321.32 | 405.52 |
| Portugal | 5.02 | 21.37 | 33.13 | 40.38 | 55.32 | 60.69 | 71.42 | 87.74 | 110.23 |
| Romania* | 93.34 | 124.95 | 125.83 | 161.09 | 145.13 | 191.37 | 364.80 | 391.50 | 310.07 |
| Slovakia | 9.36 | 9.82 | 25.78 | 86.01 | 82.77 | 127.79 | 127.79 | 82.77 | 83.45 |
| Slovenia | 5.00 | 5.00 | 5.00 | 5.00 | 5.00 | 5.00 | 5.00 | 26.86 | 27.25 |
| Spain* | 205.23 | 247.76 | 389.31 | 437.25 | 315.71 | 424.53 | 608.01 | 736.47 | 692.63 |
| Sweden* | 111.89 | 1479.12 | 1531.22 | 2408.17 | 2737.71 | 3012.92 | 3381.96 | 3553.68 | 7307.42 |
| United Kingdom | 1028.28 | 1358.35 | 2530.58 | 8934.27 | 11797.92 | 12804.65 | 16632.46 | 17612.10 | 20318.17 |
| **Tatal** | **6277.83** | **12505.02** | **20290.79** | **31538.24** | **40096.61** | **54210.40** | **64460.13** | **69836.69** | **86014.78** |

Note:The Sum of the Europe Union do not include Croatia untill 2012.

## Annex Table 9 China's Outward FDI flows in ASEAN Countries,2009-2017

(millions of USD)

| Country/Region | 2009 | 2010 | 2011 | 2012 | 2013 | 2014 | 2015 | 2016 | 2017 |
|---|---|---|---|---|---|---|---|---|---|
| Brunei | 5.81 | 16.53 | 20.11 | 0.99 | 8.52 | -3.28 | 3.92 | 142.10 | 71.36 |
| Cambodia | 215.83 | 466.51 | 566.02 | 559.66 | 499.33 | 438.27 | 419.68 | 625.67 | 744.24 |
| Indonesia | 226.09 | 201.31 | 592.19 | 1,361.29 | 1,563.38 | 1,271.98 | 1,450.57 | 1,460.88 | 1,682.25 |
| Lao PDR | 203.24 | 313.55 | 458.52 | 808.82 | 781.48 | 1,026.90 | 517.21 | 327.58 | 1,219.95 |
| Malaysia | 53.78 | 163.54 | 95.13 | 199.04 | 616.38 | 521.34 | 488.91 | 1,829.96 | 1,722.14 |
| Myanmar | 376.70 | 875.61 | 217.82 | 748.96 | 475.33 | 343.13 | 331.72 | 287.69 | 428.18 |
| Philippines | 40.24 | 244.09 | 267.19 | 74.90 | 54.40 | 224.95 | -27.59 | 32.21 | 108.84 |
| Singapore | 1,414.25 | 1,118.50 | 3,268.96 | 1,518.75 | 2,032.67 | 2,813.63 | 10,452.48 | 3,171.86 | 6,319.90 |
| Thailand | 49.77 | 699.87 | 230.11 | 478.60 | 755.19 | 839.46 | 407.24 | 1,121.69 | 1,057.59 |
| Viet Nam | 112.39 | 305.13 | 189.19 | 349.43 | 480.50 | 332.89 | 560.17 | 1,279.04 | 764.40 |
| **Total** | **2,698.10** | **4,404.64** | **5,905.24** | **6,100.44** | **7,267.18** | **7,809.27** | **14,604.31** | **10,278.68** | **14,118.85** |

## Annex Table 10 China's Outward FDI Stock in ASEAN Countries,2009-2017

(millions of USD)

| Country/Region | 2009 | 2010 | 2011 | 2012 | 2013 | 2014 | 2015 | 2016 | 2017 |
|---|---|---|---|---|---|---|---|---|---|
| Brunei* | 17.37 | 45.66 | 66.13 | 66.35 | 72.12 | 69.55 | 73.52 | 203.77 | 220.67 |
| Cambodia* | 633.26 | 1,129.77 | 1,757.44 | 2,317.68 | 2,848.57 | 3,222.28 | 3,675.86 | 4,368.58 | 5,448.73 |
| Indonesia* | 799.06 | 1,150.44 | 1,687.91 | 3,098.04 | 4,656.65 | 6,793.50 | 8,125.14 | 9,545.54 | 10,538.80 |
| Lao PDR | 535.67 | 845.75 | 1,276.20 | 1,927.84 | 2,770.92 | 4,490.99 | 4,841.71 | 5,500.14 | 6,654.95 |
| Malaysia* | 479.89 | 708.80 | 797.62 | 1,026.13 | 1,668.18 | 1,785.63 | 2,231.37 | 3,633.96 | 4,914.70 |
| Myanmar | 929.88 | 1,946.75 | 2,181.52 | 3,093.72 | 3,569.68 | 3,925.57 | 4,258.73 | 4,620.42 | 5,524.53 |
| Philippines | 142.59 | 387.34 | 494.27 | 593.14 | 692.38 | 759.94 | 711.05 | 718.93 | 819.60 |
| Singapore | 4,857.32 | 6,069.10 | 10,602.69 | 12,383.33 | 14,750.70 | 20,639.95 | 31,984.91 | 33,445.64 | 44,568.09 |
| Thailand | 447.88 | 1,080.00 | 1,307.26 | 2,126.93 | 2,472.43 | 3,079.47 | 3,440.12 | 4,533.48 | 5,358.47 |
| Viet Nam* | 728.50 | 986.60 | 1,290.66 | 1,604.38 | 2,166.72 | 2,865.65 | 3,373.56 | 4,983.63 | 4,965.36 |
| **Total** | **9,571.42** | **14,350.21** | **21,461.70** | **28,237.54** | **35,668.35** | **47,632.53** | **62,715.97** | **71,554.09** | **89,013.90** |

## Annex Table11 China's Outward FDI in Countries along the Belt and Road 2017

(millions of USD)

| Country/Region | 2017 flows | 2017 stock |
|---|---|---|
| **Total** | **20,174.76** | **154,397.75** |
| Afghanistan* | 5.43 | 403.64 |
| Albania* | 0.21 | 4.78 |
| Armenia | 3.95 | 29.96 |
| Azerbai jan* | -0.20 | 27.99 |
| Bahrian | 36.96 | 74.37 |
| Bangladesh | 99.03 | 329.07 |
| Belarus | 142.72 | 548.41 |
| Bosnia and Hercegovina* | -- | 4.34 |
| Brunei* | 71.36 | 220.67 |
| Bulgaria | 88.87 | 250.46 |
| Cambodia* | 744.24 | 5,448.73 |
| Croatia | 31.84 | 39.08 |
| Czech Republic* | 72.95 | 164.90 |
| Egypt* | 92.76 | 834.84 |
| Estonia | 0.12 | 3.62 |
| Georgia | 38.46 | 568.17 |
| Hungary* | 65.59 | 327.86 |
| India* | 289.98 | 4,747.33 |
| Indonesia* | 1,682.25 | 10,538.80 |
| Iran* | -368.29 | 3,623.50 |
| Iraq* | -8.81 | 414.37 |
| Israel* | 147.37 | 4,148.69 |
| Jordan | 15.16 | 64.40 |
| Kazakhstan | 2,070.47 | 7,561.45 |
| Kuwait | 175.08 | 936.23 |
| Kyrgyzstan | 123.70 | 1,299.38 |
| Lao PDR | 1,219.95 | 6,654.95 |
| Latvia | 0.08 | 1.02 |
| Lebanon* | -- | 2.01 |
| Lithuania | -- | 17.13 |
| Macedonia | -- | 2.03 |

## Annex Table11 Continued 1

(millions of USD)

| Country/Region | 2017 flows | 2017 stock |
|---|---|---|
| Malaysia* | 1,722.14 | 4,914.70 |
| Maldives | 31.95 | 67.43 |
| Moldova | -- | 3.87 |
| Mongolia* | -27.89 | 3,622.80 |
| Montenegro | 16.65 | 39.45 |
| Myanmar | 428.18 | 5,524.53 |
| Nepal, FDR* | 7.55 | 227.62 |
| Oman | 12.73 | 99.04 |
| Pakistan | 678.19 | 5,715.84 |
| Palestine | -- | 0.04 |
| Philippines | 108.84 | 819.60 |
| Poland | -4.33 | 405.52 |
| Qatar | -26.63 | 1,105.49 |
| Romania* | 15.86 | 310.07 |
| Russian Federation | 1,548.42 | 13,871.60 |
| Saudi Arabia* | -345.18 | 2,038.27 |
| Serbia | 79.21 | 170.02 |
| Singapore | 6,319.90 | 44,568.09 |
| Slovakia | 0.68 | 83.45 |
| Slovenia | 0.39 | 27.25 |
| Sri Lanka | -25.27 | 728.35 |
| Syria | 0.53 | 10.31 |
| Tajikistan | 95.01 | 1,616.09 |
| Thailand | 1,057.59 | 5,358.47 |
| Timor-Leste | 19.52 | 174.17 |
| Turkey | 190.91 | 1,301.35 |
| Turkmenistan | 46.72 | 342.72 |
| Ukraine* | 4.75 | 62.65 |
| United Arab Emirates | 661.23 | 5,372.83 |
| Uzbekistan | -75.75 | 946.07 |
| Viet Nam* | 764.40 | 4,965.36 |
| Yemen* | 27.25 | 612.55 |

Note:"*"The stock for 2017 are recomputed after ajustment of historical Data.

## Annex Table12 The Top 100 Non-financial Chinese TNCs Ranked by Outward FDI Stock, 2017

| NO. | Name of Enterprise |
|---|---|
| 1 | China Mobile Communications Corporation |
| 2 | China National Petroleum Corporation |
| 3 | China Unicom Corporation |
| 4 | China National Offshore Oil Corporation |
| 5 | China Petrochemical Corporation (Sinopec Group) |
| 6 | China Merchants Group |
| 7 | China Resources (Holdings) Co.,Ltd. |
| 8 | China National Chemical Corporation |
| 9 | Sinochem Corporation |
| 10 | Aluminum Corporation of China |
| 11 | State Grid Corporation of China |
| 12 | China State Construction Engineering Corporation |
| 13 | China COSCO Shipping Co., Ltd. |
| 14 | China Minmetals Corporation. |
| 15 | China National Cereals, Oils & Foodsuffs Corp. |
| 16 | China Reform Holdings Corporation Ltd. |
| 17 | Beijing Enterprises Group Company Limited |
| 18 | Shanghai Industrial Investment (Holding) Co.,Ltd. |
| 19 | Guangzhou Yuexiu Holdings Limited |
| 20 | China Communication Construction Company Ltd. |
| 21 | China Minsheng Investment Co.,Ltd. |
| 22 | Power Construction Corporation of China |
| 23 | Guangdong Holdings Limited |
| 24 | China Three Gorges Corporation |
| 25 | Zhejiang Geely Holding Group Co.,Ltd. |
| 26 | CITIC Group Corporation |
| 27 | Yanzhou Coal Mining Company Limited |
| 28 | HNA Group Co.,Ltd. |
| 29 | State Power Investment Corporation |
| 30 | Huawei Technologies Co.,Ltd. |
| 31 | Lenovo Group Limited |

## Annex Table12 Continued 1

| NO. | Name of Enterprise |
|---|---|
| 32 | Tianjin Bohai Leasing Co.,Ltd. |
| 33 | China Vanke Co.,Ltd |
| 34 | China North Industries Group Co.,Ltd. |
| 35 | China national Aviation Corporation (Group) Ltd. |
| 36 | Bright Food (Group)Co.,Ltd. |
| 37 | Giant Network Group Co.,Ltd. |
| 38 | China National Travel Service Group Corporation |
| 39 | China Poly Group |
| 40 | China Huaneng Group |
| 41 | China Nonferrous Metal Mining (Group) Co.,Ltd. |
| 42 | China BaoWu Steel Group Corporation Limited |
| 43 | Qingdao Haier Co.,Ltd. |
| 44 | Aviation Industry Corporation of China |
| 45 | Shanghai Inernational Port (Group)Co.,Ltd. |
| 46 | China International Marine Containers (Group) Ltd. |
| 47 | Shum Yip Group Limited |
| 48 | China National Building Material Group Co.,Ltd. |
| 49 | SinoSteel Corporation |
| 50 | Suzhou Qingfeng Investment Managment Co.,Ltd. |
| 51 | ZTE Corporation Co.,Ltd. |
| 52 | China Jianyin Investment Limited |
| 53 | Anhui Foreign Economic Construction (Group) Co.,Ltd. |
| 54 | Midea Group Co.,Ltd. |
| 55 | China Railway Group Limited |
| 56 | China Molybdenum Co.,Ltd. |
| 57 | TsingHua Uni Group Limited |
| 58 | China Railway Construction Co.,Ltd. |
| 59 | CRRC Corporation Limited |
| 60 | China National Machinery Industry Corporation |
| 61 | Sany Heavy Industry Co.,Ltd. |
| 62 | Shanghai Yunju Ventural Capital |
| 63 | Nam Kwong (group) Company Limited |
| 64 | Jinchuan Group Ltd. |
| 65 | SAIC Motor Corporation, Ltd. |
| 66 | Suning Commerce Group Co., Ltd. |

## Annex Table12 Continued 2

| NO. | Name of Enterprise |
|---|---|
| 67 | China Telecom Global Limited |
| 68 | HBIS Group Co., Ltd |
| 69 | China National Gold Group Corporation |
| 70 | Shanghai Fosun Pharmaceutical (Group) Co., Ltd. |
| 71 | China General Nuclear Power Corporation |
| 72 | Hunan Valin Iron & Steel (Group) Co.,Ltd. |
| 73 | China Railway |
| 74 | China Energy Engineering Corporation Limited |
| 75 | Nissan (China) Investment Co., Ltd. |
| 76 | Greenland Holding Group Co.Ltd |
| 77 | China Energy Conservation and Environmental Protection Group |
| 78 | NanShan Group Co.,Ltd. |
| 79 | China Huadian Corporation |
| 80 | Dongfeng Motor Corporation |
| 81 | Gemdale Group |
| 82 | China Energy Co.,Ltd. |
| 83 | USUM Investment Group Co., Ltd. |
| 84 | China Academy of Telecommunications Technology |
| 85 | Anshan Iron & Steel Group Corporation |
| 86 | Shanghai Uphill Integrated Circuit Co. Ltd. |
| 87 | China General Technology (Group) Holding,Ltd. |
| 88 | Zijin Mining Group Co., Ltd. |
| 89 | BTG Hotels (Group) Co., Ltd |
| 90 | Hanergy Holding Group |
| 91 | Inner Mongolia Yili Industrial Group Co., Ltd |
| 92 | Zoomlion Heavy Industry Science&Technology Co., Ltd. |
| 93 | Dalian WANDA Group |
| 94 | China Aerospace Science & Industry Co.,Ltd. |
| 95 | Sanpower Group Co., Ltd. |
| 96 | China Forestry Group Corporation |
| 97 | China Southern Air Holding Company |
| 98 | Xinjiang Goldwind Sci & Tech Co.,Ltd. |
| 99 | Overseas Chinese Town Holdings Company |
| 100 | Fuyao Glass Industry Group Co., Ltd. |